藏西先锋 红色阿里

Zangxixianfeng
Hongse Ali

中共西藏阿里地区委员会组织部◎编

人民出版社

策划编辑：王　彤
责任编辑：陈　登　陈百万　徐媛君
封面设计：林芝玉
责任校对：余　佳

图书在版编目（CIP）数据

藏西先锋　红色阿里/中共西藏阿里地区委员会组织部　编．—
　北京：人民出版社，2020.9
ISBN 978－7－01－022219－6

I.①藏… II.①中… III.①中国共产党－地方组织－党的建设
　－阿里地区 IV.① D26

中国版本图书馆 CIP 数据核字（2020）第 103465 号

藏西先锋　红色阿里
ZANGXI XIANFENG HONGSE ALI
中共西藏阿里地区委员会组织部　编

人民出版社 出版发行
（100706　北京市东城区隆福寺街 99 号）

北京新华印刷有限公司印刷　新华书店经销

2020 年 9 月第 1 版　2020 年 9 月北京第 1 次印刷
开本：710 毫米 ×1000 毫米 1/16　印张：20.5
字数：254 千字

ISBN 978－7－01－022219－6　定价：90.00 元

邮购地址 100706　北京市东城区隆福寺街 99 号
人民东方图书销售中心　电话（010）65250042　65289539

序　言

红色阿里、薪火相传，藏西先锋、勇立潮头。

党要团结带领人民进行伟大斗争、推进伟大事业、实现伟大梦想，必须毫不动摇坚持和加强党的全面领导，毫不动摇把党建设得更加坚强有力。习近平总书记指出："要以提升组织力为重点，突出政治建设，把企业、农村、机关、学校等基层党组织建设成为宣传党的主张、贯彻党的决定、领导基层治理、团结动员群众、推动改革发展的坚强战斗堡垒。"

阿里地处祖国西南边陲、西藏的西部，与印度、尼泊尔接壤，平均海拔 4500 米，素有"藏西秘境 天上阿里"之称，是世界屋脊的屋脊，是集中连片贫困地区，是反分裂、反暴恐、反渗透、反蚕食斗争的第一线。特殊的地理位置、特殊的区情，赋予这里特殊的重要战略地位，对着力提高新时代党的建设质量提出了新的更高的要求。

时代呼唤担当，形势催人奋进。顺应全面从严治党的时代要求，站在推进党的建设伟大工程的潮头，针对阿里党建工作面临的新情况新问题，阿里地委认真学习贯彻习近平总书记治边稳藏系列重要论述以及党的建设和组织工作相关重要论述，贯彻落实自治区第九次党代会和区党委九届五次、六次全委会精神，聚焦持续用力抓基层打基础的工作，扎实践行新时代党的建设总要求和党的组织路线，把党的建设作为政治使命和政治责任，将品牌理念引入党建工作，推动党建工作品牌化发展、项目化实施、效能化推进。

时间是最好的阅卷人。实施"藏西先锋·红色阿里"党建品牌创建"一年筑基、两年提升、三年巩固"大计划，是我们以改革创新精神，将管理、服务、质量、认同等价值理念打包移植到具体党建工作中，以品牌的无形价值盘活各种党建资源、改进党建实践的重大创造。时至今日，我们欣喜地看到，自党建品牌创建以来，我们牢固树立"大格局、大党建"理念，坚持以"党旗引领，促发展、保稳定、惠民生、助脱贫、增团结"为核心，抓住"寻根·筑魂"根本，进一步找准品牌在加强党的建设与推进长足发展和长治久安之间的联动效应，以改革创新精神全力提升组织力、全面推进党的建设新的伟大工程，率先走出了一条品牌化塑造党建形象的新路子，让品牌向心力、党建引领力全速牵引平安、小康、和谐、法治、生态、文明、团结和红色阿里建设，全地区政治、经济、社会、文化、生态齐头并进、勇创佳绩，努力讲好了中国发展故事，写好了阿里发展篇章，为实现2020年与全国一道全面建成小康社会、实现边疆振兴汇聚了强大的正能量！

不忘初心，坚守来时路。本书全面总结了近年来阿里地区党建品牌创建成果及有益经验，反映了新时代阿里基层党的建设和组织工作面貌，展现了阿里各级党组织和各族党员干部群众在党的领导下、在新思想指引下赶超式发展的壮阔场景，将更好地凝聚各族党员干部奋进新时代、建设新阿里的红色力量，唱响坚定不移跟党走、努力实现中华民族伟大复兴中国梦阿里篇章的时代强音。它的价值不仅仅在于盘点和聚焦，更是延续和传承。点滴印记汇聚斑斓长卷，希望此书能给各级组织部门和组工干部进一步推动基层党建工作创新提供有效借鉴。

翻阅《藏西先锋 红色阿里》，回望过去的三年，我们迎难而上、奋力爬坡、抢抓机遇、勇于实践，坚持遵循品牌规律，着力增强党建品牌意识；坚持找准行为发力点，塑造个性化品牌形象；坚持完善长效机制，保障品牌持续性发展；坚持扩大宣传力度，有效发挥品牌化效应；坚持服务群众常态化，引领经济发展、社会稳定、脱贫攻坚、民族团结、文化繁荣进程……一个个新鲜故事成了历史的瞬间，一幅幅高清图片留下了拼搏的印记，或亲切温暖，或震撼动人，或醍醐灌顶，或耳目一新。

岁月不居，党旗熠熠。藏西先锋、红色阿里，让我们穿过艰难岁月，迎接时代挑战，在雪域高原"天路"之上顽强地守护先烈遗留下的"红色火种"，在砥砺奋进的幸福日子里，擎起红色阿里的"精神旗帜"，照亮藏西边陲的"红色初心"，用一次次的坚守奉献，谱写出一个个新理念、新发展、新产业、新牧区、新家园的高原传奇，坚定不移地引领新时代阿里前行开拓，走向更加辉煌的明天！由衷地祝福：愿阿里的明天更加美好！

阿里地委党建品牌创建办公室

2019 年 12 月

目录

前　言

　　党的十八大以来，以习近平同志为核心的党中央以改革创新精神全面推进党的建设新的伟大工程，党的领导更加坚强有力，为党和国家事业发展提供了坚强政治保证。习近平总书记心系边疆，非常重视少数民族和边疆地区党的建设工作，作出一系列重要指示批示，指引了高原边疆党的建设航向。西藏阿里地区位于祖国西南边陲，平均海拔4500米以上，高寒缺氧，气候恶劣，条件艰苦。阿里地区各级党组织认真学习贯彻习近平新时代中国特色社会主义思想，以习近平总书记关于党的建设和组织工作重要论述为指导，始终牢记初心使命，坚持党对一切工作的全面领导，聚焦组织工作主责主业，以党的政治建设为统领，牢固树立"党旗引领、促发展、保稳定、惠民生、助脱贫、增团结"理念，紧贴高原边疆的特殊区位，立足独特丰富的红色资源，按照"一年筑基、两年提升、三年巩固"的总基调，在西藏率先打造"藏西先锋·红色阿里"党建品牌，在藏西高原筑起了一座座红色堡垒、建起了一支支先锋队伍、树起了一

记住阿里

个个先进典型，为推进新时代党的建设工作高质量发展积累了有益经验。

本书以图文视频融媒体的表现形式，全面总结和呈现阿里地区党建工作创新高质量发展的特色亮点和成效，展现了极具特色的党建工作指引下阿里地区社会经济发展发生的翻天覆地的巨大变化。

第一章　把党的政治建设摆在首位

旗帜鲜明讲政治是马克思主义政党的根本要求。党的十九大提出的新时代党的建设总要求强调，把党的政治建设放在首位，用党的政治建设统领新时代党的建设伟大工程。

第一节　学习贯彻习近平新时代中国特色
社会主义思想

新时代新形势新任务，要求我们用党的创新理论武装头脑，把用习近平新时代中国特色社会主义思想武装全党作为加强党的建设的重中之重和中心环节，推动全党更加自觉地同以习近平同志为核心的党中央保持高度一致，更加自觉地为实现新时代党的历史使命而不懈奋斗。

一、把学习贯彻习近平新时代中国特色社会主义思想作为首要政治任务

党的十八大以来，以习近平同志为核心的党中央始终高度重视西藏工作，心系西藏各族人民，总揽新时代西藏长足发展和长治久安，在全面总结历代边疆治理经验，特别是当代中国西藏治理经验的基础上，立足国际国内形势、党和国家战略全局的新部署，丰富和发展党的治藏方略，作出治边稳藏重要论述，擘画了西藏长足发展和长治久安的宏伟蓝图，为维护稳定、经济发展、民生改善、宗教管理、民族团结、边境建设等各方面工作指明了方向、提出了要求、制定了政策保障措施，是习近平新时代中国特色社会主义思想的重要组成部分，是做好西藏工作的纲和魂，是新时代党的治藏方略在雪域高原成功实践的结晶。

2019 年 11 月 18 日，噶尔县邀请阿里地委党校专家举办"深入学习贯彻党的十九届四中全会精神"专题讲座

二、始终把习近平新时代中国特色社会主义思想学习教育摆在党员教育培训最突出位置

阿里地区县级以上党委每年制定学习计划，列出必读书目和篇目，明确学习要求，各基层党组织结合党员日常教育管理认真抓好落实。党员把习近平新时代中国特色社会主义思想作为必修课，读原著、学原文、悟原理，深刻理解习近平新时代中国特色社会主义思想的重大意义、科学体系、丰富内涵、精神实质、实践要求，掌握贯穿其中的马克思主义立场观点方法，增强政治自觉、理论自信、情感融入，做到真学真懂真信真用。

三、建立健全习近平新时代中国特色社会主义思想学习教育长效机制

近年来，阿里地委坚持以习近平新时代中国特色社会主义思想为中心内容，建立了较为完备的学习教育长效机制。各级党组织始终坚持思想建党、理论强党，始终坚持把宣传习近平总书记的治藏方略、高瞻远瞩作为做好意识形态工作的重要内容。坚持理论武装与传承红色基因相结合，通过专题讲座、报告会、学习论坛等多种形式进行深入浅出的解读，领导干部结合分管领域、分管工作带头宣讲习近平总书记关于治边稳藏的重要论述和一系列重要指示批示的丰富内涵、精神实质和实践要求，进一步增强"四个意识"、坚定"四个自信"、做到"两个维护"。注重发挥党支部直接教育党员的作用，落实"三会一课"等制度，对党员开展经常性教育。教育引导广大党员干部群众深刻理解"十三个显著优势""十三个坚持和完善"与西藏各族群众

的幸福生活和阿里来之不易大好局面的关系，增强"五个认同"、自觉感党恩听党话跟党走，推动学习教育往深里走、往心里走、往实里走。让习近平新时代中国特色社会主义思想和习近平总书记关于治边稳藏的重要论述融入阿里各族干部群众的血脉，让党的创新理论伟大旗帜在雪域高原高高飘扬。

四、引导党员自觉做习近平新时代中国特色社会主义思想坚定信仰者和忠实实践者

实践是检验真理的唯一标准。回顾党的十八大以来阿里地区各项工作，我们高举习近平新时代中国特色社会主义伟大旗帜，弘扬理论

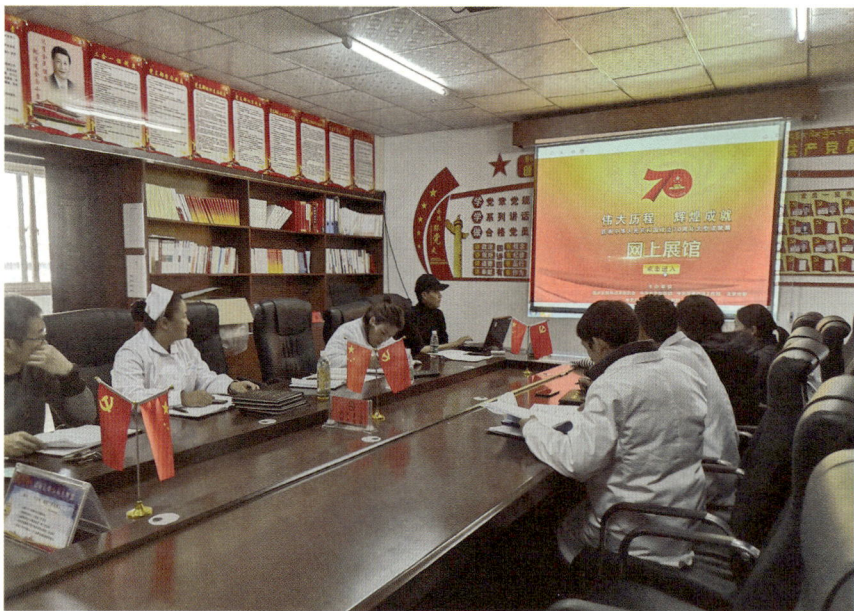

阿里地区藏医院组织党员参观网上展馆，学习贯彻习近平新时代中国特色社会主义思想

联系实际的马克思主义学风，引导党员结合岗位职责，认真学习贯彻习近平总书记关于本部门本行业本领域工作的重要论述和重要指示批示精神，提高运用科学理论解决实际问题能力，攻坚克难、砥砺奋进，克服了一个又一个困难、做成了一件又一件大事，取得了前所未有的历史性成就。今日的阿里正处在历史最好时期，改革发展稳定总体形势向好，党的领导全面加强、大局和谐稳定、经济文化繁荣、社会全面进步、生态环境良好、民族交往交流交融、宗教和谐、佛事和顺、人民生活幸福、边疆巩固边境安全，一个充满生机和活力的新阿里巍然屹立在藏西高原。实践充分证明，习近平新时代中国特色社会主义思想具有鲜明的继承性、创新性、人民性、科学性，给人以信仰的感召、方向的指引、进取的力量、胜利的信心，必将指引我们高质量推进阿里长足发展和长治久安。

第二节　坚决做到"两个维护"

"令之不行，政之不立。"坚持党的政治领导，最重要的是坚决维护习近平总书记党中央的核心、全党的核心地位，坚决维护党中央权威和集中统一领导。党的十八届六中全会明确习近平总书记为党中央的核心、全党的核心，这是中国共产党人的郑重选择，是党心军心民心所向。

一、牢固树立政治意识、大局意识、核心意识、看齐意识

阿里地区始终坚持以党的政治建设为统领，高举习近平新时代

日土县多玛村在党员活动场所举办升国旗仪式

中国特色社会主义思想伟大旗帜，坚定自觉地同党的基本理论、基本路线、基本方略对表对标，同党中央决策部署对表对标，聚焦阿里特殊的区情边情，把"两个维护"贯穿高原边疆党建工作始终，把正确认识大局、自觉服从大局、坚决维护大局放在第一位。在思想上牢固树立"四个意识"，全面构筑藏西边境党的执政钢铁长城，坚决做到"两个维护"，真正做到认同核心、维护核心、服从核心、紧跟核心，使"两个维护"在阿里这片广阔的土地上落实得更加清醒、更加坚定、更加自觉。

二、把好政治方向，严明党的政治纪律和政治规矩

落实"两个维护"是最根本的政治纪律和政治规矩，必须抓住这个纲，把严肃其他纪律带起来，从严锻造绝对忠诚的政治品格，为做到"两个维护"注入政治基因。做到对党绝对忠诚，阿里距离北京虽远，但阿里各族党员干部群众的心始终与党中央紧紧地贴在一起、紧紧地连在一起，始终在思想上政治上行动上同以习近平同志为核心的党中央保持高度一致。维护党的团结，严肃整治不信组织信关系、搞小圈子、拉天线等行为。遵循组织程序、服从组织决定，坚决落实"五个必须"、防止"七个有之"，严肃查处理想信念不坚定、不

与党和人民一条心、在大是大非问题上当"两面人"、民族观念不正确、参加非法组织、公开发表违背党中央决定言论的党员干部。管好亲属和身边工作人员，始终坚持党中央提倡的坚决响应、党中央决定的坚决照办，党中央禁止的坚决杜绝，对打着领导旗号谋取不正当利益、违规参加非法活动、妄议中央、搞上有政策下有对策等现象一查到底、一改到底。把严明政治纪律、严守政治规矩，具体体现到各级党组织的工作和全体党员的行动中。

三、全面贯彻民主集中制

阿里地委立足维护党的团结统一的高度自觉，全面贯彻民主集中制，进一步建立健全"三重一大"、工作规则、调查研究、科学民主决策等制度，规范重大事项决策程序。阿里地区的各级领导干部特别是主要领导干部自觉作表率、树标杆，坚决按照民主集中制规则议事、决策、办事，带头维护党中央权威、带头发扬党内民主、带头坚持民主集中制、带头开展批评和自我批评，着力防止和纠正发扬民主不够、正确集中不够、开展批评不够、严肃纪律不够等问题，全面营造了既有集中又有民主、既有纪律又有自由、既有统一意见又有个人心情舒畅生动活泼的政治生态。

四、把"两个维护"体现到履职尽责的实际行动中

阿里地区高寒缺氧、条件艰苦，常年面临着反分裂、反暴恐、反蚕食的艰巨任务。全地区各级党组织始终把维护稳定、巩固边疆、民族团结、发展经济作为做到"两个维护"的最大实践，推动党建工作

与中心工作深度融合，为决胜全面建成小康社会提供坚强的政治保证，在世界屋脊的屋脊、雪域高原的高原书写了长足发展和长治久安的新篇章。

阿里地区公安处组织党员干警开展"不忘初心跟党走·牢记使命争先锋"主题党日活动

第三节　推进"两学一做"学习教育常态化制度化

党的十九大将"两学一做"学习教育写入党章，再次向全党发出深入开展"两学一做"学习教育、坚定不移推进全面从严治党的明确信号。

根据中央、自治区党委对"两学一做"学习教育部署要求，阿里地委迅速行动起来，从羌塘草原到班公湖，从巍峨的冈仁波齐脚下到绵延的边境村庄，藏西高原掀起开展"两学一做"学习教育活动的热潮。

阿里地委专门召开地委（扩大）会，结合前期调研情况列出了各级党组织存在的五个问题和全体党员存在的七个问题，创新提出一系列实践载体，及时召开学习教育工作座谈会，对开展"两学一做"学习教育进行动员部署，制定下发实施方案、宣传方案、督导方案、学习计划表，组建学习教育协调小组，配套专项工作经费，保障了工作有效推进。据统计，全地区 524 个基层党组织 15943 名党员全部参与学习教育，2016 年年底，阿里地区"两学一做"学习教育协调小组对全地区 1.1 万余名党员党章党规学习情况进行了测试，合格率达到了 99.53%。

一、创新学习形式、发挥媒体作用

广大党员干部始终坚持海拔高标准更高，针对党员多样化学习需求，充分利用党员干部现代远程教育等学习平台，注重运用网络、报刊等各类媒体，用好"互联网＋党建"，开通"微课堂""党员小书包"等，为党员干部提供灵活多样的学习条件。紧密联系自身工作实际，倡导"理论中心组集中学、个人自学、专题辅导学、挂职锻炼学、结合调研学、党课引领学、外出考察学、短期培训学、兴趣爱好学、提

2019 年 2 月 22 日，阿里地区驻村工作队组织村（居）"两委"班子和党员群众学习《习近平谈治国理政》，宣讲"四讲四爱"主题教育实践活动内容

高素质学"十种学习方式。为所在党支部或联系的村（居）、寺庙管委会等基层单位创新方式讲党课，通过"手抄党章 100 天活动"、知识竞赛、参观爱国主义教育基地等方式，做到学而信、学而思、学而行。

二、坚持"学"要带着问题学，"做"要针对问题改

围绕党建意识不强、核心作用发挥不好、服务群众能力差等问题，对照党章党规、纪律要求、先进典型、"四个合格"等标准，科学分类，建立问题清单、整改清单、责任清单，明确整改内容、目标、要求时限和责任人。党员个人主动认领问题，与支部签订整改承诺书，形成党委（党组）统筹改、支部具体改、个人承诺改的良好工作格局。围绕制度不健全、作用发挥不明显和干部管理不严格等问题，建立完善学习制度，及时制定下发《阿里地区基层党支部理论学习制度》等 63 项制度，规范党员干部学习行为、养成学习习惯，将学习教育抓在日常、严在经常。以基层党建七项重点任务为主线，坚持面上督导与重点督导相结合的原则，聚焦薄弱领域和突出问题，对全地区所有党组织和全体党员进行摸底排查，理顺组织关系，大力整顿软弱涣散基层党组织，选优配强基层党组织领导班子，确保基层党组织坚强有力。

三、建立健全规章制度、规范党内政治生活

建立健全"三会一课"、民主生活会和组织生活会等党内政治生活制度和民主评议党员、党内监督、能进能出等党员日常教育管理制

度。召开党支部专题组织生活会，严肃认真开展批评和自我批评，针对突出问题和薄弱环节提出整改措施。坚持立改废释并举，认真梳理现有制度，细化相关规定，建立健全管根本、管长远的制度体系。坚持把日常工作中、完成急难险重任务中好的做法用制度的形式固定下来、坚持下去，确保建立的制度可执行、可监督、可检查、可问责。建立健全督导考核办法，制定党建量化结构指标，积极推行日考勤、周记实、月晒账、季考评、年考核"五步考核法"，科学评定基层党组织党建工作，激发基层党组织和党务工作者工作热情，为实现党建责任项目化、党建基础稳固化、党建工作规范化、党建效益最大化提供坚强组织保障。

四、坚持学用结合，注重实效

坚持领导带头，以上率下，逐条逐句通读党章，围绕专题学习讨论，把个人自学与集中学习结合起来。开展民主评议党员，教育引导党员立足岗位作贡献，发挥正面典型的激励作用和反面典型的警示作用。着眼加强理论武装、统一思想行动，认真学习习近平总书记系列重要讲话。领导干部作表率，创新方式讲党课，引导党员强化政治意识，做合格党员。

五、深化拓展"两学一做"学习教育

"两学一做"不是一次活动，是加强党的思想政治建设的重要部署，需要建立常态化、制度化的工作机制。下一步，阿里地区将按照中央要求，把党支部建设作为最重要的基本建设，分级分类推进

2019 年 5 月 12 日，噶尔县朗久村开展"两学一做"学习教育活动

支部书记培训工作，切实把思想政治工作落到支部、把从严教育管理党员落到支部、把群众工作落到支部。全面推行"党员活动日""主题党日"制度，以"抓在日常"推动常态化。在全地区上下凝聚不忘初心、砥砺前行的强大正能量，守好自己的思想和精神阵地，以自己的辛苦指数换取群众的幸福指数，让党员这面旗帜在藏西高原更加鲜艳夺目。

第四节 深入开展"不忘初心、牢记使命" 主题教育

中国共产党人的初心和使命，就是为中国人民谋幸福，为中华民族谋复兴。在全党开展"不忘初心、牢记使命"主题教育，是党的十九大作出的重大决策。这次主题教育是新时代深化党的自我革命、推动全面从严治党向纵深发展的生动实践，促进了全党思想上的统一、政治上的团结、行动上的一致，为我们党统揽"四个伟大"、实现"两个一百年"奋斗目标作了思想上政治上组织上作风上的有力动员，具有重大现实意义和深远历史影响。

开展"不忘初心、牢记使命"主题教育，是推动习近平新时代中国特色社会主义思想和习近平总书记治边稳藏重要论述在阿里落实落地的重大举措，是贯彻落实新时代党的建设总要求、不断夯实巩固党在阿里执政根基的现实需要，是践行全心全意为人民服务宗旨、密切党同人民群众血肉联系的内在要求，是推动阿里长足发展和长治久安、实现"两个一百年"奋斗目标的重要保证。

"我的初心对党说"——阿里地区扎实推进"不忘初心、牢记使命"主题教育

一、聚焦主题、一体推进

阿里地委把开展"不忘初心、牢记使命"主题教育作为重大政治任务，聚焦学习贯彻习近平新时代中国特色社会主义思想这一主线，全面贯彻落实中央和区党委部署，把准"守初心、担使命，找差距、抓落实"的总要求，高起点开局、高标准推进、高质量开展，把学习教育、调查研究、检视问题、整改落实四项重点举措贯穿全过程，有机融合、一体推进。把学和做结合起来、查和改贯通起来，边学边研边查边改，以学促研、以研促查、以查促改，使主题教育方向不偏、节奏不乱、形式不散、标准不降、成效不减。

阿里地委牵头引领、示范带动，切实把主题教育工作抓在手上，认真履行主体责任，及时对全地区第二批主题教育工作进行安排部署。成立由地委书记朱中奎任组长，地委其他班子成员任副组长的"不忘初心、牢记使命"主题教育领导小组及其办公室。制发《关于开展"不忘初心、牢记使命"主题教育的实施方案》《地委"不忘初心、牢记使命"主题教育巡回指导工作方案》，制定《阿里地委"不忘初心、

阿里地委"不忘初心、牢记使命"主题教育专题党课

牢记使命"主题教育四项重点措施推进计划》等实施细则，做实做细任务分解，层层压实工作责任。组建8个巡回指导组，第一时间深入基层、深入一线开展巡回指导工作。各县各部门对标对表，加强组织领导，确保主题教育全面启动、稳步推进、扎实开展。

二、力戒虚功、以上率下

在学习教育上突出"深"字，以"学领袖思想、学党章党规、学党的理论、学党史传统"为统揽，突出领导带头、创新方式、分类施策，确保学出忠诚、学出信仰、学出担当、学出本领、学出责任、学出干劲、学出廉洁。

一是聚焦主题领导带头学。地委班子成员带头把《习近平关于"不忘初心、牢记使命"重要论述选编》等必读篇目作为枕边书、案头卷，跟进学习习近平总书记在庆祝新中国成立70周年大会上的重要讲话等党的最新精神，做到强读强记、常学常新。紧扣主题教育学习任务，将学习贯彻党的十九届四中全会精神纳入学习内容，召开专题研讨 9 场次，13 名地委委员每人发言 2 次以上。各县各部门单位利用 15 天时间，优质高效开展 9 个专题研讨 4275 场次，集体学习 2850 场次，切实做到学深悟透、入脑入心。

二是拓宽渠道创新载体学。把学习教育同扎实开展革命传统教育相结合，地委书记朱中奎率班子成员带头参加"感恩共产党、奋进新时代"西藏百万农奴解放纪念馆巡展开幕式和进藏先遣连纪念馆红色革命教育基地揭幕仪式，前往阿里分工委旧址接受党性教育。各级各部门开展红色资源"三进""学孔繁森精神，做孔繁森式好干部""重走先遣路、弘扬阿里魂"等教育活动 561 场次。选派党员干部到红色教育基地实践锻炼 1.3 万人次，邀请清华大学专家、区党委党校教授授课 4 场次。组织全国改革先锋、道德模范、最美奋斗者尼玛顿珠，党的十九大代表、最美医生次仁巴珍等先进人物做专题报告 28 场次。在全地区营造了崇尚先进、学习先进、争当先进的浓厚氛围。

阿里地区"不忘初心、牢记使命"主题教育党风廉政警示教育展览开幕式

三是结合实际灵活方式学。针对农牧区党员群众受教育特殊性，组建地县宣讲团 8 个、乡镇宣讲队 37 个，依托 145 个农牧区新时代讲习所，采取上门送学、夜校办学、宣讲助学方式，面向群众开展送学送教 2400 场次，编印学习资料汇编、应知应会百问手册、藏汉双语知识折页等 20000 册，受教育党员干部群众 12.1 万人，实现党员干部群众参与主题教育全覆盖。

三、调查研究、务求实效

没有调查就没有发言权，更没有决策权。在调查研究上突出"实"字，坚持问题导向、成果导向，根据不同领域、不同岗位、不同职责，分层分类明确专题调研任务要求，奔着问题去、盯着难题改，做到察民情、解难题、促整改。

一是围绕大局，精准选定调研内容。对照西藏自治区党委主题教育明确的"五个围绕"调研内容，紧密结合推动党中央决策部署在阿里贯彻落实和当前工作中的重点难点，根据行业特色和岗位特点，对地县两级"四大"班子和地县机关及直属单位分级明确"建设生态阿里、推动高质量发展、改善民生、凝聚人心"等 11 个方面调研内容。对中小学校、非公经济和社会组织等分类确定"理顺党建工作机制、扩大党的组织和工作覆盖"等 8 个方面调研重点，确保专题调研与中心工作同频共振。

二是解剖麻雀，深入开展专项调研。地委书记朱中奎轻车简从、日夜兼程，深入 7 个县、37 个乡 (镇)、76 个村 (居)，采取"四不两直"方式，到边境一线，直插乡镇、村居、寺庙、学校、企业、扶贫搬迁点等，面对面听取建议，实打实解决问题，为全地区党员干部作出了表率。各级各部门党员领导干部坚持全覆盖、不重复原则，人均深入基层 5 次以上，蹲点调研 8 天以上，形成高质量调研报告 700 篇，查找梳理问题 1800 项，为群众办实事好事 1530 件。

三是务实高效，强化调研成果运用。地委班子集中利用 1 天时间召开调研成果交流会，将各县各单位提交的 23 项需地委牵头解决的问题事项一同研究，全面整改落实。各级各部门针对调研发现的问题，制定务实管用工作措施 180 项，健全完善制度 120 项，切实把调研成果转化为推动长足发展和长治久安的工作成果、制度成果。按照讲好专题党课要求，地委书记朱中奎带头为全地区党政系统县处级党员干部讲专题党课 2 次。各级各部门党员领导干部按照"四个讲清楚"要求，到分管领域、联系部门讲专题党课 500 余次，切实把调研成果转化为解决问题、推动工作、改进作风的实际成效。

四、对标初心、检视问题

找差距要问需于民、问计于民、问策于民，对照人民群众新期待，对照先进典型、身边榜样，有的放矢进行整改。检视问题突出"真"字，认真贯彻落实习近平总书记关于"四个对照""四个找一找"要求，对照突出问题，多渠道、多方式全面检视问题，切实把根源找准、把问题找实，为整改落实提供精准靶向。

一是查摆问题"准"。全地区党员干部对照党章党规，对照地委提出的主题教育要着力解决的 25 个方面的突出问题、在主题教育专题党课上提出的 40 个"有没有"的设问，对照"四虚、四松、四冷、四空"16 类问题，围绕党的政治建设、思想建设、作风建设存在的突出问题以及群众反映强烈的热点难点问题进行了深入检视。基层组织和党员立足工作实际，围绕政治立场、担当作为、遵规守纪、淡化宗教消极影响等方面进行了全面检视，做到问题找得准、根源挖得深、原因剖得透。

二是检视问题"深"。地委班子带头、全地区各级党组织主动跟进，集中利用 1 天时间，召开对照党章党规找差距专题会议，逐字逐句学习党章和《关于新形势下党内政治生活的若干准则》《中国共产党纪律处分条例》，按照严格遵守党章和党的政治纪律、政治规矩要求，全面查摆政治、思想、能力、作风、廉政等方面的问题不足，逐条剖析检视差距。认真开展批评提醒，各级领导班子成员之间开诚布公地提出意见建议，一条一条列出见人见事见思想见作风的问题清单，全面查摆各种违背初心和使命的问题，切实找准存在的问题、看清差距所在。全地区各级党组织共召开对照党章党规找差距专题会议 480 余场次，各级领导班子普遍检视查找问题 20 条以上，班子成员普遍查找问题 10 条以上。

三是征求意见"广"。坚持开门检视，通过设置意见箱、发放征求意见表和深入基层调研等多种方式，广泛征求基层群众、服务对象意见建议，对反映突出的问题逐一建立问题清单。召开征求意见座谈会，上级给下级严肃指出问题、下级给上级客观诚恳地提出意见。各级各部门共发放征求意见表 1500 份，开展各类访谈 1630 场次，谈心谈话 3200 人次，征求到意见建议 3968 条，切实找准群众最关心最直接的紧迫利益问题和现实问题。

五、紧盯问题、精准整改

整改落实突出"硬"字，把"改"字贯穿始终，坚持全面盘点梳理整改、上下联动合力整改，推动作风问题与工作问题、显性问题与深层问题一起解决，不断提升整改落实的实践性针对性实效性。

一是聚焦专项整治抓整改。成立专项整治小组，对中央列出的 8

个专项整治重点和区党委提出的 4 个整治问题，细化整治任务 68 项、
整改措施 110 条，明确整治牵头单位、方法步骤和时限要求。坚持"清
单化"管理、"项目化"推进、"精细化"落实，全力抓好专项整治工作。
2016 年以来，对脱贫攻坚履职不力、违反中央八项规定及其实施细则
精神、在整治形式主义、官僚主义、违反反分裂斗争纪律上、在整治
党员信仰宗教、参加宗教活动上、在整治利用虫草等名贵特产类特殊
资源搞利益输送上、在整治漠视侵害群众利益上、在整治基层党组织
软弱涣散上、在整治黄赌毒和黑恶势力上、在整治吃苦精神不强等问
题上执纪问责、严肃查处，给予相关组织和个人党纪政纪处理。

二是聚焦巡视巡察反馈问题抓整改。把中央、自治区党委关于脱
贫攻坚、生态环保、扫黑除恶方面巡视巡察反馈问题整改作为主题教
育整改落实工作重点。对问题整改实行台账式管理、项目化推进，列
出清单、挂牌销号，逐条逐项推进落实。截至目前，对中央、自治区
党委历次巡视督察反馈的扶贫领域问题、生态环保领域问题、扫黑除
恶方面问题进行整改，整改率达 97.6%；制定整改措施 862 条，已完
成整改 849 条，整改率达 98.5%。对照《自治区纪委监委机关各部门
整理的阿里地区存在的突出问题及九届自治区党委巡视发现市县机关
企事业单位有关问题清单》，及时制定整改方案，细化分解整改任务
58 项，现已基本整改到位。

三是聚焦主题教育中查摆出的突出问题抓整改。把实打实解决问
题作为整改的最终目的，各级各部门对照专题调研、检视问题发现的
14 个方面 2855 项问题，逐条建立问题清单 90 份，逐项明确牵头单
位、方法步骤、完成时限和成果形式，不断提升主题教育实践性针对
性实效性。各级各部门已完成整改问题 2468 个，整改率 86.4%。根
据自治区党委第七巡回指导组巡回指导反馈的 8 条问题及意见，及时

制定整改方案，细化整改具体措施20条，以最高标准、最严要求、最实作风、最硬措施抓好区党委巡回指导组反馈问题的整改落实，确保我地区主题教育不变形、不走样。做到问题不解决不松劲、解决不彻底不放手、群众不认可不罢休，一锤接着一锤敲，确保取得的成果经得起实践、人民、历史检验。

有人说没到过阿里就不算到过真正的西藏，但是解放时想要进军阿里地区其艰难程度不亚于长征，革命先辈们翻越昆仑山、克服高原反应、扛过饥饿疾病，在雪域高原的"天路"上撒下了"初心的火种"，随着时间的沉淀和岁月的洗礼，深深融进阿里绵延巍峨的山峰、蜿蜒曲折的河流、人民群众的血脉。

阿里越前进、事业越发展，就越需要趟"深水区"、踏"地雷阵"、跨"无人区"的精神，越要弘扬与天斗、与地斗、与艰苦环境斗的"三斗"精神，越要持之以恒的毅力、攻坚拔寨的勇气和"开局就是决战、起步就是冲刺"的状态。但是无论走得多远，都不能忘记来时的路，在不断自我革命、自我发展的过程中擦拭初心、践行使命，阿里改革发展的步子才会越来越稳、道路才会越走越宽广。

在此次主题教育实践中，阿里地区各级党组织有力推动，广大党员、干部积极投入，人民群众热情支持，使广大党员、干部思想政治受到洗礼和锤炼，干事创业、担当作为的精气神得到提振。积极解决群众最急最忧最盼的问题，深入进行清正廉洁教育，重点抓突出问题专项整治，有效增强了党的先进性和纯洁性。增强"四个意识"、坚定"四个自信"、做到"两个维护"，对推进阿里地区高质量发展具有重大现实意义和深远历史影响。

"不忘初心 继续前进"——阿里地区"不忘初心、牢记使命"主题教育宣传主题曲

第二章　打造新时代红色阿里党建品牌

　　阿里地委全面贯彻落实新时代党的建设总要求，紧密结合阿里实际，创新思路方法，创新实施"藏西先锋·红色阿里"党建品牌。坚持以点带面、辐射全域的原则，打造"藏西中心·党建先锋"等7县子品牌、"机关堡垒·岗位先锋"等7个行业系统子品牌和"夯实固边堡垒·争做守边先锋"边境党建子品牌，构建起纵向到底、横向到边的"1+7+7+1"品牌体系，积极开展了一系列适合少数民族边疆地区接地气、有特色、显实效的创建活动，品牌已成为引领阿里党建全面推动、创新发展的重要引擎。

第一节　立足高原边疆民族特点

　　阿里地区是典型的高原边疆民族落后地区，地情边情社情民情特殊。

一、客观条件的制约

天上阿里——4500 米海拔上的秘境

阿里地区区划面积大，地处偏远，自然条件恶劣，经济社会发展滞后，战略任务重，是重要的国家安全屏障核心区、国家生态安全屏障西部核心区、冈底斯国际旅游合作区核心区。特别是与印度、尼泊尔和克什米尔地区接壤，地处反分裂、反暴恐、反蚕食、反渗透第一线。北邻新疆喀什、和田地区，维稳处突和社会面管控任务极其繁重。这些客观条件给阿里党员干部扎根边疆、干事创业、维稳促发展带来巨大挑战。因此突出一个品牌统领来加强党建工作、夯实执政基础显得尤为重要。

二、党建工作现状的要求

近年来，阿里地区认真贯彻落实习近平总书记关于基层党建工作、西藏经济社会发展和民族团结的系列重要讲话精神，严格落实党中央的决策部署和中央第六次西藏工作座谈会和区党委工作部署，狠抓党建这一全地区各项事业改革发展的核心，创新基层党建载体，基层党建工作水平不断提升，取得了一定的成绩。但由于各县情况不同，党建工作进展不平衡，有些地方还存在诸多薄弱环节。

一是重视程度不够。部分党组织主体责任和部门主业意识不够强，对党建工作研究部署不够、问题解决不够、保障力度不够、积极参与不够，造成公路沿线与偏远乡村党建发展不均衡。

二是抓党建工作的思路、措施、办法不多。部分党组织就党建抓党建，面对新形势新任务，还是用老套路、老办法，没有把党建工作与发展、稳定、项目、产业、民生改善、脱贫攻坚、乡村振兴等工作有机结合起来，党建工作成效不明显。

三是基层党建工作与全面建成小康社会的要求还有不适应的地方。有的乡镇党委和村党支部的领导核心作用还没有充分发挥，部分村居干部、党员的带头致富和带领群众共同致富的作用不明显。农牧区部分党员队伍年龄老化、素质不高；村级集体经济薄弱，农牧区经济原始积累任重道远；等等。导致全地区基层党建工作虽然亮点多、特色足，但涌现出的全国优秀基层党组织、优秀党务工作者和优秀县委书记等优秀党员示范作用不明显。其根源是缺乏品牌统领、塑造和传播推介，没有极具地方特色、能够引领地方党建工作创新发展的党建品牌，基层党建辨识度不高、影响力不够，因此及时打造品牌、彰显特色显得尤为重要。

三、创新发展需要

品牌，根据市场营销学理论，是指一种识别标志、一种价值理

阿里地区召开组织工作会议，专题研究部署党建品牌创建相关工作

念，是品质优异的核心体现。价值指的是这个品牌所代表的产品质量、服务水平、整体品位等，根据品牌的高度对应不同的价值。党建品牌化是准确把握基层党建规律、科学开展基层党建活动的一项积极尝试，其初衷是借鉴企业品牌建设理念和方法去开展基层党建工作，从中激发出党建工作的生机活力，进而提升基层党建工作的整体水平。

党的十八大以来，以习近平同志为核心的党中央提出创建"五个好"支部和全面开展创先争优活动的要求，以此为契机，全国各地党组织广泛开展了党建品牌化建设活动。西藏自治区党委就新形势下夯实党的建设工作，提出坚持稳中求进、进中求好、补齐短板的工作总基调，努力做到用人立得起、党建推得开、制度抓得严、责任落得实、形象树得好的具体要求。

2016 年以来，阿里地委把对基层党建工作的重视提高到前所未有的程度。为进一步激发各族党员干部群众认同感，凝聚党建向心力、推动力，阿里地委立足党建新趋势新形势新任务，突出阿里地处西藏

组织开展"弘扬红色精神、继续砥砺前行"主题党日活动

西部的区位特点，果断提出打造"藏西先锋·红色阿里"党建品牌。以加强党的先进性建设为核心，用好区位优势、资源优势、援藏优势和精神优势，积极传承"老西藏精神""两路精神""先遣连精神"和孔繁森精神，用好中共阿里分工委旧址、先遣连遗址等红色教育资源，围绕基层党建重点内容，深入推进特色基层党建，精准施策、精准发力，彻底释放各个党组织主体活力、结构活力、制度活力、执行活力、效益活力，不断提升组织号召力、党员凝聚力和党建影响力，引领全地区基层党建工作健康持续发展。

第二节　聚焦"寻根·筑魂"主题

创建"藏西先锋·红色阿里"党建品牌，阿里牢牢把握"寻根·筑魂"主题，增强基层党组织政治领导力、思想引领力、群众组织力、社会号召力，为阿里长足发展和长治久安提供坚强组织保证。党建品牌创建紧紧围绕协调推进"五位一体"总体布局和"四个全面"战略布局，紧贴"加强民族团结、建设美丽西藏"这一主题，以加强党的执政能力建设和先进性、纯洁性为目标，以"党旗引领，促发展、保稳定、惠民生、助脱贫、增团结"为核心，以"强责任、打基础、抓规范、接地气、重实效"为统领，以配好班子、建好组织、管好党员为主责，大力实施素质提升、基础强化、组织规范、党旗引领、产业扶贫、藏西旗帜、勤政廉洁、党群共建"八项工程"。全力打造学习型、堡垒型、效能型、服务型、攻坚型、创先型、清廉型、联创型"八型"党组织，立足红色资源、筑基阿里党建、彰显藏西先锋，用好中共阿里分工委旧址、先遣连遗址、军史馆、地区烈士陵园等红色

阿里地区工商联按照"十五有"标准，创建机关党员标准化活动场所

教育资源。积极打造一批红色第一村、民主改革第一村、小康建设第一村、军旅文化第一村、边境建设第一村等，引导党员干部积极传承红色精神，充分发挥党员的旗帜引领作用和党组织的红色堡垒作用。

第三节　匠心打造党建品牌

党建品牌创建整体按照"一年筑基、二年提升、三年巩固"的总基调，坚持彰显特色、坚持问题导向、坚持统筹兼顾，在 2017 年成立了以党委主要负责同志为组长的地、县、乡三级党建品牌创建工作领导小组，设立专项办公室，始终把品牌创建工作列入地委党建工作总体规划和"联述联评联考"的重要内容。连续三年每年投入 2500

万元专项资金，累计三年时间渐进 1 个亿资金，使品牌创建工作有序开展、取得成效，实现内涵发展、品质跨越，为阿里长足发展和长治久安提供坚强组织保证。

一、一年筑基，打牢地基

立足红色资源，传承红色基因，创建"1+7+7+1"党建品牌。树立品牌意识，强化品牌思维，以响亮名号、完善机制、丰富载体、全新理念、良好效益全力创建品牌。地委主要领导在地区组织工作会议等重要会议上多次部署品牌创建工作，多次召开专题会议研究审核品牌创建实施方案、各单位创建子品牌的方案等，采取集中办班、岗位锻炼、专业指导等形式，对全地区各级党务工作者进行业务培训，为扎实开展品牌创建工作提供遵循。深入挖掘先遣连遗址等红色资源，加强保护开发，升级现有资源，着力打造全地区党员干部思想教育高地。以举办"党建品牌主题文化月"活动为契机，收集整理红色作品，教育引导党员干部坚定信念、砥砺品格、扎根边疆、干事创业，把"四种精神"植入思想和行动中。进一步提振精气神，增强干部队伍的凝聚力和战斗力，不断夯实红色党建基础。7 县及 7 个地直行业系统党委（党工委）按照职能不同特色不同、领域不同特色不同、区域不同特色不同的要求，打造了噶尔县"藏西中心·党建先锋"品牌、札达县"守边先锋·旗帜札达"品牌、日土县"日土先锋·边疆堡垒"品牌、普兰县"时代先锋·魅力普兰"品牌、革吉县"党旗领航·活力革吉"品牌、改则县"羌塘腹地·红色改则"品牌、措勤县"党旗引领·大湖崛起"品牌和地直机关工委"机关堡垒·岗位先锋"品牌、地委老干部局"夕阳先锋·红色堡垒"品牌、地区教育局党组"共铸

普兰县税务局结合岗位特色，打造党史走廊、党建品牌文化墙

师德师魂·为党奉献育人"品牌、地区公安处党委"党旗耀警徽·忠诚铸警魂"品牌、地区互联网党工委"e网先锋·智慧阿里"品牌、地区行署国资委党委"党旗聚力·兴业发展"品牌、"两新"组织党工委"兴业发展·正德厚生"品牌以及"夯实固边堡垒·争做守边先锋"边境党建品牌。自此，初步形成了以"藏西先锋·红色阿里"党建品牌为统领，7县、地直7个行业系统、边境党建子品牌交相辉映的"1+7+7+1"党建品牌体系。

二、二年提升，增强内涵

大力实施"八项工程"，积极打造"八型"党组织，着力彰显"八大先锋"，切实以品牌内生动力推动高原边疆党的建设新的伟大工程高质量创新发展。抓标准规范，把准"方向盘"，聚焦"四性三化""八个阵地"要求，整合 3.4 亿元资金全力推进 145 个村级组织活动场所标准化建设工程，有效配齐"十大功能区"；按照"十五有"标准，扎实推进 90 个地直机关及行业系统党组织活动场所标准化建设。强化组织功能、规范运行程序、提升工作效能，有效提升基层党建工作水平。抓内涵建设，唱响"红色曲"，以红色资源"三进"等活动为载体，采取党建带工建、团建、妇建，开展"党员奉献日""工青妇活动日""清洁家园、美丽机关"等活动。根据红色基地建设的定位和教育主题，深入基层一线挖掘感人事迹和生动素材。定期组织党员干部到红色教育基地进行参观学习，在就近就便现场体验观摩中，提升精神境界，自觉做"五种精神"继承者，推动红色革命精神入脑入心。抓典型带动，吹响"先锋号"，按照"建强一块阵地、带强一支队伍、促进一方发展"工作要求，开展乡乡有亮点、乡乡有特色、乡乡有实招、乡乡有新水平、村村有特色创建工作，积极创建红色文化、牧区改革、生态文明等"十三个第一村"，着力打造革命传统教育和实践体验集一体的"1+6"党员干部教育基地，精心设计"实境课堂"。各单位因地制宜推出"助力阿里，命运长跑""十企帮十村""党建示范校园"等活动，不断增强品牌引领力。抓品牌效益，打造"硬实力"，充分发挥党组织、党代表、党员维护稳定、发展经济中的主体责任和先锋队作用。实施党建与扶贫开发"双推进"工程和"产业带动"项目，严格落实党员领导干部扶贫联系帮扶机制，发展特色农牧业。推行噶尔县稳边、固边、兴边、强边、惠边"五边"工作法，抓住项目、抓住资源、抓住产业，建立"三三制"项目领域党建工作模式，推动党的建设与发展稳定改革同步推进，互融共促、协调发展，品牌效益逐步彰显。

三、三年巩固，实现成效

聚焦提高"八个满意度"，以凝聚红色力量、建强基层组织、彰显党员先锋、打造特色党建品牌为重点，创新驱动、巩固成绩、提升效益，让"藏西先锋·红色阿里"党建品牌响彻藏西、绽放高原，真正激发推动阿里长足发展和长治久安的磅礴力量。筑牢红色高地，夯实底蕴，传承基因，充分发挥地县党校主阵地作用，以思想建设为龙头，以改革先锋为榜样，以"五种精神"为引领，深入实施习近平新时代中国特色社会主义思想大学习、大教育、大培训、大提升工程。创新开展"我的初心对党说""讲红色故事，学英雄精神""红色先锋行"主题活动，深入推进"五个一"（打造一个党性教育基地、开展一系列红色文化传播活动、巩固一批品牌创建成效、掀起一场品牌大宣传、开展一次成效大总结），精心打造涵盖"四室三广场"（即品牌成果展览室、主题党日活动室、室内休闲活动室、党性教育室和党员宣誓广场、主题党日活动广场和中心文化广场）的"藏西先锋·红色阿里"党性教育基地。整理阿里红色革命史，编辑阿里革命建设和改革开放红色读本，创建"藏西先锋"微信公众号，推动党员干部将政治信仰融入感情之中、内心深处，持续增强红色文化底蕴。打造"八型"党组织，规范运行，突显作用，瞄准建强基本队伍、开展基本活动、夯实基本阵地、规范基本制度、优化基本保障五大任务，认真贯彻《关于坚持以习近平新时代中国特色社会主义思想为指导大力推进基层党组织标准化建设的意见》《阿里地区基层党组织标准化建设方案》。坚持扩大先进支部增量、提升中间支部水平、增强后进支部功能，理顺体制，筑牢组织根基，实行权责清单管理，进一步规范地、县、乡三级党建示范点。创建全区农牧区改革示范点抢古村等一批先进基层党组织，推动各领域党建工作均衡发展、创新发展、全面发展。创新领域载体，丰富内涵，深化巩固，地直机关事业单位深入开展"担当作为，狠抓落实""文经我手无差错，事交我办请放心""践行三个表率，建设模范部门"三项活动，推动党员干部奋发工作、锐意进取。离退休党组织深化"增添正能量、共筑中国梦""珍惜幸福生活、淡化宗教影响""退休不褪色、永远跟党走"等活动，建强红色堡垒。中小学校党组织紧紧围绕"培养什么样的人、怎么培养人、为谁培养人"，大力实施党员名师工程，全面落实党组织领导下的校长负责制。公安系统深化"平安阿里"建设，大力实施见警车、见警察、见警务专项行动。互联网领域深入实施网络党员名人发展工程，着力培养红色网络卫士。国有企业将党建业绩挂钩任免薪酬，不断完善"双向进入、交叉任职"领导体制。"两新"组织继续推动党的政策、政府服务和先进文化进组织，规范提升 8 个流动党员服务站。边境农牧区全面实施"12345"战略（详见本书第六章），深化"对党绝对忠诚""爱民固边先锋行""村村飘红旗、家家插国旗、人人当先锋"活动，建立"帐篷党支部"，实现流动放牧到哪里组织生活就跟进到哪里。

　　紧扣党建核心，狠抓规范，创新拓展，将党建品牌创建与脱贫攻坚、经济发展、乡村振兴等中心工作有机结合。深入开展以"亮身份、比贡献、争先锋、促发展"为主要内容的"万名党员争做八大先锋"活动，激励引导广大党员干部跟着学、照着做、比着干，在各行各业彰显先进、展示作为。夯实主业主责，细化目标，考核激励，实施党建品牌创建项目化管理，推广"五步考核法"，将党建品牌创建工作成效作为领导班子和领导干部年度考核的重要依据。严格落实基层党建述职评议考核工作，严格执行党建品牌创建巩固年工作责任分工方案和党建工作后进诫勉谈话制度，建立常态化总结、长效化巩固体制

阿里地委组织部聚焦"公道正派"要求，打造组工干部先锋墙

机制，适时举办交流会、现场会。积极推广党建品牌创建工作走在前列的县、行业系统典型经验，激励处于中间状态的单位学习先进、争当先进，鞭策处于后进状态的单位抓紧整改、有序推进，凝聚品牌创建强大合力。

四、"一二三"大计划，品牌效益全面彰显

引领经济发展，通过品牌创建工作充分调动了产业领域党组织和党员工作积极性，助推阿里经济发展战略高质量实施，加速了产业转型升级，阿里经济发展步入高速期。引领社会稳定，党组织充分发挥凝聚力、战斗力、引领力，创新"五边""六零"工作法，有效保证了长治久安。引领脱贫攻坚，各级党组织强化对脱贫攻坚工作的主导领导，实施"产业带动"项目，积极探索把支部建在产业链上，推广实施"'支部+公司+协会（合作社）+农牧户'+'书记带头、党员示范、专干帮办'"模式，极大提高了脱贫攻坚效率，群众脱贫攻坚步伐进一步加快，截至目前，全地区7县全部实现脱贫摘帽。引领民族团结，把品牌创建工作与民族团结进步创建活动结合起来，同步谋划、共同推进，彰显藏西先锋在民族团结中的表

率作用，党组织的组织力，民族团结创建工作进一步推向深入。引领文化繁荣，以品牌创建为主线，建好宣传思想文化阵地。以红色文化引领提升整体文化工作水平，传播社会主义核心价值观，实现文化大繁荣。

通过三年的努力，"藏西先锋·红色阿里"党建品牌已然成为阿里一张响亮的名片，党建品牌日益深入人心，引起区党委领导同志关

阿里地委党建品牌创建办负责人及工作人员参加西藏自治区《驻村夜话》栏目，宣传党建品牌创建相关工作

注，在全区开了先河。广大党员干部对习近平总书记"抓好党建就是最大政绩"这一重要论述有了更进一步的认识和更深层次的理解，思想认识、责任意识、工作态度实现了极大转变，抓党建积极性更强，抓得更紧。各级党组织团结带领党员群众感党恩、听党话、跟党走，各族群众"五个认同"进一步加深，党组织凝聚力、战斗力、引领力进一步建强，基层组织的战斗堡垒作用和党员干部的先锋模范作用进一步得到彰显。

第三章　与时俱进传承红色基因

　　基因是生物传承的密码，决定着生命体的独特性与生命历程，是一个事物发展壮大的重要影响因素。红色基因则是政党传承的密码，决定着党的成长壮大与党所领导事业的前途命运，是中国共产党和中国人民在长期争取民族独立、实现人民解放的革命进程中凝结形成的精神内核，蕴含着共产党人的坚定信念、崇高理想、优良作风等伟大精神。对于实现新时代中华民族复兴伟大梦想，具有重要的现实意义和长远意义。

　　在西藏阿里，从 1950 年 136 名英勇的先遣连战士驻扎扎麻芒堡，到 1992 年孔繁森到阿里工作，再到现如今长年驻扎在海拔 5000 米以上的泉水湖一级公安检查站的党员干部，半个多世纪的历史长河里，一个个先进典型、一种种红色精神、一个个不畏艰难洒下赤诚热血的优秀党员干部如星光般璀璨，催人奋进，红色的血液已延伸到这片热土每个角落。他们以新老续接、宝塔结构、连片辐射、优势叠加的态势，沿着革命精神的交接延续脉络、奋斗精神的地域传承脉络、新老典型的有序传承脉络、锤炼党性的实践传承脉络，传承着阿里的红色

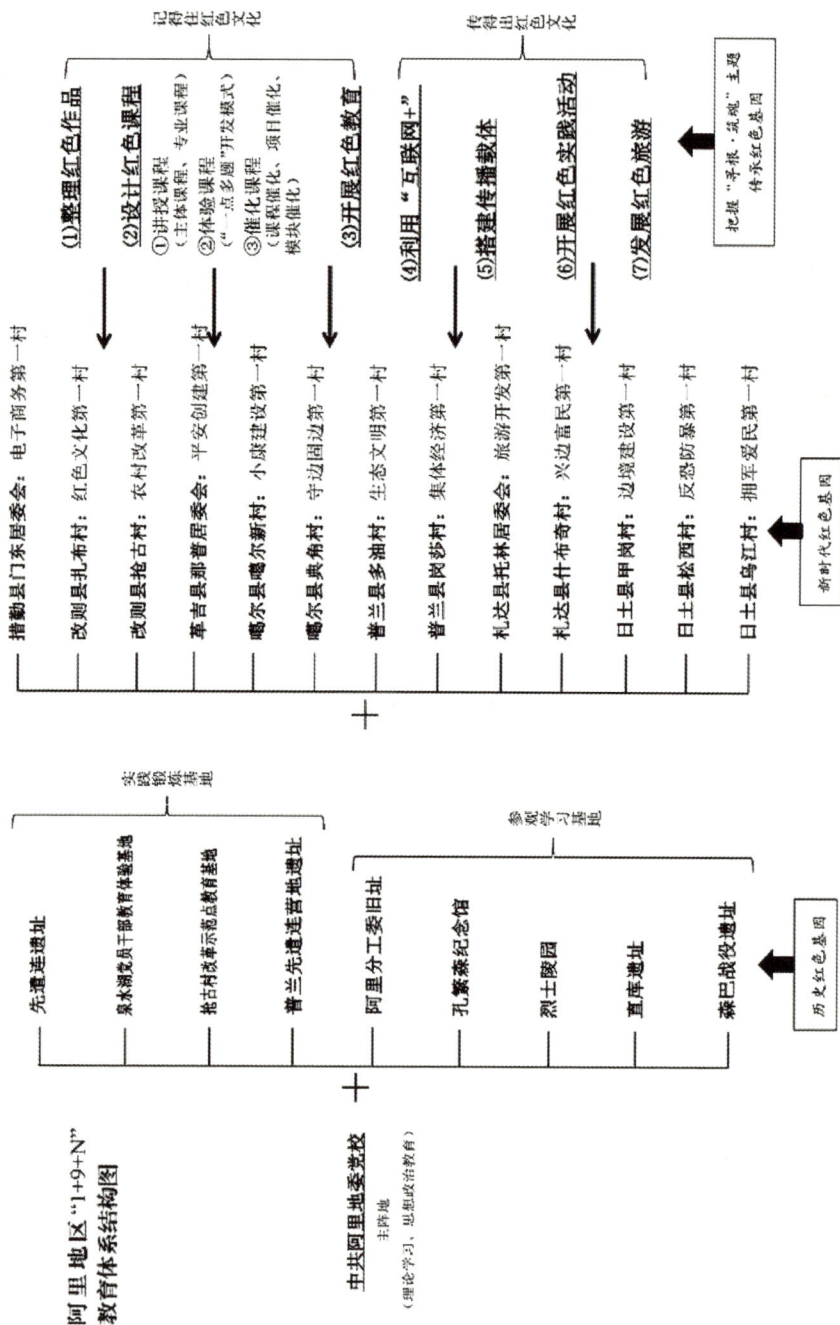

阿里地区"1+9+N"教育体系结构图

记得住红色文化

(1)整理红色作品

(2)设计红色课程
①讲授课程（主体课程、专业课程）
②体验课程（"一点多圆"开发模式）
③催化课程（课程催化、项目催化、模块催化）

(3)开展红色教育

传播出红色文化

(4)利用"互联网+"

(5)搭建传播载体

(6)开展红色实践活动

(7)发展红色旅游

把握"寻根·筑魂"主题（传承红色基因）

措勤县门东居委会：电子商务第一村
改则县扎布村：红色文化第一村
改则县抢古村：农村改革第一村
革吉县那普居委会：平安创建第一村
噶尔县噶尔新村：小康建设第一村
噶尔县典角村：守边固边第一村
普兰县多油村：生态文明第一村
普兰县岗莎村：集体经济第一村
札达县托林居委会：旅游开发第一村
札达县什布奇村：兴边富民第一村
日土县甲岗村：边境建设第一村
日土县松西村：反恐防暴第一村
日土县乌江村：拥军爱民第一村

新时代红色基因

实践锻炼基地

先遣连遗址
泉水湖党员干部教育实体基地
抢古村改革示范点教育基地
普兰先遣连营地遗址

参观学习基地

阿里分工委旧址
孔繁森纪念馆
烈士陵园
直库遗址
森巴战役遗址

历史红色基因

中共阿里地委党校
主阵地（理论学习、思想政治教育）

基因，源源不断地从党的光辉历史中赓续精神力量，从一脉相承的精神谱系中汲取前进动力，不忘初心、不懈奋斗、担当作为、一往无前，为阿里改革发展稳定各项事业注入了红色力量、提供了精神支撑。

挖掘和开发这类宝贵资源，能够凝聚党心军心民心的强大精神力量，紧紧把阿里地区 12.1 万各族人民团结在党和政府的周围，不断增强各族群众获得感幸福感安全感。本章节将带领大家全面了解阿里革命、建设、改革开放、新时代各个历史时期遗留下的红色基地、红色阵地，观摩红色基因遗传工程创造的宝贵财富，学习在新时代背景下，用红色记忆引领奋斗梦想、红色足迹追忆峥嵘岁月、红色精神洗礼纯洁心灵的经验总结。

第一节　建好用好红色革命教育基地

历史是最好的教科书，也是最好的清醒剂。革命传统资源是我们党的宝贵精神财富，每一个红色旅游景点都是一个常学常新的生动课堂，蕴含着丰富的政治智慧和道德滋养。地域红色文化也是社会主义核心价值观更接地气的传播介质，是地方经济转型发展的助推器。

阿里历来是孕育精神、创造精神的圣土，高寒缺氧，气候恶劣，但从来不缺精神、从来都彰显精神。从 67 年前，先遣连进藏，第一艘"红船"在这里诞生，此后 60 多年来，"生死未卜、信念犹存"的先遣连将士的红色历史、"鞠躬尽瘁，死而后已"的人民公仆孔繁森的感人事迹、"与海拔比高度、与风沙比坚韧"的泉水湖检查站公安干警的时代标杆以及阿里分工委旧址、先遣连遗址、直库遗址、军史馆、烈士陵园、森巴战役遗址等红色资源,犹如前进路上的盏盏明灯,激励着广大党员干部砥砺奋进、再创辉煌。

自2017年初,阿里地区启动"藏西先锋·红色阿里"党建品牌创建工程,提出了打造党员干部红色教育基地的初步构想。为确保历史红色基因"无遗漏、全部有效保护",在认真谋划研究的基础上,阿里地委组织多批专家学者深入基层挖掘排查,广泛征询当地老党员、老干部、老阿里人的意见建议。历经半年多,最终在2017年10月底确定以先遣连遗址、泉水湖党员干部教育体验基地、抢古村改革示范点、普兰先遣连营地遗址、阿里分工委旧址、孔繁森纪念馆、烈士陵园、直库遗址、森巴战役遗址9个红色资源为原型,打造一个功能齐全、管理规范、满足需要、保障有力的党员干部思想教育红色基地。

大量实践表明,历史红色资源不能仅满足于"保存",真正有意义的保护应该让它们有机融入当地经济社会发展,在开发、利用中成为不可或缺的存在,继而绽放光彩。在2017年10月至2018年5月期间,阿里多次邀请区党史办、区党校、陕西党校、河北党校、延安干部学院等专家学者对红色教育基地进行总体设计,投入大量人力、物力、财力收集解放以来的历史资料、红色遗产、影像图片、革命故事、文艺作品等,为红色教育基地建设打好地基。在2018年中旬开始,本着"展示历史、建以致用、注重节约"的原则,全面整合资源力量推进红色教育基地改(扩、建)工程,建设一个集"看、听、思、悟、行"为一体的新型党员干部思想高地。2019年初至今,突出"褒扬烈士、教育群众"功能定位,结合当代党员群众精神需求和时代任务,制作红色精品课程,打造各具特色、各有侧重的党史党性教育"实境课堂",培育熟知历史、与时俱进的"资深导游",在全地区党员干部中推行"人人做讲师"活动,充分体现其革命传统教育和实践体验意义,为阿里党员干部教育工作提供一个集党性体验、政治教育、休闲文化、党建交流、红色传播功能于一体的红色教育平台,使之转化为激励人民群众进行伟大斗争的强大动力。我们选择进藏英雄先遣连、孔繁森的故事和抢古村改革示范点,与大家一起追忆红色的印记,激励新时代的党员干部为实现中华民族伟大复兴的中国梦贡献力量。

一、进藏英雄先遣连

把时间凿出一个刻度,标记为 1950 年。进藏英雄先遣连,一个浸透着荣耀的名字。

1950 年 8 月 1 日,一支由汉、蒙、维吾尔、藏等多个民族共 136 名官兵组成的进藏先遣连,高举"向西藏大进军"的旗帜,从新疆南部于田县的普鲁村出发,跨越冰封雪裹的巍巍昆仑,穿越生命禁区,踏入千古沉睡的万里荒原。在没有地图指引、没有向导领路、敌情不明的情况下,跋涉上千公里,克服雪盲、高原病的威胁,以接近一半伤亡的代价,率先进入藏北高原,将第一面五星红旗插在了藏北高原,成为解放军进入西藏的第一支队伍,英勇顽强地完成了党和人民交给的光荣任务,为大部队进军阿里,和平解放阿里创造了条件。他们,就是被毛泽东同志誉为"盖世英雄"的"进藏英雄先遣连"。

民主改革后,为纪念先遣连,将先遣连进入茫茫藏北、并在凛冽寒冬中独自坚守 270 多个日日夜夜的旧址——扎麻芒堡一带改名为

"先遣乡"（旧制的乡相当于今天的行政村）。1999 年，撤区并乡后，建立先遣乡，下辖 6 个行政村。先遣连以改变一个地方名称的方式，被永远地镌刻在了历史的长卷中。

（一）这都是英雄留下的宝贵财富呀

"英雄的事迹不能被遗忘，我们要尽可能地找回这些珍贵遗产！"收到领导指示，阿里地委宣传部原副部长米玛次仁同志就赶到阿里军分区查阅相关历史材料，做足功课后，立即沿着先遣连的进藏足迹展开调查研究、收集整理材料。河北省援藏干部俞江，也是一位被英雄事迹感召的党员干部，他曾多次前往新疆军区、南疆军区、甘肃等地，采访和拍摄唯一健在的先遣连战士王兴才以及进藏先遣连副连长彭青云同志的夫人李彦清，到新疆喀什地区第 3 师 41 团草湖镇收集相关资料档案……通过挖掘自身资源、寻找军队帮助、借助社会力量，广大干部群众为精神铭记提供了鲜活的历史素材。

（二）英雄，要用心去保护

七尺形影，三两疼痛，一寸丹心，六十三条生命为我们带来了解放和光明。为了再现"先遣连精神"英雄风骨，阿里抽调专业人员组成攻坚专班，深入遗址相关乡村进行考证，逐一找当地老干部、老党员、群众亲历者进行座谈核查，实地查证先遣连进藏时期在扎布村的驻扎情况。在尽量尊重历史的基础上，进行纪念碑修缮、烈士雕像建设、大型历史浮雕设计以及附属设施建设，逐一做好先遣连遗址复原（修建园林）工作。同时，在扎布村精心选址，投资 2000 多万元建设上下两层共 1960 平方米的进藏先遣连

进藏先遣连纪念
馆网上展馆

阿里地区组织召开进藏先遣连纪念馆开馆仪式

纪念馆，展现着阿里人民对牺牲在羌塘腹地的 63 名先遣连烈士的缅怀和追忆，成为阿里地区爱国主义教育、民族团结教育和革命传统教育的重要窗口和阵地。

（三）"追星"的脚步，永不停歇

命名一条街道为"先遣连路"，建设一个"先遣连精神发源地"党建品牌门楼。为推介改则城市形象、展示改则发展面貌、提升"先遣连精神"的知名度，促进红色基因与旅游元素有机结合，阿里积极协调 80 余万元资金在进出县城的路口建立党建品牌门牌坊，规划设计一条"先遣连路"，设立大型户外宣传牌，有效彰显本地历史文化特色。

（四）历史，不能被遗忘

历史不仅仅是用来回忆的，更要继往开来、实现价值。

"先遣连的脚步，朝着希望走去，迎着负重的伤痛和高贵的胜利，忘记转身即是天涯，一别便是永远！"文化的传承需要有力的载体，舞蹈、歌曲……一直都是被时间所特殊对待的，每每会激起人们内心深处最纯粹的激荡。为深度挖掘"先遣连精神"的核心价值，阿里多次邀请南疆专家指导编排"先遣连"大型情景舞台剧，联合当地群团组织、学校等创造一批表现英雄风采的话剧、小品、诗歌、舞蹈、歌曲、微视频等，将羌塘腹地厚重的红色文化资源与刺绣、唐卡等民俗工艺有机结合，设计生产具有纪念性、实用性的先遣连红色纪念产品，进一步推动英雄事迹"走出去"、红色精神"亮起来"。

（五）红色，要延续下去

英雄不朽，精神闪耀。从基地建设开始，阿里就提出了"四月一季""党建＋"主题创建（即 4 月环境保护月，5 月便民服务月，6 月文化素质提升月，7 月建党纪念月，8—10 月先遣连英雄精神弘扬季）和党员干部"六亮出"活动（亮出党员身份，亮出党员岗位，亮出党员承诺，亮出党员笔记，亮出党员业绩，亮出群众评议）。同时在改则全县范围内悬挂横幅、张贴标语、发放宣传册，突出红色"先遣连"主基调，营造红色改则氛围，确保"先遣连精神"传承入脑入心入行，成为广大党员群众的自觉行为。

"先遣连精神"，是时代赠予阿里的精神财富，经过了半个多世纪的洗礼，"不怕牺牲、不畏艰难、坚守信念、军民团结"的"先遣连精神"在阿里大地焕发出鲜艳夺目的光芒，扛起时代赋予党员的重任，已然是新时代阿里青年的新时尚。

一百三十六名战士，

在高原用红色的基因铸牢高地；

六十三缕亡魂，

在白骨和荒凉里拴住日落；

后方驮运的快马，

从黑色里冲出一线生机；

红色的信念如一盏明灯，

冲破了漫漫长夜的黑暗，拨开风雨如磐的阴霾，

给这片沉睡的大地播撒下初阳的盛晖！

二、传承弘扬孔繁森精神

（一）雪域高原上的格桑花

古老而又富饶的鲁西平原，像一位伟大的母亲，孕育了一代又一代的英雄儿女，孔繁森就是其中杰出的一位⋯⋯

1. 两离桑梓独恋雪域

1944年7月，孔繁森出生在山东省聊城市堂邑镇五里墩村，他的父母都是老实忠厚的农民，从他懂事的那天起，在父母那里得到的就是清清白白为人，实实在在做事的教诲。

1961年，17岁的孔繁森光荣地加入了中国人民解放军的行列，在部队这个大熔炉里，孔繁森处处严格要求自己，连年被评为五好战士。

1966 年 9 月，孔繁森光荣地加入了中国共产党。

1975—1979 年，孔繁森担任聊城地委宣传部副部长，几年间他为聊城地区的宣传、文化事业作出了突出的贡献。

1979 年，孔繁森第一次进藏担任岗巴县委副书记，在岗巴工作三年，他跑遍了全县的乡村、牧区，与藏族群众结下了深厚的友谊。

1979 年孔繁森第一次赴西藏工作时，亲属都在农村，母亲已年近八旬，妻子王庆芝体弱多病，三个孩子中最大的八岁，最小的只有两岁，生活非常艰难。可是孔繁森想到这是党和人民需要自己的时候，自己不去总得有人去，谁家又没有困难呢？于是，他做通了家人的思想工作，告别了家乡和亲人，在西藏一干就是三年。

1981 年，孔繁森第一次调藏工作期满后，到莘县任县委副书记，他识大体、顾大局、讲团结、求进取，在莘县的干部群众中留下了深刻的印象。

1988 年，山东省再次选派进藏干部，组织上认为孔繁森在政治上成熟又有在藏工作经验，便决定让他带队第二次赴藏工作，当问他有什么困难时，他依然还是那句老话："我是党的干部，服从组织安排"。要走了，他默默地来到老母亲面前，又一次为老人家梳理着那稀疏的白发，然后，贴近母亲的身边，声音颤抖地说："娘，儿又要出远门了，到很远很远的地方去，要翻过好几座山，过好多条河。"已是风烛残年的老母亲，她抚摸着儿子的头问："咱不去不行吗？"孔繁森哽咽着说："不行啊娘，咱是党的人，咱得给公家办事啊……""那你就去吧，俺知道公家的事儿误了不行，多带些干粮、衣裳，路上可别喝凉水……"老母亲心疼地认可了，孔繁森再也抑制不住自己的感情，"扑通"跪倒在老母亲的面前，流着眼泪对母亲说："娘，儿走了，您可要多保重啊！"说完，给老母亲磕了一个头，便毅然踏上了西去的征程。

1988年，孔繁森第二次调藏工作，担任拉萨市副市长，分管文教、卫生和民政工作，孔繁森到任仅四个月的时间，就跑遍了全市八个县区所有的公办学校和一半以上的村办小学，为发展少数民族的教育事业奔波操劳。孔繁森对于分管的卫生和民政工作也同样的投入，为了结束尼木县续迈等三个乡群众易患大骨节病的历史，他几次爬到海拔近5000米的山顶水源处采集水样，帮助群众解决饮水问题。

2. 永远的抉择

1992年年底，孔繁森第二次调藏工作期满，西藏自治区党委决定任命他为阿里地委书记，这一任命意味着孔繁森将继续留在西藏工作，面对人生之路又一次重大选择，他毫不犹豫地服从了党的决定、人民的需要。阿里地处西藏自治区的西北部，平均海拔4500米，被称为"世界屋脊的屋脊"。阿里的面积相当于两个山东省，而人口仅有六万，地广人稀，这里每年有很长时间气温在零度以下，最低温度达零下40多度，每年7至8级大风占140天以上，恶劣的自然环境、艰苦的生活条件使许多人望而却步。

1993年春天，年近50岁的孔繁森赴任阿里地委书记，为了摸清阿里的情况，孔繁森逐县、逐乡地跑，实地考察、求计问策，与当地干部一起寻找带领群众脱贫致富的路子，在阿里不到两年的时间里，全地区106个乡他跑遍了98个，行程达8万多公里，茫茫雪域高原到处都留下了他深深的足迹。

在阿里，孔繁森同时兼任阿里军分区党委第一书记，他为阿里的军队建设倾注了大量的心血。早在1990年，迟浩田将军就曾写下"心连心，同命运，共呼吸"的条幅赠予孔繁森。

1994 年初，一场罕见的特大暴风雪席卷了阿里高原，孔繁森迎着暴风雪到受灾最严重的改则县和革吉县指挥救灾，救灾途中，饿了就吃一口风干的牛肉，渴了就抓一把雪塞到嘴里，超负荷的工作和长时间的高山反应，使孔繁森本来就带病的身体更加虚弱。

2 月 27 日的凌晨，孔繁森躺在革吉县曲仓乡一座牧民的帐篷里，剧烈的头痛使他怎么也睡不着，他感到心跳加快、胸闷气短、天旋地转。有着高原生活经验和医学常识的孔繁森，预感到死神正在朝他逼近……可是，让他放心不下的是远在山东的老母亲、妻子和儿女，他艰难地支撑着病体，打开手电筒在笔记本上给公务员小梁写下了这样的交代："小梁，不知为什么我头痛得厉害，怎么也睡不着。人有旦夕祸福，万一我发生不幸，千万不能让我的老母亲、家属和孩子知道，请你每月以我的名义给家里写一封报平安信……我在哪里发生不幸，就把我埋在哪里。"这哪里是什么交代啊，这分明是孔繁森提前写好的一封遗书啊！然而，这一夜孔繁森没有倒下，终于挺了过来。经过两个多月的艰苦奋战，阿里人民终于战胜了这场罕见的雪灾，全地区没有冻死、饿死一个人，而年仅 50 岁的孔繁森却苍老了许多，黑瘦了许多，他的头发过早的灰白了。

为了加速阿里的发展和振兴，1994 年 11 月，孔繁森带领阿里工作组赴新疆塔城考察边贸工作，途中他在 4 页便笺上拟就了"关于阿里发展的 12 个亟待解决的问题"，可谁又会想到这竟成了他留在高原的绝笔。

（二）把为人民服务的初心使命传承下去

近年来，阿里地区以加强党的先进性、纯洁性为目标，以"学孔繁森精神，做孔繁森式的好干部"学习活动为载体，把握"四导"，

铭记历史，传承精神，阿里地区交通运输局组织党员干部参观孔繁森纪念馆

积极营造大力弘扬和深入学习孔繁森精神的良好氛围，巩固学习活动成效，为推进阿里地区改革发展稳定提供强大精神动力。

一是加强宣传倡导，集中进行思想教育。阿里地区统筹现有教育资源，精选内容，丰富载体，创新方式，依托阿里地区独有的红色教育资源，积极打造烈士陵园、孔繁森纪念馆等思想教育精神高地，深入开展"学孔繁森精神，做孔繁森式的好干部"活动。以党支部为基本单位，以召开支部大会、专题宣讲会议为契机，向广大党员干部集中宣讲"学孔繁森精神"的重要意义，并以学习习近平"在高原上工作最稀缺的是氧气，最宝贵的是精神"的重要指示精神为重点，引导广大党员干部持续巩固学孔繁森精神，做新时期好干部。党组织专门组建宣讲队，到各单位做专题宣讲 100 余次，发放宣传资料 3000 余份。党支部组织党员干部集中观看教育宣传片《孔繁森》、研读教育书籍《孔繁森》，一点一滴学习孔繁森先进事迹，以开阔的视野审视孔繁森精神的时代特征，更精准地理解和把握孔繁森精神的实质，将孔繁森精神深深植根于思想和行动中，内化为阿里之魂，外化为阿里形象，稳步扎实推进思想建设和作风建设，更好地保证了思想教育的统一性和完整性，真正达到了强化理论学习目的。

二是加强示范引导，引领带动学习氛围。阿里地区充分发挥网络、电视、微信、报纸等媒体优势，专题宣传孔繁森先进事迹，切实将孔繁森精神转化为推进阿里改革发展稳定和各项事业蓬勃发展的工作动力。号召全体党员干部带头学习，并以组织发现、评选表彰、群众推荐、深入挖掘等形式在全体党员干部中评选出一批孔繁森式的好党员、好干部，大力宣传在活动中涌现出来的优秀典型和先进事迹，大力推广他们在学习中积累的好经验、养成的好习惯、形成的好做法，用身边的榜样引导身边的人，鼓舞激励广大党员干部立足岗位、艰苦奋斗、敬业奉献、建功立业。全地区涌现出了以其梅为代表的先进典型共90多例，推广好经验、好习惯、好做法300多条，很好地发挥了典型的先锋模范作用、示范引领作用和辐射带动作用。

三是加强服务指导，切实做到为民服务。阿里地区广泛设立"党员示范岗""党员先锋岗""党员窗口服务点""党员志愿服务之家"等便民利民服务平台。通过开展"在职党员到村（居）服务报到""党员医务人员下乡免费进行医疗服务""党员干部下乡入户，用专长服务万家"等活动，与基层群众"零距离"接触，"面对面"沟通，"心贴心"交流。联系自身工作实际，以"群众提、上级点，自己找、集体议"的方式，列出问题清单、找准问题症结、深挖问题根源、找实自身差距。切实将坚定信念、忠诚核心，严明纪律、严守规矩，求真务实、艰苦奋斗，清正廉洁、克己奉公，人民至上、心系群众的孔繁森精神落到实处。全地区共设立便民利民服务平台184个，在职党员到村（居）报到服务5300多人次，依靠个人专长为群众做好事1260

余件，党员医务人员下乡 50 多人次，解决医疗健康问题 300 余件，真正做到了将孔繁森精神落实到具体实践中，在运用中把孔繁森精神学深吃透。

四是加强监管督导，确保责任落到实处。阿里地区精心组织，周密部署，落实责任主体，狠抓组织实施，党员领导干部充分发挥表率作用，模范带头学习，特别是地委班子带头为所在党支部或联系的村（居）、寺管会等基层单位讲课 16 场次，党员受教育覆盖面达 99.87%。为进一步健全完善督导机制，阿里地区把定期督查和随机抽查相结合，通过走访调研、听取汇报、查阅学习笔记等方式检查广大党员干部的学习情况，通过个别访谈、检查心得体会等方式检查学习成效，通过下乡勘察、走访调查、随机检查等方式检验为民服务落实情况，确保学习起到实效，服务落到实处。为健全完善考核机制，促进"学孔繁森精神，做孔繁森式的好干部"活动常态化、规范化，通过建立学习档案、严格考核、量化评价和动态激励等有形有效手段，确保学习考评激励有尺度、责任落实有压力，形成争着学、争着做的良好氛围。

三、率先脱贫典范——抢古村农牧区改革示范点

改则县物玛乡抢古村位于县城以西 54.4 公里处，地处国道 317 沿线，1999 年撤区并乡后，设立村党支部委员会和村民委员会，下辖 4 个村民小组 86 户 301 人。2015 年，在"改革先锋"尼玛顿珠书记为首的党支部带领下，开始牧区改革试点工作，推出"六个统一"工作模式，提出物畜流转利益联结机制，2017 年率先在全县实现整村脱贫，具有里程碑式意义。

发扬改革创新精神，改则县抢古村积极打造农牧区改革示范点

2019 年，以活动场所为基础，抢古村牧区改革展厅设计推出信仰之光、党建之帆、改革之路、新旧之别 4 个展区，以参观学习为主，组织村（居）党支部书记、干部和农牧民群众参观畜产品、绒制品实物展馆和党建文化长廊，在听、看、学、讲中全面学习牧区改革先进经验、先进技术、先进人物、先进思想，打造了一个一流的改革示范基地，实现了"小试点""大推广""可复制""促提升"的目标。

（一）积极探索以集体经营为抓手的工作推进机制

2015 年，物玛乡抢古村被列为牧区改革试点，以规范合作社发展、提高合作社效益、降低牧民生产成本、帮助群众增收致富为切入点，针对以往单个牧民合作社规模小、经营粗放、抵御市场风险能力低、带动能力弱等问题，整合全村各类零散牧民专业合作组织，组建了抢古村牧民集体经济合作社，并吸收了全村 71 户 256 人为合作社成员。建立健全了《合作社管理办法》《合作社参股社员工分制、计分标准》《合作社社员入社申请登记》等规章制度，明确了组织形式、社员义务、权力等，进一步规范内部运营管理机制，加强专合社管理人才培养，提升组织化管理水平，确保专合社发挥作用。

（二）积极探索以模式创新为重点的产业发展机制

合作社以群众自愿为主，采取政府引导、村"两委"班子讨论、召开村民大会的方式，鼓励引导群众以牲畜入股、劳动力入股、联户放牧、草场流转的方式参与合作社运营。合作社按照"劳动力统一安排、草场统一管理、畜产品统一购销、经营收入统一分配、无劳动力和孤寡老人统一供养、在校生统一记分"（简称"六个统一"）运作模式开展工作，促使传统粗放的牧业生产方式向科学集约化、规模化转变。同时，为便于管理和沟通，村"两委"班子根据集体经济合作社经营范围，设立多个党小组，充分发挥党员的先锋模范作用，实现党员与群众同劳动，共同收获劳动的喜悦和丰硕成果，进一步密切党群和干群关系。

（三）积极探索以利益联结为核心的增收带动机制

合作社按照"牲畜入股、劳力入股"方式，以牧业产业化为基础，发展多元体的经营模式，搭建人人参与改革，共享改革成果的平台实现牧业增效、牧民增收。本着"以为社员服务为宗旨、以激发劳动热情为根本、以提高效益为目标"的原则，对年终总收入进行分配，即收入 82% 分红给社员、4% 用于扶持无劳力人员和孤残老人、6% 作为合作社管理人员的基本报酬，其余 8% 留作合作社的风险资金和周转资金。同时，村委会严格落实村务公开制度，对集体经济所有账目进行公示，大大提高了村民对"两委"班子的信任度，为推进改革工作打下坚实基础。

（四）积极探索以分户施策为手段的入股合作机制

合作社通过召开社员大会，在充分征求广大群众的意见和建议后，确定抢古村牲畜入股人均 14 只（绵羊单位），其中个人股份占 40%，村集体股份占 60%。同时，按照依法、自愿、有偿原则，积极推行草场流转。按每亩 1.5 元计算，充分利用了无畜户、个体户、搬迁户的闲置草场 3.2 余万亩，签订草场租赁合同，避免资源浪费和草场失管、失护现象。

（五）积极探索以增强内动力为源泉的良性激励机制

提倡多劳多得的理念，合作社实行"劳动力统一安排"和劳动计工分机制，按不同工种设定计分标准：放羊计 16 分、放牛计 9 分、母羊挤奶计 6 分、母牛挤奶计 6 分、屠宰一只绵山羊 25 分、屠宰一头牛 100 分、施工队工作 17 分，每位在校生统一计 100 分，对未上学或无故不上学的适龄儿童既不参与分红，又不安排参加一切劳动。这不但有效激发群众参与集体创收的内生动力，而且在发展教育、提高村民素质方面起到了积极作用。

（六）积极探索以整合资金为主的多元投入机制

创新涉农项目资金使用方式。坚持以规划统筹地点，以地点统筹项目，以项目统筹资金的原则，建立了从规划编制、项目申报到资金使用的全程整合机制，三年来，整合农牧、水利、扶贫等涉农项目资金合计 328 余万元，用于标准化牛圈、羊圈、人工种草等牧业基础设施项目建设。完善牧区金融服务，由县政府通过与金融部门沟通协调，以地方财政出资担保，提高合作社贷款额度。目前，抢古村集体经济合作社成功贷款 210 万元。发挥民间资本的作用，抢古村集体经济合作社整合草原生态保护补助资金 30 万元，新建了洗沙厂。实施象雄半细毛绵羊新品种示范推广项目，总投资 80 万元，引进 400 只象雄半细毛绵羊，现象雄半细毛绵羊数量达 803 只；引进野血牦牛 6 头，促进品种改良。

在政府积极引导和推动下，改则县物玛乡抢古村锐意改革创新、努力学习先进，因地制宜、顺应市场推进牧区改革，提高农牧民群众收入，取得了 2017 年率先在全县实现整村脱贫的好成绩，为全地区脱贫攻坚作出了示范、积累了宝贵的经验。

1. 因地制宜是推进改革的基本原则

抢古村充分结合当地实际，因地制宜推进牧区改革。将原有的牦牛养殖基地、村集体商店、茶馆、施工队、农机修理厂等进行整合，合办牧民集体经济合作社，切实把资源变为资本。同时，结合个人劳动所长，科学分配劳动，不仅有效提高资源利用率，而且解决了群众懒、散、慢的问题，促进了劳动生产率提高。

2. 政府引导是推动改革的重要保证

改革是推进当前经济发展的主旋律。按照《自治区关于全面推进农村改革发展的意见》《中共阿里地委办公室关于转发〈昌都市卡若区阿里地区改则县自治区级农村改革试验方案的批复〉的通知》要求，研究制定《改则县牧区改革工作实施方案》，出台了各项规章制度。同时县委、政府领导多次下村、多次调研、多次指导，以实际行动深入推进牧区改革各项工作，在县委、县政府强有力的引导和支持下确保了改革工作顺利推进。

3. 提高收入是推动改革的根本目的

抢古村"两委"班子充分认识到，农牧民群众是改革的主体，改革的成效最终要体现到农牧民增收致富上。在牧区改革过程中，把激发农牧民的积极性和主动性、提高收入作为推进改革的主要手段，提倡"多劳多得"的理念，明确提出"不劳作、不计分、不享红利"的要求，极大地调动了群众对参与改革的热情，生产积极性日益高涨，收入不断提升。

4. 顺应市场是推动改革的有效切入点

抢古村牧区改革以整合规范发展集体经济合作社为抓手，主动适应市场需求，优化配置各类资源，积极推动传统牧业向集约化、规范化经营的新型牧业经营模式转变，切实探索走出了一条牧业提质增效、牧民增牧致富、牧区稳定繁荣的改革新路子。

5. 学习先进是推动改革的有力举措

为确保少走弯路，改则县组织考察学习调研组深入到那曲班戈县、双湖县学习牧区改革先进典型经验做法，在学习先进典型的基础上，进一步创新改革思路，完善改革措施，确保牧区改革持续深入健康发展。

第二节　倾力打造基层党建示范村

传承好新时代红色基因，要结合新的时代特点赋予新的内涵。注重品牌价值培树，从根本上讲，就是有自己的品牌、自己的形象、自己的代名词，要利用红色文化基地，创建具有规律性、过程性和群众性的活动，在尊重人民群众的基础上，发挥红色基因契合民族文化心理、整合多元价值、凝聚民族精神等功能，使群众的向心力、凝聚力和归属感得到提升，使之转化为激励人民群众团结奋斗的强大动力。

地理位置越是偏僻，工作环境越艰苦，工作任务就越繁重，越是需要发挥基层党组织领导核心作用。长期以来，阿里地区实施了一系列基层党建工作创新举措，基层党建整体水平稳步提升，但是缺乏针对性、系统性，出现了全而不精、多而不实的现象。夯实基层基础、推进党建创新发展、巩固农牧区党组织战斗堡垒迫在眉睫，急需打造一批强示范、能学习、可复制的基层党组织典

草原深处党旗扬——改则党建纪实

型示范点，提升阿里地区基层党建工作影响力、号召力、吸引力，在推进高原边疆长足发展和长治久安中体现基层党建价值。因此，2018年，在充分调研酝酿的基础上，在全地区范围内选出了13个有代表性的村（居），找准不同的侧重点，精心打造改则县扎布村"红色文化第一村"、改则县抢古村"农村改革第一村"、普兰县多油村"生态文明第一村"、噶尔县噶尔新村"小康建设第一村"、噶尔县典角村"守边固边第一村"、日土县甲岗村"边境建设第一村"、日土县松西村"反恐防暴第一村"、日土县乌江村"拥军爱民第一村"、札达县托林居

委会"旅游开发第一村"、札达县什布奇村"兴边富民第一村"、措勤县门东居委会"电子商务第一村"、革吉县那普居委会"平安创建第一村"、普兰县岗莎村"创建集体经济第一村"(简称"十三个第一村")。

阿里地委高度重视此项活动,召开地委会专题研究部署相关工作,从地区党建专项经费中拿出1300万元,各县乡村自筹300余万元推进工作,地委书记朱中奎经常听取工作汇报,督促指导"十三个第一村"建设。

各县积极落实各项工作,按照"一村一方案"要求,紧扣主题研究制定建设方案,精心设计功能内涵。地委组织部多次指导把关,做到建设方案有方向、有特色、有内涵,实现了"十三个第一村"一村一个主题、一村一个亮点。

以建设"十三个第一村"为抓手,充分体现党建工作引领中心工作的影响力,破解了农牧区群众对党建工作认识不足、关注不够等问题,广大党员群众参与党建工作的积极性、主动性、创造性进一步提高,基层组织软硬件水平得到有效加强,基层党组织覆盖更加有形有效,党内教育、党员管理、干部履责等制度更加规范,基层组织联系群众的平台更宽广、服务群众的功能更齐全、组织群众的能力更全面,党建成为了引领乡村振兴的"火车头"。本节选择措勤县城门东居委会、噶尔县典角村和噶尔新村、日土县甲岗村四个村作为"十三个第一村"的代表,学习了解他们"第一村"创建情况。

一、互联时代走新路 高原电商促发展
——门东居委会"电子商务第一村"创建纪实

门东居委会,位于阿里地区措勤县城所在地,平均海拔4700米

以上，气候高寒严酷，内辖居民 275 户 930 人，自
然生存条件恶劣，牧业生产极为困难。为全面振
兴本土资源优势、提升经济潜力、实现脱贫致富，
2018 年，门东居委会依托"党旗引领·大湖崛起"
党建子品牌，创新开展门东居委会"电子商务第一
村"建设，以融入"大网络"理念，带动牧民自
主创业、自我脱贫；以构建"大数据"平台，实时

昂首阔步跨入
"互联网"时
代——措勤党建
纪实

优化基层基础；以"真关怀、真扶贫、扶真贫"，充分展现品牌优势，
实现党建引领基层各项事业不断与时俱进、突破发展，再上新台阶。

（一）主要做法

根据 2015 年中央 1 号文件、《国务院关于大力发展电子商务加
快培育经济新动力的意见》《财政部办公厅、商务部办公厅关于开展

措勤县门东居委会"电子商务第一村"活动场所

2015 年电子商务进农村综合示范工作的通知》等文件精神，把握"国家开展电子商务进农村综合示范工作"发展机遇，门东居委会依托"藏西先锋·红色阿里"党建品牌创建，推动居委会实现脱贫发展。

1. 更新发展模式，激发党建活力

以电子商务进农村综合示范县建设为抓手，与措勤县阿云电子商务有限公司搭建"村（居）党支部＋村级电子商务服务站点＋便民利民服务"为特色的牧区电子商务平台（即"1+1+N"模式）。坚持规范先行、狠抓项目管理、创树特色品牌，释放村（居）党建活力，有效发挥门东居委会党总支主体作用，增强电子商务知识的普及，激发门东居委会牧民接触电子商务的热情。

2. 利用电子商务优势，增加牧民收入

一是由村党支部、大学生村干部（代理）、驻村工作队、包村领导和措勤县阿云电子商务有限公司创业人员统筹负责电子商务日常管理，由西藏阿云电商公司从拉萨和日喀则大型批发市场统一采购销售商品。网络代购商品由邮政统一发货至县级服务中心，再由服务中心小型物流车配送至门东居委会村级服务站。门东居委会村级服务站负责人电话通知村民取货。门东居委会村级服务站操作人员负责收集村民特色商品运送至县级电子商务服务中心，经美工拍照优化上传至"藏货通天下—措勤频道"进行售卖，所得收益返还村民。

二是门东居委会牧民提供紫绒羊绒、民族手工制品等产品。日常工作中，村级服务站创业人员在销售的同时，也帮助村民进行代买代购，网购一些生活必需品和进行手机话费充值等获得收益。

三是村级统一管理门东居委会便民服务超市，确保商品质量。门

东居委会便民服务超市和电子商务村级服务站结合起来开展工作，实现商品物美价廉，改善牧民群众购物条件、降低了购物成本。

3. 坚持党建领航，推进精准脱贫

坚持"党支部＋电子商务＋精准扶贫"工作模式，强化抓党建促脱贫攻坚工作，扎实推进村级组织活动标准化建设，加大党的组织建设和工作覆盖面，强化党建品牌提质增效。坚持以"党旗引领，促发展、保稳定、惠民生、助脱贫、助团结"为核心，实现基层党建、电子商务第一村与扶贫开发工作"双推进"工程。利用居委会"五个一"工作模式，开展电子商务第一村建设工作。

4. 强化培训指导，提升电商发展能力

积极配合措勤县阿云电子商务有限公司，借助措勤县阿云电子商务有限公司的电商平台。有效利用电子商务各项业务培训机会，安排门东居委会农牧民学习电子商务专业技术知识，充分挖掘牧民群众潜在资源，收集本地特色产品，进行拍照摄像，上传产品至自己的网店销售。

5. 提升软件设施，打造电商品牌

大力实践"电子商务＋牧业"举措，计划对门东居委会的牧区特色产品进行全面追踪，做到从牧场到餐桌实现可追溯体系。运用西藏阿云与杭州甲骨文共同开发的"溯源管理系统"，制作门东居委会牧特产品的"溯源二维码"，溯源体系主要体现在"产地信息溯源、生长数据溯源、经济价值溯源、品牌溯源、终端销售溯源"。确保牧特产品的质量和安全，促进牧特产品流通，规范牧特产品市场秩序，指导生产，引导消费，从而取得经济、社会和生态的最佳效益，达到提高门东居委会牧业竞争力的目的。

6. 广泛宣传动员，营造浓厚电商氛围

一是大力支持措勤县阿云电子商务有限公司电子商务工作。坚持优化电子商务发展环境作为电商经济跨越发展的主要着力点，广泛普及电子商务知识。

二是加大门东居委会电子商务的宣传力度。利用墙体广告、宣传单、措勤阿云电商微信公众号等宣传手段，让更多的牧民群众意识到电子商务带来的巨大商机。

三是积极鼓励驻村干部和牧民群众、大学生创业人员开通微博、微信，扩大对门东居委会牧区特色产品和电子商务工作宣传。

（二）取得的成效

一是以全面从严治党主体责任为主线，牢固树立"大党建"工作理念。阿里地委以"藏西先锋·红色阿里"党建品牌为抓手，提升"党旗引领·大湖崛起"党建子品牌工作，加强基层组织标准化建设，强化抓党建促脱贫攻坚工作，实现基层党建、"电子商务第一村"与扶贫开发工作"双推进"工程。

二是实现门东居委会牧民接触电子商务、了解电子商务、运用电子商务的战略目标。切实让农牧民群众掌握一门技术、熟悉一条门路、精通一门手艺。着力增强农牧民群众的增收致富本领，发挥门东居委会电子商务村级服务站的示范带动作用，达到门东居委会牧民通过电子商务增收的目的，实现门东居委会集体脱贫。

三是门东居委会贫困户利用网店、微商等能够享受到最低价网络商品，从而助推牧民群众奔向小康社会。

二、边境线上党旗红
——典角村"守边固边第一村"创建纪实

正是草长莺飞的季节，噶尔县扎西岗乡典角村数千棵苗木抽出细嫩的绿芽在中印边境线上随风摆动，荡漾着勃勃的生机与活力。记者来到村里时，刚好遇到噶尔县驻典角村工作队队长带着由民兵组成的联防队员在村子周边巡逻，大家穿着迷彩服、戴着红袖标，手持盾牌，斗志昂扬精神焕发。"近年来，典角村以'藏西中心·党建先锋'党建子品牌创建为总目标，以党的建设统筹各项工作，积极建设、打造'边境第一村'，各项事业蓬勃发展，成为阿里地区边境村建设的一个典型。"典角村驻村工作队队长自豪地对记者说。

（一）阵地建设筑堡垒

说起典角村，大家都知道这里是阿里地区边境小康村建设的肇始和典范。2011年，噶尔县利用陕西援藏资金及其他资金2200万元，启动了典角边境小康示范村项目，2012年10月竣工投入使用。除了舒适美观的住房外，村里的公共基础设施配套齐全，配备了15千伏太阳能电站，建设了村民活动广场、运动场和农家书屋等，获得了"全国文明村镇""自治区边境示范村"等诸多荣誉称号。

村子修漂亮了，阵地建设也不能落下。依托"藏西中心·党建先锋"党建子品牌创建活动，噶尔县在典角村大力实施基层组织力量精准配置，统筹推进基层组织阵地标准化建设，全力推进边境党建长廊建设和边境党建"桥头堡"建设，积极探索具有特色的边境民族地区党建工作新路子，为建设富裕开放、和谐安宁的社会主义新边境地区提供坚强有力的组织保证。

夕阳下幸福安详的典角新居

2019 年，噶尔县整合资金 100 万元，按照"八个阵地""十大功能区""十五有"的标准，深入实施乡村振兴战略。以加快"守边固边第一村"的建设，坚持基础设施完善、边境牢固稳定与产业兴旺并重，大力实施水电路讯网、教科文卫保"十项提升"工程，突出抓重点、补短板、强弱项，全面改善边民住房条件、交通出行、饮水安全、生活用能、人居环境、生态环境，不断提高"守边固边第一村"的基本公共服务水平。先后实施了广场建设、村委会改扩建、村史馆建设，在外墙设学习标语、安装电子显示屏，完善制度体系、工作制度上墙。办公室配备消防安保设备、标识、宣传栏、监控平台、多媒体功能车、电脑、打印机等硬件设施，配有齐全的防爆盾等设施，实现了"小场地、大服务"，努力将典角村打造为"守边固边第一村"。"一个村子投入 100 万元抓阵地建设，这样的力度是前所未有的。"典角村驻村工作队队长站在宽敞的村民广场上，感慨地对记者说道，在他身旁，数名工人正在抓紧制作 8 块大型宣传栏和安装 LED 电子显示屏。

噶尔县典角村村史馆

据他介绍，除了摆放在广场两侧的宣传栏和悬挂在村委会外墙上的电子显示屏以外，到今年 7 月，典角村还将配齐各职能办公室的桌椅、资料柜、电教设备、党史理论书籍和党报党刊。特别值得一提的是，典角还将在村委会原有基础上，扩建典角守边固边村史馆，总面积 120 平方米，陈列包括典角概况、军民共建、守边固边、维护稳定、党建天地等八大块内容，在行政村建设这样的陈列室，典角村又一次走在了阿里地区的前列。

"我们的目标，就是要把典角村打造成为边境线上示范引领的党建阵地和坚不可摧的战斗堡垒，为祖国守好大门，让群众安心生活，让每一个人都成为神圣国土守护者、幸福家园建设者。"噶尔县委组织部部长充满自信地说。

（二）守边固边传佳话

站在肉眼就能看到国界线对面印度村庄的典角村，守边固边从来不是挂在嘴边说说的一个词，而是当地群众发自内心、淌在血液里的责任和使命。

　　典角村守边固边的传统要从一个名叫嘎玛次仁的老人说起。1984年，嘎玛次仁和妻子以及另外4户人家响应政府开荒戍边的号召，从100多公里外的噶尔县加木村搬迁到典角村，并就此定居下来。然而没过多久，就有2户群众忍受不了边境一线的艰苦生活，返回了加木村，只剩下嘎玛次仁和妹妹两家人继续坚持。此后数年的时光中，嘎玛次仁与妹妹两家唇齿相依，在满目砾石的土地上开荒，在终年不休的大风中搭房，终于在荒无人烟的典角顽强地扎下了中国老百姓的根。直到1990年，又有9户人家搬迁过来，典角才有村庄的模样。后来，嘎玛次仁加入了中国共产党，1990—1996年期间，他担任了典角村党支部书记。他致力于边境放牧巡逻，一年至少要去10余次，足迹踏遍了边境线上的山山水水。他还给家里定下规矩，除了2个外出读书的女儿外，其他人若结婚必须招上门女婿，唯一的儿子自然也是在当地成家，6个子女又为典角增加了6户家庭。现在，71岁嘎玛次仁和典角村二组的27户群众，全部居住在2012年建成的边境小康村新居里。

　　如今，典角村再也不用依靠嘎玛次仁这样的群众自发而孤独地为祖国看守大门了。在村"两委"班子和驻村工作队的组织下，村里成立了"红袖标巡逻队"，由班子成员和党员带领，定期不定期地在边境一线和村子周边巡逻放哨，有力确保了典角村的边境安宁和社会稳定。同时，村里还在放牧的群众人数较多、党员达到3名以上的草场上，设立临时党支部，及时传达党的声音、开展各类党组织活动，实现了放牧在哪里、党组织就建在哪里。同时积极扩大党组织的覆盖范围，吸纳有能力、有担当的群众加入党组织当中，目前全村48户171名群众中共有党员41名。从30多年前到今天，从一个嘎玛次仁到41名党员，岁月在变、事物在变，唯一不变的，永远是典角村人民守边固边、爱国爱党的赤子之心。

（三）党建引领促发展

近年来，典角村在完成好守边固边这一重大责任的同时，通过全面树立党旗引领理念，充分发挥党的政治优势、组织优势，将其有效转化为推动边境发展的优势。经济发展能力、农牧民群众致富能力不断提升，经济社会各项事业得到全面发展。

"在噶尔县委的带领下，我们积极加强党员队伍管理和能力提升，实行党员积分管理、主题党日活动、村干部坐班等制度。开展'两学一做''不忘初心、牢记使命'学习教育和'四讲四爱'群众教育实践等活动。通过抓好党员干部队伍建设，让党员成为带动全村发展的主力军和领头雁。"典角村第一书记说。

在脱贫攻坚工作中，典角村从 2016 年起实行"党支部 + 合作社 + 农牧民（贫困户）"的集体经济发展模式，组建了由村党支部牵头的农牧民专业合作社，引导群众参与工程建设和劳务输出。2017 年，合作社实现劳务收入 30 余万元，群众人均分红 2000 余元，带动全村 11 户 50 名群众脱贫，实现了整村脱贫的目标。

家里有三个小孩正在读书的贫困户边巴，通过在合作社驾驶装载机，去年收入达到 1.5 万元，顺利脱贫。"合作社优先给贫困户安排工作，让我们有了更多赚钱的机会，村里还请来技术人员手把手地教会我很多过去不知道的技能，让我既脱了贫，还学到了本领。"边巴开心地说道。

今年 56 岁的党员旺扎是典角村科技特派员，自 2013 年起，他就承包了全村 3000 余株班公柳、柏树的种植任务。几年来，无论严冬酷暑、风吹日晒，旺扎每周都要花费至少 5 天的时间给所有树苗浇一遍水，对于年过半百的他，这可不是个轻松的任务。特别是由于浇水时只能穿薄薄的雨靴，每天回家后，他的双腿冻得走路都费劲，让家人很心疼，可他硬是咬牙坚持了下来。如今，旺扎的3000株树苗绝大多数已经成活，从当年十几厘米的树苗长成了几米高的树木。从去年开始，噶尔县大力实施绿化工程，种大树、大种树，在典角村又新种了9000多株青海杨和杏树，使全村的苗木数达到了1.2万株，一片未来的树林正在边境线上茁壮成长。

这就是今天边境巩固、经济发展、生态良好、群众安居乐业的典角村，在猎猎党旗的指引下，如同一颗冉冉升起的明珠，正在西藏高原上绽放出夺目的光彩。

三、党旗引领奔小康——噶尔新村"小康建设第一村"创建纪实

站在噶尔县昆莎乡噶尔新村的万亩紫花苜蓿田里，蓝天白云，满目苍翠，不时荡起的微风将一阵阵草香送入心脾，顿觉神清气爽。四周新建的各类厂房掩映其间，相得益彰。这便是有着噶尔县"小康建设第一村"美誉的噶尔新村呈现给世人的景象。

近年来，噶尔新村党总支充分发挥党建引领作用，依托康道农牧民专业合作社，带动全村党员群众积极实施人工种草、短期育肥、奶牛养殖等产业项目，走上了一条脱贫致富奔小康的康庄大道，让鲜红的党旗高高飘扬在海拔4300米的现代化新牧区上。

（一）建好阵地强党建

走进噶尔新村村委会大院，除了一如既往的窗明几净和挂满墙

壁的奖状证书外，今年最引人注目的是开始新建的一栋两层小楼。"这栋楼是噶尔县委、县政府为加强噶尔新村阵地建设，投入 100 多万元

噶尔县噶尔新村打造新时代活动场所，让群众想来、愿来、常来

新建的，总面积 360 平方米，一层为农资和生活日用品超市、便民服务大厅，二层为图书室和健身用房。"噶尔新村驻村工作队队长介绍说。

除此之外，今年噶尔新村还将围绕打造"八个阵地"、保障"十大功能区"、突出"四性三化"的目标要求，改造扩建村民监督委员会、社会治安综合治理、村（居）集体经济发展、便民事务代办点等多个办公室，部分场所将在已有办公用房的基础上，按照"一房多用"的方式整合解决。

可喜的是，不仅仅是噶尔新村，噶尔县所有村（居）都在经历着类似的变化。近年来，噶尔县以"藏西中心·党建先锋"党建子品牌创建为目标，投入大量资金人力，统筹推进基层组织阵地标准化规范化建设。在各村（居）突出村级组织活动场所政治性、群众性、服务性的要求，通过整合资源、完善功能、合理布局、规范管理，努力把活动场所建设成为党员活动决策议事、便民服务、教育培训、文体娱乐"五位一体"的村级综合便民服务中心。

阵地建设强党建、党建引领促发展。噶尔新村和噶尔县其他村（居）党支部的政治领导力、思想引领力、群众组织力、社会号召力不断增强，推动改革发展稳定的战斗堡垒作用日益凸显。近年来村里把抓好党员队伍建设、发挥党员先锋模范作用摆在党建工作的重中之重，在民主评议党员中把党员赌博、嗜酒、破坏民族团结等方面的情况列入负面清单，重点查摆，用党员的模范行动，带动村风民风转变，日常的生产生活中，也总是党员带头冲在第一线。"现在我们基层阵地建得好了，党组织和党员干部干劲也更足了！"噶尔新村驻村工作队队长充满信心地说道。

（二）产业兴旺助脱贫

敢在全地区打出"小康建设第一村"的口号，噶尔新村是有底气的。从 2005 年开始，陕西省第四批援藏干部就在这里试种紫花苜蓿，获得了成功。此后十余年时间里，在噶尔县委、县政府的支持下，噶尔新村人工种草面积不断扩大，成为阿里地区人工种草面积第一大村。试种枸杞顺利越冬，枝繁叶茂，长势喜人。国家也逐年加大投资，先后在该村发展起了奶牛养殖和牦牛、肉羊短期育肥基地等产业项目，2017 年启动建设规划面积 2 万亩的昆莎现代农牧科技示范园。

噶尔新村党支部抓住这难得的发展机遇，成立了由村党支部书记兼任理事长的康道农牧民专业合作社，吸纳了全村 217 户 613 名群众参股，参股率达到了 100%。经过几年发展，合作社现在拥有奶牛 333 头、公牛 10 头，业务范围扩展到奶牛养殖、奶制品销售、短期育肥、商店、茶馆、牧家乐、装载机租赁、建设项目承包、加油站、砖厂等十余个项目。2017 年合作社纯收入达到 401 万元，村人均纯收入 10990 元。

2016 年，村"两委"班子与驻村工作队针对 20 户 63 名贫困户自身发展动力不足的情况，决定成立"贫困户脱贫合作社"。将贫困户的人力、农具、草场、耕地、牲畜等可利用资源纳入合作社统一管理调配，实行集中管理、统一调配、绩效考核、按劳分配，67 名党员各负其责，带领贫困群众开展奶牛养殖、人工种草、放牧、劳务创收，以记工分的形式发放劳务费，顺利实现了全村如期脱贫摘帽。腿脚不便的贫困户石确次仁与妻子在贫困户集体脱贫合作社工作仅一年，总收入就达到 3 万余元。"感谢党和政府，感谢村里的党员们，让我不用离开村子到很远的地方打工，就可以实现脱贫致富，我会努力劳动，多挣些钱来改善家里的生活。"石确次仁说道。

（三）干事创业党员带领

去年村（居）组织换届刚刚上任的村妇代主任拉增是噶尔新村党员干部恪尽职守的典范，年纪不大，却已经有了 13 年的党龄。由她负责管理的村奶牛基地及奶制品加工厂效益良好，到目前为止总收入达到 20 万元，在基地务工的 12 名贫困群众人均增收 1 万元以上，而她自己每天晚上监督奶制品加工、早上安排产品运往狮泉河镇销售的事宜，还要操心家里的活计，每天工作 10 个小时，工资却仅有区区 2000 多元。"我自己家里生活条件还可以，工作累一点、收入少一点不算什么，重要的是能带领群众富起来，我感到很有成就感。"拉增如实说道。

噶尔新村党支部书记主要负责党建工作，在他的操持下，村里建立起了党员远程教育系统，实行 19 名"双联户"户长分片包干的网格化管理体制，通过强化户长和党员的管理，推动全村工作开展。2016 年，在村党支部的支持下，他组织全村党员群众出钱出力，为长期住在旧房子里的贫困户旦巴贡觉盖起 60 多平方米的新房，还为其解决了家具和生活用品。"这只是我作为党支部书记应该做的。"他谦虚地说。

随着昆莎现代农牧科技示范园项目的实施，噶尔新村正在展露出更加光明美好的未来。在这个投资 4223 万元、占地面积 2 万亩的现代农业园里，规划建设"一村二厂四区八园"，可增加就业岗位 200 个，可实现产值 1000 万元。目前项目区农牧民劳务收入 200 万元，人均增收 3600 元。村党总支紧紧抓住这一历史机遇，以"党建引领、产业小康"为切入点，以"富民型"农牧区党建、"效益型"园区党建、"和谐型"村（居）党建为载体，结合"党支部＋合作社＋农牧民"模式，发挥以党支部为核心的村级各类合作组织作用，依托本地资源建设糌粑加工厂、砂石场、民族手工业加工等一系列实体经济项目，充分利用产业园区、农牧业基地等资源拓宽群众增收渠道。对此，以拉增和贡布为代表的噶尔新村的党员们，已经做好了干事创业、大展拳脚的准备。

四、党建促脱贫，妇女也能撑起"半边天"
——"边境建设第一村"甲岗村

为全面贯彻党的十九大精神和习近平新时代中国特色社会主义思想，认真落实中央、区党委、地委和县委关于脱贫攻坚工作的新部署和新要求，在打赢脱贫攻坚战中充分发挥妇女"半边天"作用和妇女组织独特作用，甲岗村驻村工作队结合所在村实际，开展一系列扶志扶智活动，教育引导贫困妇女发扬"自立自强"精神，激发贫困妇女求富裕求发展的积极性、主动性。

（一）细化工作措施，勤搞宣传发动

克服"等、靠、要"思想，引导甲岗村妇女组织充分发挥自身优势，当好"宣传队""发动机"，向广大妇女宣传党和政府针对脱贫攻坚和乡村振兴的政策举措、实施的民生项目，宣传依靠自力更生实现脱贫致富的妇女先进典型。引导贫困妇女坚定脱贫志向，激发参与脱贫攻坚的内生动力，靠自己的辛勤劳动兴家立家，创造美好新生活。围绕培育和弘扬社会主义核心价值观、"四讲四爱"教育、村民自治等工作内容，通过政策引导、教育引导、典型引导和村规民约等方式，加快补齐"精神短板"。以村级组织活动场所标准化建设为契机，由妇女组织在活动场所经营"便民超市"，采用生产奖补、劳动补助等方式，推动贫困群众通过自己的辛勤劳动脱贫致富。截至目前，组织开展各类宣传宣讲活动 140 余场次 9800 余人次，发放各类宣传图册 1100 余份，通过协助妇女组织经营"便民超市"，帮助增收 4.3 万

日土县甲岗村"边境建设第一村"门牌

余元。

（二）强化技能培训，提升扶智素质

为帮助贫困妇女提高脱贫能力，积极实施"农牧区妇女素质提升计划"，强化实用技能培训。积极动员、组织具有劳动能力的建档立卡贫困妇女参加各级政府举办的畜牧业养殖、蔬菜种植、手工制作等适合妇女居家就业的技能培训，提升贫困妇女居家就业创业能力。创建扶贫基地，推进产业扶贫，依托边境小康村建设契机和靠近219国道沿线的有利条件，组织村妇女组织在219国道边境小康村建设工地旁开设茶馆、商店，向施工队和过往人员提供餐饮和副食。开展"一对一"结对帮扶活动，积极为贫困妇女提供资金、技术等方面的帮扶，并确保帮扶项目、产品的销售，确保贫困妇女增收。同时，协调乡政府，积极开发适合妇女就业的公益性岗位，解决贫困留守妇女家庭和工作两难问题，不断增强贫困妇女群众的幸福感和获得感。截至目前，开展多类型实用技能培训6期381人次，培训后就业217人，就业率达56%以上。

（三）深化"最美家庭"活动

以巾帼关爱助力脱贫攻坚，加大"两癌"免费检查力度，优先推荐、救助符合条件的建档立卡贫困"两癌"妇女。加强社会资源整合，改善贫困妇女儿童生存发展环境。发挥妇女儿童基金会作用，争取慈善机构等公益组织支持，实施"春蕾计划"项目，确保重点人群优先扶持。深入开展孝德教育，大力倡导孝道扶贫，向广大农牧区妇女宣讲赡养老人的法律法规。开展签一份承诺书、交一份赡养费、每月一顿团圆饭、每天一次看望、每年实现一个愿望"五个一"孝心活动，争创"孝老敬亲家庭",激励和约束贫困老人的子女履行赡养义务。

　　通过一系列举措,甲岗村妇女组织发挥独特优势,找准发展定位,强化责任担当,积极主动作为,助推广大妇女干事创业,为打赢脱贫攻坚战,决胜同步小康贡献妇女"半边天"的力量。截至目前,甲岗村妇女同志积极投身边境小康示范村建设之中,累计参加劳务创收达 400 人次,实现务工收入达 15 万元,在村绿化时义务投入劳动力达 210 人次,新种植草坪,花卉 10 余亩;村 15 名女性同志与 15 名贫困户家庭女性结成帮扶对象,解决实际困难达 25 件。村村户户"主人翁"意识也大大提高,以己之长,自主实现脱贫致富,老百姓的生活也更加幸福安康。

第三节　红色基因融入阿里血脉

　　红色基因就是中国共产党的基因,其核心内容就是中国共产党人的理想信念和全心全意为人民服务的宗旨,简言之就是共产党的初心和使命。这是共产党的生命之魂、生存之根、发展之本。传承和弘扬红色基因是增强"四

噶尔县开展"追寻红色印记、传承红色基因"活动,组织党员群众在中共阿里分工委旧址重温入党誓词

个意识"、坚定"四个自信"、做到"两个维护"的内在要求，是坚定政治信仰永葆初心的迫切需要。我们要认真学习贯彻习近平总书记重要讲话精神，传承和弘扬红色基因，坚定政治信仰永葆初心。

阿里红色土壤肥沃，在悠久的历史发展中，不断演绎出自己独特的精神文化——"老西藏精神""两路精神""先遣连精神"和孔繁森精神以及"阿里精神"，蕴含自己的一套思维方式、价值观念和行为准则。我们立足于已有的红色资源，结合新时代特点，把传承和弘扬红色基因融入爱国主义教育，融入培育和践行社会主义核心价值观，融入党内组织生活，让红色基因代代相传。

一、要"记得住"红色文化

一是整理红色作品，讲"活"时代精神。加强顶层规划设计，精心编写阿里革命史教材，根据红色基地建设的定位和教育主题，组织专干力量深入基层挖掘感人事迹和生动素材，收集、整理和创作一批红色革命历史小故事、歌曲等文艺作品，嵌入到会议座签、笔记本、文件袋、水杯、宣传画册、奖品、慰问品、电子屏以及各类新闻媒体里，进一步强化红色文化核心引领。

二是发挥教育作用，强化攻关力量。强化阵地意识，创新传播载体，依托地县党校，精心设计包含主体课程和专题课程的讲授课程，为党员深入思考提供线索、打好基础；采取现场教学、体验式教学、激情教学等方式交叉运用，开设体验课程，最终实现"经由感性体验实现理性思维升华"的效果；开设催化课程，把头脑风暴、情景模拟等现代化学习方式综合利用到课程，实现学用促进，使红色基因活化为可视、可听、可读的文化产品和精神食粮，将红色基因的根脉转化为党性教育的生动教材。

三是凝练红色精神，续写光辉篇章。深化主题教育，定期组织一些党员到红色教育基地参观学习，通过在教学点观看教学

改则县第二完全小学学生向祖国献礼，庆祝祖国母亲70 华诞

片、参观实物展，让党员干部就近就便现场体验观摩。强化实境导引和现场互动，注重引导党员群众从红色文化中汲取精神营养、从历史经验中筑牢精神支柱、从仪式感中感悟崇高，化思想自觉为行动自觉，把传承和弘扬红色基因落实到坚持守土有责、守土尽责，敢于担当、敢于斗争，应对好重大风险挑战，切实做实做好改革发展稳定各项工作上。

二、要"传得出"红色文化

一是守好阵地。面对信息化发展的历史机遇，我们要因势而谋、应势而动、顺势而为，扩大新型主流媒体价值影响力。强化现代新媒体运用，依托"互联网 +"，加大红色数字资源投放力度，创建"藏西先锋"微信公众号，编制《藏西先锋》系列期刊，制作品牌系列微视频，开辟红色文化、红色精神和红色典型专题板块，实时跟踪报道，形成全社会学习先进模范传播正能量的良好风气。

边境党建红色长廊

　　二是搭建传播载体。重点做好"五个走进"任务，打造昆莎机场大党徽，在重要位置设置宣传标语、宣传展板、宣传栏，用党员群众喜闻乐见的方式把红色基因渗入阿里经济社会各行业和领域，推动红色革命精神入脑入心，用鲜明的形象、标志引领党员干部把智慧和力量集中到党的建设伟大工程中来，形成工作合力。

　　三是丰富实践活动。结合地域红色文化特质，组织开展红色资源"三进""学习孔繁森精神，争做藏西先锋""重走先遣路，弘扬阿里魂""建设美丽阿里，藏西先锋在行动""追寻红色印记、传承红色基因"等活动，引导党员干部在潜移默化中接受红色文化基因的熏陶，激发对党的热情和爱国主义情怀，自觉传承红色基因，铭记初心使命。

　　四是发展旅游经济。围绕现有资源制作凸显红色阿里特色的旅游宣传方案和红色旅游主题方案，打造红色旅游精品路线，充分利用旅游旺季，组织落实以"红色旅游"为主题的旅游宣传活动，通过深度开展红色旅游的有机结合，实现红色元素的多维活跃，多角度、多视度、多维度展示全地区品牌创建工作及党建文化风貌。

牢牢把握"寻根·筑魂"主题，突出政治建设首要地位，挖掘红色资源，传承红色基因，增强红色底蕴，阿里独特的精神气魄为整个地区长足发展、长治久安，实现跨越式变革注入了精神动力，成为了当地各族党员群众丰富的精神财富，让红色思想、红色文化、红色精神在藏西高原落地生根、开花结果，真正汇聚为推动改革发展稳定的强大正能量。

三、传承红色基因锻造新时代好干部

近年来，阿里地区深入学习贯彻习近平总书记关于传承红色基因、发扬革命精神的一系列重要论述，坚持把落实习近平总书记关于好干部标准重要论述作为重要政治任务，聚焦打造忠诚干净担当的高素质专业化干部队伍这一改革发展事业的核心关键。坚持以红色教育为引领，深挖红色资源、传承红色基因、继承先烈遗志，把传承红色基因与培育时代新人有机结合起来，努力打造不忘初心、牢记使命的新时代好干部队伍，在新的历史起点上当好红色基因的传承者和实践者。

一是传承讲政治基因，争做信念坚定好干部。以习近平新时代中国特色社会主义思想特别是治边稳藏重要战略为重点，制发《关于开展全地区党员政治教育培训工作的通知》，明确教育培训重点和要求。坚持把加强党性教育贯穿干部教育培训全过程，积极探索试点"2+1"课堂教学模式和"5+5+1+N"教学模式，以党校为主阵地，先后建成阿里分工委旧址等 9 个现场教学基地。实施党校专门讲、骨干巡回讲、支部经常讲、党员分享讲、远程网络讲"五讲"行动，

广泛组织开展新旧西藏对比、"感党恩、听党话、跟党走""三个离不开"等活动。利用"党员小书包"APP等信息化学习平台拓展学习视野，教育引导党员干部始终旗帜鲜明讲政治，严守党的政治纪律和政治规矩，牢固树立"四个意识"，坚定"四个自信"，做到"两个维护"。

二是传承讲纪律基因，争做清正廉洁好干部。坚持把筑牢拒腐防变防线作为落实全面从严治党要求的一项重要举措，强化警示教育，通过理论学习中心组、落实党风廉政建设责任制领导小组会议、党员大会、支部会议、党小组学习等形式，广泛系统深入的学习习近平总书记党风廉政建设思想和《中国共产党纪律处分条例》等党内法规3600余场次。深入开展廉政文化"七进"活动，依托现代多媒体资源手段，认真组织党员干部观看警示教育片300余场次，通过生动的典型腐败案例为党员干部上好立体式、直观式廉政教育课，引导广大党员干部引以为戒，筑牢廉政底线。

三是传承敢担当基因，争做勤政务实好干部。制定《阿里地区关于进一步激励广大干部新时代新担当新作为的实施意见》，结合阿里实际，用好阿里独特资源，深入开展"学习孔繁森精神，争做藏西先锋"活动。组织党员干部参观军史馆、孔繁森纪念馆等红色教育基地1.3万余人次，组织党员到实践基地参与培训1.6万余人，探索建立多层次、多岗位挂职锻炼机制。制定《干部上挂下派挂职锻炼工作方案》，全面启动年轻干部"上挂下派"挂职锻炼，选派34名县乡基层干部到地直单位挂职锻炼，选派17名地直单位干部到县乡基层一线挂职锻炼，党政横向交流15名。健全干部容错纠错机制，落实"三个区分开来"要求，建立健全《党员干部容错纠错机制》等5项制度，充分调动和激发全地区干部队伍的积极性、主动性、创造性，进一步激励广大干部新时代新担当新作为。

四是传承善创新基因，争做锐意改革好干部。以培育"谋发展、保稳定、创和谐"的思想资源为核心，在全地区各级党员干部中开展"不忘初心、传承创新、锐意改革、推动进步"为主题的大讨论活动。以外出参观学习、挂职锻炼等方式，让党员干部走出家门看发展、找差距，搞交流、学经验，换脑筋、转方式，真正在内地大发展、大繁荣的环境中解放思想、拓宽视野、创新思路。自主选派 88 名基层党务工作者赴重庆、河北参观学习党建新经验，选派 100 余名村（居）干部赴拉萨、日喀则、林芝等地参观学习"双创"示范基地和创新产业项目。先后邀请中共中央党校、西藏大学、西藏自治区环保厅 4 名专家、领导来阿里开展"送教上门"活动 4 场次，培训地县乡三级党员领导干部 4130 余人次，为党员干部授理论、谈发展、讲形势，不断提高理论思维、战略思维和创新思维能力，真正以解放思想的强大正能量凝聚推动阿里改革发展稳定的强大动力。

五是传承甘于奉献基因，争做为民服务好干部。认真贯彻落实习近平总书记关于"在高原上工作，最缺的是氧气，最不缺的是精神"指示。按照"作风建设永远在路上"的要求，以塑造服务型党员为目标，以"强管理、提素质、转作风"主题活动为载体，牢固树立向基层学、向实践学的理念，严格落实联系群众制度，深入推进"两学一做"学习教育常态化制度化。推行"理论学习＋调查研究＋学以致用"模式，积极开展向廖俊波、黄大年式的好干部学习，"我是谁、依靠谁、为了谁""当干部为了什么，什么样的干部是好干部，怎样当好干部"大讨论活动 567 场次、6000 余人次，教育引导党员干部做到思想上尊重群众、感情上贴近群众、工作上凝聚群众、行动上服务群众。

第四章 全面实施"红色堡垒工程"

　　基层党建品牌是基层党建工作中体现党的先进性要求的优秀成果和成熟经验，体现出来的是基层党组织建设的竞争力和影响力。基层党组织是否坚强有力，基层党建品牌工作的辐射带动效果是否明显，直接关系着整个地区的长足发展和长治久安。

　　阿里地委认真落实管党治党责任，以加强党的执政能力建设和先进性、纯洁性建设为目标，以"党旗引领，促发展、保稳定、惠民生、助脱贫、增团结"为核心，立足红色资源，突出品牌带动，彰显党建引领，大力开展"藏西先锋·红色阿里"党建品牌创建，深入实施素质提升、基础强化、组织规范、党旗引领、产业扶贫、藏西旗帜、勤政廉洁、党群共建"八项工程"。全力打造学习型、堡垒型、效能型、服务型、攻坚型、创先型、清廉型、联创型"八型"党组织。着力用精神的感染力、堡垒的战斗力、先锋的号召力、党群的联创力、党建的融合力推动阿里改革发展稳定，以改革创新精神全面推进党的建设新的伟大工程。

第一节　实施素质提升工程，打造学习型党组织

阿里地委组织部组织党员干部召开党支部会，学习《习近平谈治国理政》

建设学习型党组织是建设马克思主义学习型政党的基础工程，是顺应时代发展的迫切需要、是推进事业发展的迫切需要、是加强党的建设的迫切需要，具有重大而深远的意义。"学者非必为仕，而仕者必为学"。中国共产党人依靠学习走到今天，也必然要依靠学习走向未来，在新的历史征程中，不论是攻坚克难还是深水跋涉，我们都必须大兴学习之风，最大限度释放学习红利，把建设马克思主义学习型政党的战略任务落实到基层，让每一个党组织都履行组织党员学习的职责，切实加快学习大国的建设。

学习型党组织建设不是新事物，却要赋予它新能量。阿里地委贯彻落实学习型政党建设的要求，以创新精神引领学习、抓好学习、深化学习，积极打造学习型党组织、学习型机关、学习型单位，打造党员干部学习、交流、传播"三大平台"。

一、阿里地委宣传部机关党支部

优化党员学习环境，打造党员集中学习主阵地。坚持集中学习与个人自学相结合、专题讲座与交流讨论相结合、理论学习与业务学习相结合、实践活动与拓展训练相结合"四个结合"。落实每天一小时自学、每周一场交流研讨会、每月一场专题讲座、每季度一次集中考试"四个一"机制，切实发挥宣传思想在建设学习强国进程中的组织推动和示范引领作用。

二、阿里地区公安处特警支队第一党支部

始终把学习型党支部作为提升党建质量的重要抓手，拓展学习教育方式。建立党支部会议记录本、党员大会记录本、党小组会议记录本和党员在线学习情况登记手册"三簿一册"。执行党员学习日登记、周检查、月评定、季考核"四步走"制度。创新"互联网+"学习模式，统一安装学习强国、"党员小书包""三网四课堂""微课堂"等。关注阿里公安信息网党建专栏、阿里警方、西藏先锋、象雄清风、雪域清风等微信公众号，为党员干部了解时事、查阅资料提供了良好平台，有效激发了党员干部的学习热情。

三、措勤县政府办党支部

按照"因地制宜、注重实效"的原则，设立周五"党员学习日"。坚持"每周一个主题，每期突破一个瓶颈"集中学习，打破领导干部说教、一般党员干部听讲的惯常做法，实行党员干部轮流讲专题

党课、讲学习篇目、讲学习体会、讲经验做法"四讲模式",会上设立"领导问答"环节。建立党员干部向实践学习、向群众学习为主题的调研学习法,真正做到机关党员共同学习、共同进步,营造干部间"比学赶超"的良好学习氛围。

第二节 实施基础强化工程,打造堡垒型党组织

基层党组织既是党的组织基础,又是党在社会基层组织中的战斗堡垒,要做好"抓基层、打基础"这一强基固本工作,切实加强基层党组织的战斗堡垒作用。

阿里地区从全面加强党的执政基础出发,以建强领导班子、健全组织体系、提升组织功能为重点,坚持高标准、严要求,研究制定《阿里地区加强县级领导班子建设规划》,推动基层党组织覆盖无盲点、工作无空隙,着力把基层党组织打造成坚强战斗堡垒。

一、革吉县雄巴乡党委

以建强班子、增强功能为目标,重点抓好村(居)党支部书记、村委会主任队伍建设。实施村(居)干部队伍结构优化、能力优化、素质优化、管理优化、保障优化"五个优化"举措。坚持老中青结合,合理配备年轻干部、妇女干部,建立不合格村(居)干部届中调整机制,形成班子成员年龄、经历、专长、性格互补的合理结构,增强全乡(镇)村(居)"两委"班子整体功能和合力,真正把村(居)党组织建设成为带领群众发展经济、维护稳定、改善民生、精准脱贫的

坚强战斗堡垒。

二、普兰县巴嘎乡党委

主动适应经济结构、生产生活和工作方式变化，巩固和扩大基层党组织覆盖。按照应建尽建的原则，实施基层党组织设置调整优化行动，在牧区放牧点、项目施工点、党员聚集点建立临时党支部。特别是每年旅游盛季，重新整合农牧区党员干部资源，专门成立文化解读、旅客接待、维护稳定、医疗保健四大临时党支部，把党的组织和工作覆盖到党员工作生活的时时处处，形成基层党组织和党员队伍引领推动全乡发展稳定生态的新格局。

三、改则县委

建立整顿软弱涣散基层党组织长效机制，每年按照 10% 的比例进行倒排，确定一批"后进"基层党组织。按照"一支部一方案、一问题一措施"原则进行整顿升级，对症下药、分类施治，集中整顿升级。以党建示范点创建为抓手，坚持"抓龙头、带中间、促后进"。积极打造改则县扎布村"红色文化第一村"、抢古村"农牧区改革第一村"新时代党建示范点，力促释放示范效益，带动党建提质增效。

四、阿里地区公安处党委

坚持"抓党建、带队伍、强素质、树形象、促工作"的工作思路，以建设堡垒型党组织为目标，立足"立警为公，执法为民"的原则，打造公路沿线检查站、街道便民警务站党员便民服务点，组建"法律志愿者服务队""党员志愿服务者"和"青年志愿服务者"队伍，走上街头、进入社区开展法制宣传和文明劝导活动。深入推进"领导挂点、部门包村、干部帮户"和机关党员干部直接联系服务群众工作，着力建设一支对党忠诚、服务人民、执法公正、纪律严明的公安队伍。

阿里地区公安处组织党员干警观看警示片《警钟》，加强作风建设

第三节　实施组织规范工程，打造效能型党组织

不讲效率的改革不是真改革。要把提高工作效率、办事效率、生产效率转化为各级干部、全体职工的自觉行动，变成经济工作、改革工作以及各项工作的实际成果。

阿里地区坚持以"推动阵地标准化建设、推动制度规范化建设、推动权责清晰化建设"为重点，落实岗位职责、健全工作机制、规范工作流程、简化办事程序、完善考评机制，着力增强组织功能、规范运行规程、提升工作效能。

一、噶尔县委

把推进村级组织活动场所标准建设作为夯实农牧区基层党建的基础工作、提升基层党建工作科学化水平的重要举措。依托"藏西先锋·红色阿里"党建品牌创建工作，坚持"建是基础，管是关键，用是目的"的建设理念，提出了"无阵地的建阵地，有阵地的上水平"的思路和"十二有"标准（即有党旗国旗、有领袖像、有支部活动室、有村委会办公室、有图书阅览室、有新旧西藏对比展览室、有维稳调解室、有农牧民合作社办公室、有医疗卫生室、有驻村工作队办公室、有宣传栏、有健身广场）。积极采取"上级要一点、财政拿一点、援藏帮一点、村上筹一点、工程省一点"的"五个一点"的办法，多渠道筹措资金840万元，对全县14个村级党组织活动阵地进行了统一规划和全面建设。做到了坚持建管并举、一室多用，实现了党员干部和农牧民办公有场所、活动有阵地、学习有氛围、娱乐有去处。

二、噶尔县扎西岗乡党委

着眼提升为民服务效率，坚持制度治党、依规治党，按照"务实、管用、简便"的原则，对现有制度机制进行清理，能合并尽量合并，能简化尽量简化，能废止尽

噶尔县扎西岗乡村级组织活动场所

量废止。建立健全基层党组织规范运行、民主议事、民主决策及党务、政务、财务公开、党内学习教育、"三级联述联评"、乡党代会年会制、廉政监督、村规民约等制度机制 27 项，形成完整系统、全面覆盖、务实管用的制度体系，为群众办事提供有效的制度保障。

三、住建局党组

开展以"强素质、提效能、强服务、促发展"为主题机关效能建设活动，建立服务承诺制、政务公开制、岗位责任制、效能考评制、首问责任制、责任追究制、限时办结制七项规范制度。开展机关党员亮身份、亮职务、亮职责、亮承诺"四亮"活动，在办公场所、楼道走廊张贴"不行、不能办、明日再来"等禁忌用语。按照"两提升一优化"要求，缩减行政许可事项 40%，缩减投资项目审批事项 33.3%，缩减审批时间 33.3%以上，对于每一项行政许可、行政审批都要求做到出具一整套行政文书，进一步打造了高效快捷的政务服务环境。

第四节　实施党旗引领工程，打造服务型党组织

根深则叶茂，本固则枝荣。抓好基层服务型党组织建设，是我们党对执政规律的深刻认识和把握，是新时期完成党的执政使命的需要。

阿里地区从便民利民、优化服务、提升效率出发，精心组织开展"为民服务解难题，共建美好新阿里"实践活动和"学孔繁森精神，做孔繁森式的好干部"活动，把服务平台建在基层、岗位设在一线。

走进党政机关企业事业单位，在各服务窗口摆放着"党员示范服务窗口""党员先锋岗"等标识牌，服务发展、服务稳定、服务民生、服务群众、服务党员在藏西大地蔚然成风。

一、噶尔县行政审批和便民服务局

坚持以保障服务、提升质量为工作重点，积极探索将便民服务和党务政务公开有机结合，认真制定相关工作职责，办事指南和流程图。建立健全服务大厅内部管理、矛盾调处、信访接待以及轮流坐班值班等相关制度，并同便民服务内容、办事程序、工作标准等统一公布上墙，严格做到服务内容、办事程序、政策依据、服务电话、工作人员情况"五公开"。推行"一窗式"服务，预约服务、延时服务、上门服务、跟踪服务、联合服务、问需服务，对受理的每一件事、办理的每一个证件认真对待，提供了优质方便快捷高效的政务服务。

二、措勤县委

坚持人往基层走、物往基层流、劲往基层使，积极搭建便民服务平台，建设县综合服务中心、乡服务站、村服务点，在各行各业设立"党员志愿服务之家"。发挥驻村工作队联系基层、联系群众、联系牧区和素质能力优势，凝聚党支部书记、第一书记、"两委"班子、包村干部、村干部等各方力量。推行包村干部与村干部联合轮流坐班制，开展代理、代办服务，实现了基层党组织工作重点转到服务发展、服务稳定、服务民生、服务群众、服务党员上。

三、阿里地区行政审批和便民服务局

着力构建"标准化"审批服务架构、打造"集约化"审批服务模式、完善"规范化"考评管理体系。以打造"服务型"党组织示范点为抓手，开展红旗窗口、服务标兵、先进个人评优活动。积极整合阿里地直各部门服务职能，扩大服务内容涵盖范围，将卫生、农牧、教育等职能部门引入服务大厅设立窗口，对每个服务窗口统一制定服务项目、审批事项、申请材料、办理程序、收费标准、注意事项等提示标语，实现了业务全覆盖、项目全覆盖、职能全覆盖、窗口全覆盖，做到"事事有标准可依、岗岗有标准规范、人人按标准履职"。

四、阿里地区人民医院党组

牵头深入开展"争当'三好一满意'标兵"活动，积极搭建服务群众新平台，灵活增设临时挂号窗口，优化老人和军人专项窗口。开

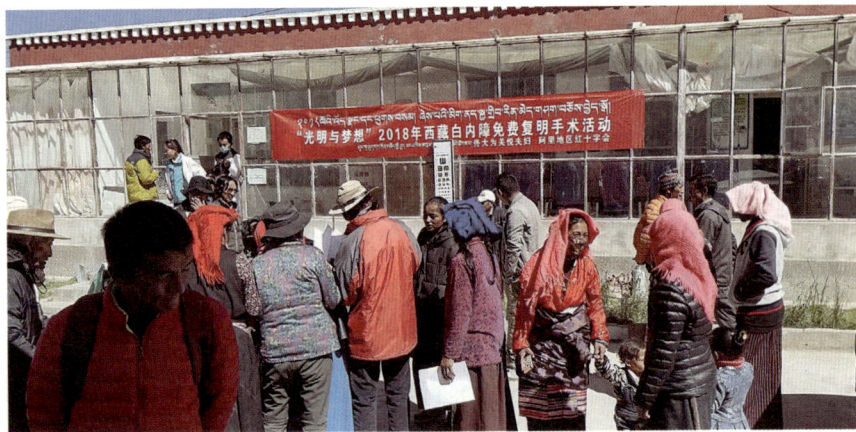

2018 年 10 月，阿里地区人民医院开展七县"光明与梦想"白内障免费复明手术活动

设专家门诊，建立网络（微信公众号）挂号系统，开通114和微信预约挂号服务，大力开展"情系老百姓、送医健康行""走进牧区、关爱群众""妇幼保健、母子平安""高原保健、健康同行"等主题义诊活动300余场次，为农牧民群众、农民工、孕妇送医、送药、送服务，赢得了阿里各族群众交口称赞。

第五节　实施产业扶贫工程，打造攻坚型党组织

"帮钱帮物，不如帮助建个好支部"，要深入推进抓党建促脱贫攻坚工作，选好配强村"两委"班子，培养农村致富带头人，促进乡村本土人才回流，打造一支"不走的扶贫工作队"。

阿里地区把精准脱贫与党建工作有机结合起来，围绕扶贫抓党建、抓好党建促扶贫，健全精准扶贫、精准脱贫机制，充分精准联系帮带齐力脱贫、精准发展实体产业富民、精准选配力量组织领航，发挥广大党组织和党员干部在精准扶贫中的攻坚作用，为打赢脱贫攻坚战锻造了坚强指挥和攻坚力量。截至2019年11月，连续四年累计实现减贫6161户23017人，贫困人口从2015年年底的6189户23123人下降到28户106人，贫困发生率从28.5%下降到0.13%，噶尔、普兰、札达、日土4县脱贫摘帽成效进一步巩固，革吉、改则、措勤3县实现脱贫摘帽。

一、改则县物玛乡抢古村党组织

针对以往单个牧民合作社规模小、经营粗放、抵御市场风险能力低、带动能力弱等问题，村党支部书记带头与经济指导员、党建指导

员以及村"两委"班子成员沟通协调，大胆创新，将全村各类零散牧民专业合作组织集中起来，整合农牧、水利、扶贫等涉农项目资金328余万元。组建抢古村牧民集体经济合作社，按照"牲畜入股、劳力入股"方式，创新发展多元化经营模式，大力发展牦牛、半细毛绵羊养殖、村集体商店、人工草场种植等多个经营项目，并实行"劳动力统一安排"和劳动计工分机制，不断激发群众参与集体创收的内生动力，形成按劳分配、多劳多得的良好格局。截至目前，抢古村人均可支配收入达14701.7元，群众生活水平得到了质的提升。

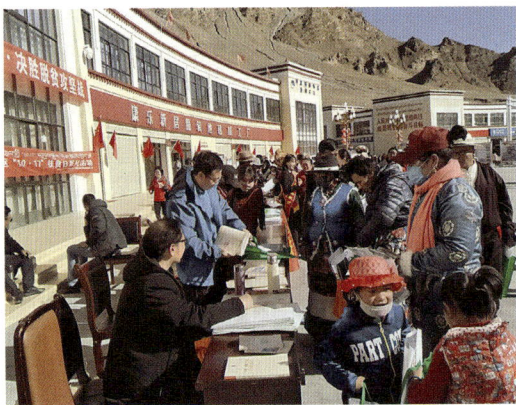
阿里地区脱贫攻坚办公室开展第六个全国扶贫日系列活动，组织党员到康乐新居宣讲惠民政策

阿里地区脱贫攻坚办公室在康乐新居宣讲惠民政策，群众积极参与

二、阿里地区脱贫攻坚指挥部党委

把脱贫攻坚作为头等大事、重大政治任务和第一民生工程来抓，坚持强化组织领导、强化安排部署、强化动态管理、强化精准管理、强化资源整合、强化宣传教育、强化督导问责。

大力实施产业扶贫、易地搬迁、转移就业、生态补偿、教育扶贫、社会兜底、金融扶贫、健康扶贫、援藏扶贫、结对帮扶"十大行动"，形成"1+9+N"的脱贫攻坚规划体系和配套措施体系，凝聚脱贫攻坚最大合力。

三、普兰县普兰镇

充分利用区位优势、政策优势，以大力实施产业项目为抓手，投资2600万元，在吉让居委会建设普兰县现代农业示范基地。建有日光温室20个、大小拱棚120个，种植蔬菜瓜果50余种，生态林种植区，占地面积1000亩，种植陕西毛头柳、新疆柳等，示范基地采取"公司+合作社+农户"模式。由公司进行统一开发、统一管理、统一经营运行，并邀请内地种植专家，定期组织群众进行种植技术培训，让更多的群众掌握一技之长，拓宽群众增收渠道，走出了一条"种植加一体、农林牧并举、村企民联合"的脱贫致富之路。

第六节　实施藏西旗帜工程，打造创先型党组织

多年来，阿里认真研判新形势新任务，特别是特殊地情给党组织建设和党员队伍建设带来的挑战，聚焦保持和发展党员先进性、纯洁性目标，发挥党支部战斗堡垒作用和党员先锋模范作用，扩大先进支部增量、提升中间支部水平、增强后进支部功能，加强党员教育服务管理，着力打造政治过硬、素质优良、遵规守纪的党员队伍，进一步彰显"藏西先锋·红色阿里"党建品牌示范带动效益。

一、阿里地区教育局党组

以打造"共铸师德师魂·为党奉献育人"党建子品牌为抓手，围绕办好人民满意的教育，以学习贯彻习近平总书记致西藏民族大学建校 60 周年贺信精神为主线，在教育系统各级党组织广泛举办"培养什么人、怎样培养人、为谁培养人"专题讨论。深入开展教育系统支部好案例、书记好党课、党员好故事的"三个好"活动。大力实施"名校长、名班主任、名教师"工程，创新开展"一

札达县托林居委会农家书屋

师一优课、一课一名师"晒课活动和教学竞赛活动。进一步明确办学定位、办学理念、办学思路、发展目标，着力打造一支师德崇高、业务精湛、结构合理、充满活力的党员教师队伍，实现了党建工作与育人工作深度融合、同步推进。

二、札达县委

始终把建强党员干部骨干队伍作为一项重要的基础工程，以政治思想建设为重要抓手，深入推进"两学一做"学习教育常态化制度化，设立"党员中心户""习近平新时代讲习所"等 80 个。深入实施县直

机关干部办文能力提升、乡（镇）干部综合素质提升、村（居）干部服务能力提升"三个提升"工程。县委班子成员带头上讲台、讲党课，推进"一季一训""千堂党课进基层""千名党员进党校"培训模式。总结探索跟进辅导、集中教学、举办夜校、巡回授教、结对帮教及编发乡土教材等教育方式，全面打造一支信念过硬、政治过硬、责任过硬、能力过硬、作风过硬的先锋队伍。

第七节　实施勤政廉洁工程，打造清廉型党组织

廉政才能赢得群众信任，维护好党和政府的形象。廉政关系党和政府的生命与形象，也是党和群众对基层党组织和党员干部最起码的要求。

阿里地区坚持党要管党、全面从严治党要求，用好党员管理、干部管理手段，构建党内监督、媒体监督、群众监督等于一体的"大监督"格局。打造覆盖地、县、乡、村四级廉政监督员队伍，强力推动严实责任、从严监管、严格教育，让广大党员干部讲规矩、守纪律、转作风，着力打造勤政清廉型党组织。

一、阿里地区纪委监委

坚持以打造"铸反腐铁军·扬阿里清风"党建子品牌为契机，以"周六讲堂"、每月一课和党支部学习为抓手，定期开展党的最新理论、党章党规党纪、纪检监察业务知识、典型案例通报为主要内容的集中学习，定期和不定期开展党风廉政知识测试。强化正反面教育、

身边案例学习和廉政知识培训。以集中宣讲、文艺活动、专题报告等形式，深入开展"践行忠诚干净担当，做让党放心、人民信赖的纪检监察干部"系列主题活动。建设廉政文化长廊，创办廉政宣传专栏，制作廉洁从政台卡，让每一位党员干部时刻提醒自己"廉洁底线不能压，反腐红线不能碰"，自觉讲规矩、守纪律、转作风，带动全地区党员干部学有榜样、做有标杆。

二、革吉县组织人社党支部

始终以"长期受教育、永葆先进性"为根本目标，建立健全主要领导、重要岗位廉政风险分析防范机制。识别风险因素、估计风险程度、提出风险对策，统一填写廉政风险控制点，搭建定期收看廉政党课、定期观看廉政教育片、定期聆听先进报告、定期开展谈心谈话"四项载体"，深入开展示范教育、警示教育、岗位廉洁教育。以廉政建设宣传教育月为契机，每年开展廉洁自律专题组织生活会，深入开展批评与自我批评，设立专用信箱、经常征求意见，自觉接受党员和群众监督，提高党员干部廉洁自律、遵守和执行党的纪律的坚定性和自觉性，坚决抵制各种腐朽落后思想文化的侵蚀，永葆党员干部队伍清正廉洁作风。

三、日土县热帮乡党委

牢固树立"西藏在党风廉政建设和反腐败问题上没有任何特殊性"的思想，严格落实全面从严治党主体责任，推进预防和惩治腐败体系建设。乡党委坚持每年至少召开一次党风廉政建设和反腐败斗争工作会，每年专题研究党风廉政建设和反腐败工作不少于4次。坚持廉政和反腐倡廉每月一课制度，实行党风廉政建设"签字背书"制度，灵活用好党内监督、巡察监督、

日土法院在热帮乡进行"扫黑除恶"知识宣讲活动

社会监督、舆论监督等监督方式。始终保持惩治腐败高压态势，筑牢拒腐防变防线，构建不敢腐、不能腐、不想腐的长效机制，营造风清气正的政治生态。

第八节　实施党群共建工程，打造联创型党组织

群团事业关系全局，群团工作责任重大，要切实保持和增强群团组织的先进性，工会、共青团、妇联等群团组织是党直接领导的群众组织，承担着组织动员广大人民群众为完成党的中心任务而共同奋斗的重大责任，必须把保持和增强先进性作为重要着力点。

阿里地委坚持党的建设与群团建设整体布局、协同发展，以"三力"为重要举措，将群团工作与党建工作同安排同部署同推进，把群团组织建设纳入机关党建总体布局。做到党群工作同研究、同部署、同检查、同考核、同奖惩。用精神的感染力、堡垒的战斗力、先锋的号召力、党群的联创力、党建的融合力推动阿里改革发展稳定，形成

党组织联系帮带、群团组织健康发展的全新局面。

一、革吉县委

坚持把工会、共青团、妇联等群团组织作为党组织联系群众的桥梁和纽带，制定党建带工建、团建、妇建工作方案。县委牵头每季度召开一次联席会议、每年进行一次集中考核，建立党建带工建、团建、妇建联席会议制度。明确工会、团委、妇联加强本领域党建工作职能职责，坚持统一部署规划、统一配置力量、统一检查指导、统一考核验收"四个统一"。实行党群组织教育相衔接、队伍建设相衔接、干部建设相衔接、阵地建设相衔接、目标体系相衔接的"五个衔接"模式。在机关企事业单位、农牧区广泛建立职工之家、妇女之家，搭建了党和群众的沟通桥梁，让党建引领、带动群团发展在基层实践中不断前进。

二、阿里地区团委

阿里地区团委开展"青春志愿行 关爱夕阳红"活动，组织志愿者走进社区服务居民

着眼发挥党员旗帜引领和党组织红色堡垒作用，按照"小型、多样、分散、业余"的要求，统筹党员教育和群团活动。把党员主题实践活动与

群团组织技术创新、劳动竞赛等活动结合起来，联办"最美阿里青年""共青团员民族团结闪光行动"等主题活动。以为青年团员提供政治理论学习、工作业务培训为宗旨，突出政治功能、服

阿里地区召开党外代表人士"不忘初心、继续携手前进"主题教育座谈会，汇聚最广泛的先进力量

务功能，打造以"不忘初心担使命、建功立业新时代"为主题的青年服务中心示范点，增强团组织的活动力、凝聚力、战斗力，在推进"四个全面"战略布局、阿里长足发展和长治久安上发挥好作用。

第五章　多措并举推进"万名党员争做八大先锋"活动

　　近年来，阿里地委高举习近平新时代中国特色社会主义思想伟大旗帜，认真贯彻新时代党的建设总要求和组织路线，以"藏西先锋·红色阿里"党建品牌为引领，着眼党员作用发挥，深入开展以"亮身份、比贡献、争先锋、促发展"为主要内容的"万名党员争做八大先锋"活动，引导广大党员弘扬先锋精神、凝聚强大合力。维护稳定、脱贫致富、爱国团结、兴业发展、守边固边、科技强地、服务群众、教书育人各类先锋创先争优，示范引领各领域工作，释放了广大基层党组织活力，呈现出根须扎下去、枝叶茂起来的生动局面。

　　征程万里风正劲，重任千钧再奋蹄。通过深入开展"万名党员争做八大先锋"活动，进一步引导全地区各级党员干部立足本职岗位，强化担当作为，创先争优，形成各行业各系统党员干部奋力拼搏，积极奉献阿里，助推阿里各项事业蓬勃发展的良好局面，涌现出一大批各行业领域的先锋模范。

第一节　争做维护稳定的先锋

勇于担当甘于奉献　争做藏西秘境的守护者
——记时任阿里地区政法委维稳办副主任赵元庆

赵元庆（左一）与同事在普兰县霍尔乡检查督导基层维稳工作

赵元庆，男，汉族，山东莘县人，中共党员，1988年1月出生，阿里地委政法委维稳办副主任。参加工作以来，赵元庆努力坚守"社会稳则百姓安"的宗旨理念，坚持工作高标准、严要求，保持主动作为、勇于担当的工作热情和勤勤恳恳、任劳任怨的工作态度，为阿里地区社会局势持续和谐稳定作出了积极贡献。2013、2015、2016年度，该同志获得中共阿里地委政法委"优秀公务员"荣誉，2017年被维稳系统评选为全国综治工作先进工作者。

（一）不退缩、不畏惧，铸就坚实品格

阿里地处西藏西部，边境线长1400公里，是国家安全屏障的战略要地，是西藏反分裂、反渗透、反蚕食、反偷渡的前沿阵地。面对严峻复杂的维稳形势和点多、线长、面广的维稳任务，赵元庆不曾畏惧、从未退缩，多次深入维稳一线，就边境边界维稳措施、执勤点位、执勤力量及可能存在的薄弱环节进行深入调研，为地委、行署决策提供参考。2012 年 5 月，他深入海拔达 5100 多米的无人区，就维稳执勤点位设置进行实地勘察。其间，他不顾高原缺氧、疾风刺骨，坚持在无人区停留一周，最终选取了适合长期驻扎的执勤点位，为后期维稳点位调整提供了参考。2016 年 12 月独木齐列边贸点开放前期，他不顾高寒恶劣的天气和艰苦难行的道路，多次前往边境一线，就边贸点开放期间维稳安保、人员管控及防渗透、防闯关、防闹事等工作进行深入调研督导，制定了切实可行的防控措施，一项一项跟进，一项一项落实。

（二）重担当、重奉献，用心全力作为

工作以来，赵元庆始终以"不忘初心、继续前进"鞭策自己，克服"高寒缺氧、环境恶劣"的自然条件，克服办公室仅有两名同事的"人少事多"的现实困难，加班加点、废寝忘食、兢兢业业、恪尽职守，"白 + 黑""5+2"和盒饭、方便面成为他的工作常态。在敏感节点、重要时段或重大节庆活动期间，为使防范更加严密、措施更加落实，赵元庆经常深入实地调查研究，多次修改完善安保方案，确保万无一失、不出问题。先后参与并圆满完成了马年转山年、羊年转湖年、西藏自治区成立 50 周年大庆中央代表团赴阿里、象雄文化艺术节等一系列重大安保活动。2016 年 8 月，因维稳任务加剧，赵元庆果断放弃在内地休假、调理身体的机会，毅然决然地从海拔仅有 50 米的山东老家连夜飞往海拔 4500 多米的阿里地区，下飞机后，他不顾严重的高原反应，甚至连行李都没有放回家，就直奔办公室，投入到了忙碌的维稳工作中来。

（三）讲忠诚、讲团结，永葆政治本色

阿里地区是少数民族地区，也是一个多民族地区，文化差异、习俗差异、信仰差异构成了一个关系复杂的社会。赵元庆作为一名普通干部，作为一名普通党员，在维护祖国统一、开展反分裂斗争这一重大原则问题上，始终做到旗帜鲜明、立场坚定、认识统一、表里如一、态度坚决、步调一致，对党中央、区党委和地委的决策部署，坚决做到坚定不移地贯彻、毫不迟疑地执行、千方百计地落实。同时，牢固树立"合则俱荣、分则俱损"的思想，把"各族群众心连心"内化于心、外化于行，像爱惜自己的眼睛一样爱惜民族团结，自觉与民族干部群众搞关系、结对子、交朋友，尊重民族风俗习惯。2011年10月，赵元庆根据组织安排，到海拔4900米的改则县察布乡丁固村驻村，自觉融入牧民群众之间，主动为群众拍摄全家福、办理牲畜保险、申请安居房。其间，及时发现所驻村一组组长的女儿可能患有急性阑尾炎，并连夜将其送往县人民医院，为其争夺了治疗时间，缓解了病痛。

赵元庆作为一名年轻干部，虽然没有轰轰烈烈的事迹，但在平凡的岗位上却作出了不一样的贡献。他把"勇于担当、善于作为、甘于奉献"作为行动纲领，以"对得起组织、对得起百姓、对得起良心"的决心，以"脚踏实地、务求实效"的准则，充分展现出了一名普通党员干部"敢想敢干、说了就干、干就干好、干就干成"的优良作风。

第二节 争做脱贫致富的先锋

巾帼不让须眉 红颜更胜儿郎
——记札达县底雅乡赤列旺姆

几年前，底雅乡的基础设施还很薄弱，生产生活条件还很艰苦，群众等、靠、要的思想极为严重。而今天的底雅乡，各户都建起了新房子，各村都通上了硬化路，产业建设也搞得有声有色，群众的钱袋子鼓起来了，脑子富起来了，也团结起来了，随处可见脱贫致富新容颜，处处可闻欢笑声。这些成绩的背后，都离不开一个人的坚持与努力、辛劳和付出，她就是底雅乡副乡长、乡武装部部长、乡脱贫攻坚指挥部办公室主任赤列旺姆同志，也是村民口中的"旺姆书记"。

赤列旺姆（左一）在果园给群众宣讲扶贫政策

赤列旺姆，藏

族，中共党员，1988 年 12 月出生，西藏浪卡子县人，2011 年 8 月参加工作，先后任札达县底雅乡政府科员、底雅村第一书记、底雅乡党委委员、副乡长、乡武装部部长，先后荣获西藏自治区优秀村党支部第一书记、阿里地区脱贫攻坚先进工作者、札达县优秀共产党员等多个荣誉称号。

（一）访贫问苦，她是贫困群众的好阿佳

为了准确把握贫困村、贫困户的真实状况，有针对性地做好脱贫攻坚工作，赤列旺姆经常组织乡村组干部学习自治区、地区、县精准脱贫政策性文件 30 余次，组织乡村组干部开展业务培训 100 余场次，确保乡村组扶贫工作人员能够准确无误的理解执行政策。同时，经常深入各村组实地查看、掌握实情、指导工作，记得 2016 年年底，怀有身孕的她依旧不放弃工作，走遍了全乡 3 个行政村、11 个作业组，2 个自然小组的田间地头和大小牧场。多年来，她像火红的蜡烛，燃烧自己点亮群众致富道路，至于访问了多少贫困群众、进行过多少次调研，她自己数不清，身边的同事也数不清，大概只有几本记满了各式各样问题的笔记本能够说清。主动走入田间地头、群众心底，她对全乡的贫困状况、经济发展现状、致贫原因、脱贫意愿和贫困户需求有了更深刻的认识，在底雅乡范围内精准识别出建档立卡贫困户 32 户 94 人，真正解决了"帮扶谁"的问题，也为底雅乡制定脱贫攻坚规划奠定了扎实的基础。

（二）真抓实干，她是脱贫攻坚的绣花针

在底雅乡党员干部群众中流传着一句话，"阿佳旺姆是底雅的半边天，是乡党委、政府的左膀右臂"。习近平总书记强调："脱贫攻坚要下一番'绣花'功夫。"作为脱贫攻坚一线的奋斗者，赤列旺姆深有体会，在工作中她既当万金油，又当绣花针，只要站在这个岗位上，她无时无刻不想着脱贫攻坚工作，在理思路想办法上，她思维敏捷，大胆创新，处处为民着想；在工作落实上，她尽职尽责，一丝不苟，以"不图回报、干好本职、默默奉献"的精神加班加点。工作期间，她紧紧围绕"两不愁、三保障"要求，认真学习宣传中央、自治区、地区、县的优惠政策，逐户了解贫困户基本情况，做到了心中有数。2016年年底生态补偿脱贫转移就业岗位人员筛选任务下达后，时间紧、任务重，本该在家安心备孕的她，不顾身体不适、路途遥远且艰苦，立即赶到办公室带着乡扶贫专干出发，耗时几天奔走900公里路程，挨家挨户地筛选好生态补偿脱贫转移就业岗位人员。授人以鱼不如授人以渔，让全乡牧民群众实现脱贫，她深知教育扶贫才是核心动力，一有时间她就组织附近几个村的党员群众观看农业技术、种植技术等影片，邀请种植大户讲技术、讲心得，以先富带后富，团结一致奔小康。对于委托书起草、施工合同制定等她都是亲自参与、亲自安排、亲自落实，一有空就入户查看各施工的进度、质量，确保项目在时间节点内保质保量完成，为每一个牧民住房安全提供真挚保障。

（三）用心用情，她是兴边富民的急先锋

底雅乡地处中印边境一线，2017年小康示范村工程启动，什布奇村也是其中一个。为了把上级交办的任务做实做好，让老百姓真正得实惠，从项目实施方式、每户实施内容、改厨改厕布局，每个环节她都挨家挨户进行现场指导。同时积极利用国家扶持政策，增加边境一线群众工作岗位，协调安排生态岗位人员，并鼓励贫困群众学习致富技能，由"要我脱贫"向"我要脱贫"转变，既为边境一线群众增加收入，又为今后巩固脱贫成效打下坚实基础。只要一听说赤列旺姆要下乡来村里，群众都会赞不绝声："旺姆书记来了，我们的福星来了"。2012 年 11 月，她被组织安排到鲁巴村驻村，一有空闲就会到隔壁的老人家里，陪老人聊天、听老人讲故事、帮老人洗衣服。同时，她也深知责任重大，经常到群众家中了解家庭情况、问题困难以及对未来生活的向往，真正做到了村情民意记心间、一举一动皆为民。驻村结束后，当地老百姓多次向乡党委、政府申请把她安排到鲁巴村担任第一书记，希望能把"亲人"留下来。赤列旺姆不仅是群众心中的好书记、好亲人、好干部，更是边境群众的引路人，是美丽边疆的守护者。

（四）任劳任怨，她是亲友眼中的女汉子

为如期完成底雅乡 2016 年、2017 年建档立卡贫困人口脱贫及贫困村退出工作任务，赤列旺姆带头组织乡村扶贫干部加班加点完成各项脱贫任务。在 2018 年如期完成、顺利通过了自治区贫困县摘帽第三方评估。底雅乡距县城 300 多公里，离她的故乡山南市浪卡子县却相隔 2000 多公里，自脱贫攻坚战打响后，她一年也难得回一次家，2016 年因工作原因放弃休假，2017 年怀孕后更是被家人抱怨说："为了脱贫攻坚工作，你成了'大忙人''女汉子'，连这个家和孩子都不要了。"每每听到亲人的担忧关怀，她总会笑着说："等忙完这阵就会好了，等到了年底一定回家。"事实上，她比谁都清楚，脱贫攻坚一旦开始，只有进行时，没有绝对的完成时，休假也就只能一推再推。

2018 年年底，底雅乡三个村传出喜讯，在全县率先实现退出贫困村行列，打响了札达县脱贫攻坚第一战。但赤列旺姆并没有停下前进的脚步,"老百姓信任我们,我们更要带好他们实现乡村振兴,要让每一个人都过上好日子!"草场深处,依然能看到她忙碌的身影。办公桌前,有她身上洒下的汗水,更有那颗对党忠诚,对群众负责的精神。她用实际行动真正诠释了什么叫"巾帼不让须眉,红颜更胜儿郎"!

第三节　争做爱国团结的先锋

让民族团结的雪莲花绽放在天边的岗莎村
——记时任普兰县岗莎村村委会主任久美多吉

2016 年,久美多吉同志当选村委会主任,并通过自学考试被西藏大学函授专业录取;2017 年,他当选西藏自治区人大代表。一直以来,他带领群众艰苦创业,致富奔小康。原先只有小学文化的他,经过奋斗实现了人生价值,通过自学圆了自己的大学梦。在普兰县巴嘎乡,许多干部都会用"追梦"二字来形容久美多吉的奋斗青春。

(一) 全力维护民族团结

久美多吉作为村委会主任,十一届西藏自治区人大代表、阿里地区农牧民宣讲员,在思想上自觉树立"三个离不开"的思想。深知加强民族团结是福、分裂动乱是祸,在大是大非问题上保持立场坚定、旗帜鲜明,自觉维护祖国统一和民族团结。在他心里,民族团结如同自己的生命和眼睛,要像珍惜自己的生命一样珍惜民族团结,要像爱护自己的眼睛一样爱护民族团结。

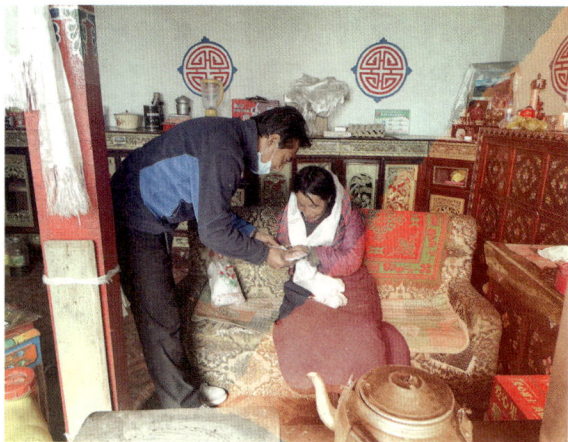

久美多吉（左一）慰问贫困群众

巴嘎乡作为国家的重要旅游景区，辖区有世界闻名的旅游资源"神山"冈仁波齐和"圣湖"玛旁雍错。工作期间，他兢兢业业、任劳任怨，始终严格要求自己，以实际行动诠释着共产党员的先锋模范作用，为民族团结工作默默奉献着自己的绵薄之力，通过自己的辛勤付出和满腔热情，让民族团结之花在岗莎村绽放得更加绚丽多彩。

（二）加强民族政策宣传

作为边境一线，加之宗教影响因素，在宣传民族团结政策时，首先应当考虑到其他民族同志对藏文化的认识，无论在"四讲四爱"活动中，还是历次的民族宗教政策宣传，久美多吉都会热情参与民族团结教育和民族宗教政策法规宣传活动。依托"四讲四爱"和"讲身边人、讲身边事"活动，坚持集中教育与分散教育相结合，整合手机短信、微信等新旧媒介力量，大力宣传党的民族政策以及民族团结先进典型和先进事迹。2018年组织辖区内的各族商户与岗莎村村民开展交朋友活动，到岗莎村村民家里体验藏民族的生活、了解民族发展历程、感受民族文化，在全乡寺庙、学校、机关、乡村营造了"三个离不开""民族团结一家亲·同心共筑中国梦"的浓厚氛围。

（三）抢险救援，彰显人道主义

巴嘎乡每年 6 - 10 月是旅游旺季，转山旅游人员多，但因雨季道路泥泞、突发情况较多，车辆救援、转山高山反应救援分秒必争。为了保护好人民生命财产安全，每当接到救援电话后，他都会在第一时间组织人员进行救援抢险，以保证人民生命财产安全，2018 年共计救险救援 7 余次，挽回经济损失 15 余万元。

（四）构建和谐岗莎

岗莎村是一个多民族居住的大集体，有藏族、汉族、回族、维吾尔族等同胞，在平时的生活中，无论是谁家有难，久美多吉都会主动去帮助，送粮送药送真心。为了解决汉族、回族等同胞房屋漏水问题，他积极向上级争取 5 万元资金，及时修复好房屋。同时，为了创建和谐美丽岗莎村，他也经常在空闲时间走访慰问经商的新疆籍维吾尔族群众，心连心、手牵手，在和谐友好的氛围里深入了解他们在岗莎村的生活工作情况和困难，尽力为其排忧解难，帮助他们与本地群众和睦相处，相互帮助、共同建设美好和谐家园。

（五）加强牦牛运输队服务培训

1981 年，为了生活，村民自发组织为游客提供旅游转山运输服务；随着时间的推移发展，1996 年村委会一致通过，正式成立了岗莎村牦牛运输队——一家自营自销的村集体经济合作社，包括骑马、背扶、牵马人、赶牛人等多个服务项目。为了适应国际化发展形势，推动牦牛运输服务队的服务质量与国际紧密接轨，久美多吉带头参加巴嘎乡党委、政府组织的旅游服务人员培训班，同群众一起学习汉语、英语。同时，选派优秀学员到区内外学习借鉴优秀经验，结合实际内化为本土优势，为集体经济产业发展注入活力。

捧着一颗心来，不带走一棵草。在像久美多吉一样，千千万万党员群众的齐心协力下，民族团结的雪莲花一直开在天边的阿里，经久不衰，吸引着更多的人扎根边疆，守护好祖国的每一寸土地……

浓浓民族情的援藏干部
——记河北第八批援藏干部，时任阿里检察分院副检察长律庆堂

2016 年 7 月，律庆堂同志积极响应党中央、河北省委关于支援西藏的号召，自愿辞去党组书记、检察长"一把手"职务参加援藏，全心全意为了阿里地区的民族团结和发展稳定顽强拼搏，得到各级领导高度评价、充分肯定。

（一）深度交融

律庆堂同志到阿里参加援藏工作以来，他始终把习近平总书记"加强民族团结、建设美丽西藏"的重要指示牢记在心。利用近一个月多的时间深入分院各个部门和七个基层县院进行调研，详细了解阿里检察干警特别是少数民族干警在工作、学习和生活中面临的困难，为下一步合理引进资金项目奠定了坚实基础。同时，律庆堂同志通过不定期与藏族干警的座谈交流，加深了对阿里改革发展稳定的认识，加深了对高原边疆民族地区的认识，更加深了对援藏工作的认识，更加自觉地投身于阿里检察事业，投身于阿里发展稳定生态各项事业。援藏期间，律庆堂同志结合自身体悟，撰写了三篇调研文章，均被自治区

《援藏》杂志刊发。

（二）情系牧区

律庆堂同志在调研中发现，阿里地区的总体教育质量不高，尤其是广大农牧区学生学习生活以及医疗等条件和内地差距较大，这一现状让同为人父的他深感担忧。于是，在他的呼吁、联络、协调下，他的很多同学和朋友自愿提供资源，一年的时间里，先后为阿里中学、

律庆堂为阿里地区陕西实验小学学生讲课

牧区小学筹集了达 30 余万元的学习辅助资料，为阿里分院驻村点改则县察布乡通那村捐赠物资共计 37 箱，所有物流费用都由他自己承担。他的付出，让藏族学生、儿童及受惠群众感受到汉藏一家亲的真情与温暖，得到农牧民群众的广泛好评。

（三）招商引资

律庆堂同志深知，加强民族团结，重点是要促进民族地区发展。2017 年 6 月，他介绍内地一家私人企业到阿里考察，鼓励其投资建设阿里地区所在地狮泉河镇，为改善此地面貌，促进此地经济发展作贡献。同时，在拉萨、那曲等地对介绍项目进行了接洽、考察。经考

察，目前已经产生两个合作项目意向，并得到有关领导支持，项目落地之后，投资额近 1 亿元人民币。

（四）强化素能

阿里检察干警特别是部分民族干警外出培训机会较少，检察业务培训资源匮乏，干警整体素质偏低。律庆堂同志主动向院党组申请，从规范化、流程化、模板化办案角度着眼入手，做针对性应对和改善，以取得个人付出一时、队伍和事业受益长远的效果。依凭在内地检察机关多岗位、全方位锻炼积累的业务素质，依靠沧州检察机关领导和同志们提供资料，指点帮助，满怀对阿里检察事业发展的奉献激情，克服高原缺氧身体不适等困难，利用在阿里期间的公休日、节假日和下班后的业余时间和回河北的休假时间，前后历时八个月，起草了近五十万字的涉及查办职务犯罪、侦查监督、公诉、民事行政检察等检察机关各主要业务部门办案工作《办案工作流程模板》《办案规范》和《样板卷》。广大干警特别是新入职干警，凭此指引，很快即可进入实战操作状态，极大地促进人力资源在办案实战中的有效运用，进而促进干警业务素质的积累和提升，对阿里检察事业发展起到长远促进作用。

第四节 争做兴业发展的先锋

阿里经济发展的"热心人"
——记阿里地区宏地建筑有限责任公司董事长仲冠成

仲冠成，男，汉族，现年 56 岁，大专文化，中共党员，现任噶

仲冠成应邀参加第七届中国企业家发展年会

尔县政协委员、西藏四川商会常务副会长、四川商会理事会副会长、西藏特色产业协会常务副会长。1982 年，仲冠成初次到阿里地区经商，从最初的个体工商户逐步成长为如今拥有资产 900 余万元的建筑公司负责人，成为推动阿里经济发展、服务发展的有力推手，与阿里改革发展各项事业同步前行。

（一）合作共赢，助推经济社会发展

仲冠成与阿里地区噶尔县藏布居委会合作成立西藏噶尔县藏布居委会鑫地建筑队。该公司于 2016 年改名为阿里地区宏地建筑有限责任公司，由仲冠成担任公司董事长，在各类项目工程、建设工程中用工方面首选藏布居委会的居民，为他们提供劳务输出机会，增强他们的劳动收入，并把每年所有建筑项目工程总收入的 1.5% 分红分配给藏布居委会。同时通过积极参与政府的招商引资工作、社会公益事业、与西藏特色产品行业协会合作助推特色产业发展，一步一步带领噶尔县藏布居委会鑫地建筑队发展壮大，帮助藏布居委会和群众增收致富，最终实现共赢。

（二）以工代训，提升群众脱贫能力

在仲冠成的支持和领导下，宏地建筑有限责任公司常年吸纳当地居民就业，大力开展技术培训、劳务用工等培训，并积极同噶尔县藏布居委会居民中的 70 余人结成帮扶对子，全力实施企业带动技能培训。10 余年来，先后培训本地和 7 县农牧民建筑技工 500 余人次，吸收 3400 人次参加宏地公司基础建筑施工，780 辆次车辆、机械参与公司施工作业，当地农牧民平均每年到宏地公司从事建筑施工约 700 余人次，领取月工资 4200 元左右，有效帮助贫困人口提升脱贫素质和技能，增加就业务工机会，为贫困群众提供就业岗位，帮助贫困人口自力更生。

（三）热衷公益，积极承担社会责任

仲冠成领导的宏地公司在阿里地区 7 个县区帮扶贫困牧民就业、就医，捐助资金 78 万元，物品约 50 万元，经常性帮助贫困农牧民大学生解决往返路费，为农牧民大学生家庭减轻负担，公司和他个人多次受到地方党委政府奖励。宏地公司 2000 年被西藏自治区人民政府评为"重合同、守信用"单位；2016 年被西藏噶尔狮泉河镇党委评为"先进双联户"；2016 年被西藏四川商会评为"优秀会员单位"；2017年被西藏阿里地委、行署评为"民族团结进步模范集体"和"先进非公有制经济企业"；仲冠成 2014 年被西藏噶尔县藏布居委会评为"致富带头人"；2016 年被西藏噶尔县委政府评为"建设领域劳动三等奖"；

2017 年被西藏自治区党委、政府评为"优秀中国特色社会主义事业建设者"；2018 年 2 月被西藏自治区十大杰出川商组委会评为"西藏自治区川商十大杰出致敬人物"；2018 年 5 月被四川省委、省政府评为"四川省全球百佳杰出川商人物"。

（四）倡导环保，积极引进新型能源

仲冠成在反对民族分裂、维护祖国统一等重大原则问题上，始终做到旗帜鲜明、立场坚定、认识统一、表里如一、态度坚决、步调一致。同时，他始终以建设、发展、稳定边陲经济市场为己任，尽心尽力，集思广益，脚踏实地提高工程施工效率和质量，赢得了广大群众的信赖，成为备受广大群众爱戴和党委政府认同的企业管理者。

阿里本土的"致富带头人"
——记阿里地区企业家次仁巴旦

自 2015 年至今，次仁巴旦同志先后创办阿里地区雄踞建筑有限公司、噶尔县红柳生态农业开发建设有限公司、西藏噶尔县民间建筑施工队、噶尔县颠源生态农业开发建设有限责任公司、雄志咨询有限公司、雄踞金牛饭店 6 家公司。目前，公司正式职工 31 人，正式党员 2 名，预备党员 1 名。近年来，他带领公司党员职工艰苦奋斗、开拓创新，闯出了一条又好又快的发展之路。

（一）政治坚定，全力维护民族团结

作为一名共产党员，一个党员职工人人称赞的好同志，次仁巴旦注重个人品德修养，遵纪守法，讲团结、识大体、顾大局，能够时时处处自觉宣传党的民族政策，关心和团结各族党员职工，牢固树立"三个离不开"思想，在反对一切民族分裂主义和非法宗教活动等大是大非问题上始终能够做到头脑清醒、立场坚定、旗帜鲜明，自觉维护祖国统一和民族团结。

（二）发挥作用，有效凝聚发展合力

次仁巴旦工作认真负责、严谨细致、踏实干事，时时刻刻把职工冷暖放在心上，了解职工心声，利用法定节假日，通过公司骨干与贫困职工结对帮扶、发放福利等形式，着力解决党员职工在思想上、工作上、生活上的问题，把党的温暖、组织关怀及时传递给职工，切实把实事办在职工急需上，把温暖送到职工心坎上，成为企业职工工作上的暖心人、生活上的热心人，不断汇聚企业发展的强大合力。积极引导党员职工肩负社会责任，为农牧民群众解决实际问题，有力帮助社会弱势群体实现共同富裕。近年来，他积极履行社会责任，先后给藏布居委会、康乐新居、扎西岗乡幼儿园、地区福利院等单位捐赠

次仁巴旦整理职工对企业发展意见建议

价值 317000 余元的物资。

（三）示范带头，有力促进民族团结

次仁巴旦始终坚持把大力培养少数民族职工作为加强民族团结的重要举措，积极为多名大学毕业生提供就业岗位，其中包括汉族、藏族、回族、哈萨克族、彝族等多个民族，把他们培养成为一线工作的多面手、工作岗位的主力军。他积极为大学毕业生、当地农牧民、退伍军人提供就业岗位，举办农牧民专业技能知识培训，着力解决劳动力过剩问题，促进全地区经济社会发展。他自觉维护民族团结，利用节假日、在敏感时段，组织公司职工开展民族团结演讲比赛、文艺汇演、过林卡等文体娱乐活动，让党员职工在娱乐中增进友谊、加强团结，为全地区民族团结进步事业树立了好榜样。

（四）勇于担当，助力脱贫攻坚工作

"吃水不忘挖井人"，次仁巴旦大力弘扬企业家精神，在谋求自身发展的同时，主动履行社会职责、投身公益事业，带领党员职工踊跃投身脱贫攻坚战。近年来，吸纳新增就业 196 人，其中，西藏籍大学生 18 人（阿里籍 8 人）；西藏籍"两后生"102 人（阿里籍 58 人）。为噶尔县狮泉河镇加木村、康乐新居贫困户分别解决 128000 元、8 万元；集中慰问帮扶贫困户 52 人 445800 元；转移农村剩余劳动力 89454 人次，劳务创收 16458094 元。

万水千山不忘来时路。在谋求发展的同时，次仁巴旦不忘回馈社会，热心公益事业，加强民族团结，助力脱贫攻坚。他用行动诠释着共产党员的初心和使命，为当地农牧民群众送上了党的温暖，有效发挥了党员的先锋模范作用。

第五节 争做守边固边的先锋

这是我爷爷放牧的地方
——札达县群宗卓玛守边固边先进事迹

在世界屋脊的屋脊，有一个被称作"阿里小江南"的地方，这就是札达县底雅乡。底雅乡属于边境乡，其中什布奇村属于边境一线村，村民们祖祖辈辈在这里劳作、放牧，承担着守土固边的重大任务。在反分裂斗争中涌现出一批批捍卫祖国领土完整的先进人物，群宗卓玛就是他们中表现突出的一员。

群宗卓玛，中共党员，1961年3月出生于札达县底雅乡，小学文化，曾担任什布奇组组长12年，现任什布奇村村委员、妇女主任。从小生长在什布奇的她，对这里的山山水水有着浓厚的感情。在反分裂斗争中，她为维护祖国统一，捍卫祖国领土完整作出了突出的贡献。

2012年6月12日，群宗卓玛同志协同底雅乡干部贡觉和巴登扎巴在边界一线开展基本草原划定工作，突然遭到印度边防军人的阻挠。群宗卓玛回忆时这样说道："当时，我们三个人正在边界线我方草场一带进行打点，突然听见有人在喊话说，'你们在干嘛，你们不能来这里'。转身一看，有两个印度士兵拿着冲锋枪在边界线铁丝网旁边对着我们，我们看见他们有枪，就赶紧往回走，准备回来向上级报告这个情况。没想到我们刚走了几步，两个印度军人就跟了上来拦住我们，还要检查我们的背包。"

作为一名老党员、一名村干部，她在大是大非面前保持了高度的警觉性和使命感。在听到对方要求检查背包时，群宗卓玛同志十分冷静地将巴登扎巴身上装满水和干粮的背包递给了印度边防军人。群宗卓玛说："他们两个拿到背包翻来翻去，看到包里都是水和干粮，然后把背包还给了我们，还要检查贡觉身上的背包。贡觉身上的背包里装有 GPS、地图等工具及机密资料，如果落到印度边防军人的手

群宗卓玛在边境一线巡逻，时刻关注边境情况

里，将会对国家造成不可估量的损失及威胁，这是绝对不能让印度军人拿走的。"

当听到对方要求检查贡觉的背包时，群宗卓玛同志立即将贡觉身上的背包抢了过来，紧紧地抱在怀里，用边境方言大声地说："这里是我们中国的地方！我是这里土生土长的人！这里还有我爷爷放牧留下的痕迹！你们无权在我们的土地上过问我们的事情！请你们赶紧离开！"说完用力推开了两名印度军人，印方二人见此情形，也没敢再纠缠，转身离开了。

经过此事，群宗卓玛同志清醒地认识到稳边固边的重要性，尤其是作为一名边境村的村干部，更是责任重大，使命光荣。之后，她吸

取教训、总结经验，在敏感节点期间多次组织"三员"人员伪装成放牧的样子，以寻找牲畜为由对边界一线进行巡逻。群宗卓玛说："一次巡逻时，有一架小飞机（印方无人侦察机）在边界上方转来转去，而且飞得很低很低，我们立即报告了乡政府，然后用'吾尔多'准备把它打下来，但是那个小飞机很快就飞到他们那边去了"。后来，群宗卓玛召集村民召开会议，给大家强调说："我们村是最边界的地方，作为中华人民共和国的一员，拿了党和国家的边境补助，就有责任和义务把祖国的大门看好，我们祖祖辈辈都在这里放牛放羊。山是我们的、水是我们的、上面的天空也是我们的，以后巡逻的时候大家不能只看山山水水，同时也要注意天上，不许他们的人过来，也不许他们的飞机过来。"

这位普通农村妇女的爱国之举、满怀自豪的爱国之语，淋漓尽致地表现了她内心维护祖国统一、捍卫祖国领土完整、坚决守边固边的意识和觉悟。这就是群宗卓玛，一个年过五旬的中华人民共和国边民。

第六节　争做科技强地的先锋

用科学技术致富的"特派员"
——记西藏阿里地区科学技术协会干部张福凯

张福凯同志自 2005 年 7 月参加工作以来，长期从事并服务于阿里科协事业。在阿里地区措勤县担任县级科协负责人期间，在基层科协机构不健全、无专职科协人员的情况下，努力克服各种困难，积极

张福凯（左二）到牧民家中调研指导科研工作

组织该县科技特派员、专业技术人员和科普人员经常性深入学校、机关、牧区中开展科普宣传，提高了措勤县干部群众的科普意识。同时，他还想方设法筹集经费，在措勤县文化广场和广西路设立科普宣传专栏和科普宣传长廊，实现了基层县级科普工作模式的创新。

（一）争取投资，助力科普宣传

张福凯 2013 年争取到西藏自治区科协投资 33 万元的创建乡镇科普活动站项目，完成 22 个基层乡镇科普活动站设备的购置；2014 年争取到西藏自治区科协投资 51.98 万元的电子科普画廊建设项目，实现了阿里地区电子科普工作零突破；2014 年 4 月，与阿里地区电信协调签订了科普合作协议，每年投资 5 万元建立了阿里科技手机报科普宣传平台；积极申报科普大篷车项目，完成阿里地区 7 县及地区科普大篷车的申报，科普大篷车实际保有量达到 7 台；积极争取并落实科协专项经费，每年从阿里地区本级科研项目专项经费中划拨 10.2 万元，确保了科协工作的正常开展；完成措勤县达雄乡达瓦村、日土县日土镇热角村等 4 个村级科普活动站的建设和设备购置，投资达到

12 万元；努力推进地区流动科技馆，完成了 6 个"中小学科普馆"申报和筹建工作；成功申报国家、自治区科普惠农兴村示范基地 8 个、农村科普带头人 13 人，落实国家、自治区级科普惠农奖励资金 200余万元；完成普兰县科迦寺寺庙科普展的建设和设备配置。在他的积极协调下，目前阿里地区已建立地区级科普活动站 1 个、科普宣传长廊 1 个、LED 电子科普画廊 1 个，建立乡镇级科普活动站 29 个、村级科普活动站 4 个，建立"中小学科普馆"2 个，为全面开展科普宣传打下了良好的基础。

（二）创新方式方法

在工作开展过程中，张福凯不断创新方式方法，充分利用阿里地区现有的 282 名农牧民科技特派员积极作用，由农牧民科技特派员为骨干创办、领办和协办的农牧民专业经济合作组织达到 137 家，参与群众达 11219 户，覆盖人口 38000 余人。同时，他利用自身专业特长，一方面，为当地农牧民增效、增收出谋划策，把自己所学的技术和成功经验转化为生产力，造福当地百姓，成了农牧民眼中的"财神爷"；另一方面，积极面向基层一线专业技术人员和广大群众，举办了各类实用人才和适用技术培训班，近年来累计培训各类专业技术人员和农牧民群众达到 3000 余人次。

（三）积极搭建科普平台

在科普平台建设方面，张福凯锐意创新，充分利用阿里地区噶尔县现代农业产业化基地的优势技术力量和基础设施，将园区打造成了阿里地区科普培训基地和科普教育基地，制定了规章制度，极大地方便了农牧民群众培训，定期和不定期组织开展专题讲座培训，在瓜果蔬菜、花草林木的培育、栽植、病虫害防治期间，对农牧民群众管理技能知识进行实地传授；针对部分农牧民群众棚区较远、交通不便等情况，定期进行入户服务，吸纳 2000 余名农牧民群众和技术人员参加实训，提高了受训人员的科普意识和实用技能。

十余年奋战在阿里地区科协事业第一线，张福凯以实绩体现出一名科协工作者的价值，以实际行动诠释着科协机构"三服务一加强"的纽带作用，为阿里地区科协事业作出了积极贡献。

第七节　争做服务群众的先锋

狮泉河畔孕婴平安的"守护天使"
——记西藏阿里地区人民医院妇产科次仁巴珍

西藏阿里地区人民医院位于地区行署所在地噶尔县狮泉河镇，始建于 1955 年 5 月。多年来，阿里地区受交通、天气、气候等客观因素的影响，医疗卫生条件差、医务专业人员紧缺等现象严重，医疗卫生事业始终牵动着阿里 11 万名各族群众的心。次仁巴珍身为土生土长的阿里医务工作者代表，出于对自己事业和家乡的热爱，她始终坚守医生这个平凡岗位，见证了阿里地区人民医院从弱到强、从小到大的发展历程，为祖国这片高原热土医疗卫生事业发展奉献了青春，用双手迎接了一个又一个生命。自 1993 年参加工作以来，次仁巴珍共实施子宫下段剖宫产手术 2600 余例，抢救危重患者 100 余例，迎接了 4000 多个新生命的安全诞生。2017 年，次仁巴珍当选党的十九大代表，先后荣获"最美医生"等多项荣誉。

（一）心系患者，连续奋战

俗话说"金眼科、银外科、又脏又累妇产科"。无论是双休日还是节假日，只要有难产病人或危重病人，次仁巴珍总是随时应诊、毫无怨言。2011 年 8 月的一天，她刚做完一例剖宫产手术，还没来得及喝口水，就接到急诊室电话，她急忙跑过去了解患者情况，发现是一名 32 岁足月妊娠子宫破裂的患者，患者当时腹腔大量积血，血色素骤降，已经处于休克状态。此时医院血库里没有血液储备，手术成功率极低，不手术则患者性命

次仁巴珍（右三）带领科室医务人员为患者会诊

攸关，她一边紧急安排手术，一边组织工作人员现场献血。经过 5 个小时的抢救，病房传来医护人员的声音："手术非常成功，患者抢救过来了！"连续工作 10 个小时的她手术衣早已湿透，瘫坐在椅子上。"患者的抢救，我们再苦再累，也不能有丝毫耽搁。"回忆当时的情形，次仁巴珍眼神中仍然充满着坚毅果断。

（二）火速就诊，日月同行

多年来，次仁巴珍除了坚持在一线岗位开展诊治，还主动承担了 24 小时随时应诊和处置危重患者的任务，在她的心里，患者的病情

就是命令。因为在牧区，阿里的很多群众居住地离人民医院非常远，动辄数百公里，加上一些孕妇保健意识和生活条件差，一般在出现急危重症后，才紧急送往医院，因路途遥远，送到医院的时候往往是下班时间或者是夜间，次仁巴珍经常是刚刚躺下，急诊电话就响起。她也记不清多少个晚上，穿上手术衣踏进抢救室，在无影灯下迎接高原的黎明。平日里，遇到下级医疗单位有危重患者来不及转院时，无论是白天还是深夜，不管是刮风还是下雨，只要病人需要，她都深入县、乡、村会诊、接生和手术，20 年来先后出诊 600 余次。她常说："与患者性命相比，我们的付出是那么的微不足道，辛苦一点、累一点，或许就能挽救母婴生命。"

（三）生命至上，救死扶伤

20 多年来，她总面带笑容地迎接每一位患者，制定医疗方案时，她也是尽可能地从患者的角度考虑，从而成为妇产科最受患者信赖和欢迎的医生。2016 年的一个寒冬的凌晨 3 点多，医院接来了一名因为贫血流产的患者，听到这个消息后，她二话不说直奔医院病房，查看孕妇情况。"当时患者血流不止，面色如灰，气若游丝，大小便失禁，血色素仅有 2 克。这样的重度贫血加之缺乏血源，如果处置不当，就会发生医疗纠纷。"次仁巴珍回忆说。但面对着生命与医疗责任的矛盾，次仁巴珍没有犹豫，毅然选择了抢救生命，她把患者背到手术床上，紧急实施了清宫手术，并对其止血，整个操作过程非常顺利，患者终于转危为安。此时天已经蒙蒙亮起，待患者病情平稳后次仁巴珍才安心地默默离开。在她的职业生涯里这样的感人故事数不胜数。如今阿里地区人民医院妇产科医师办公室墙上，挂满了患者送来的锦旗。"次仁巴珍医生是我们的'索救陈牵'（藏语：救命恩人）。"

次仁巴珍（左一）为寺庙僧侣进行义诊

在地区人民医院经常能听到患者这样评价次仁巴珍。

（四）提升本领，感恩社会

　　土生土长在农牧区的她，从小看到因为村里没有医生，有点小病就得到县上甚至到地区看病，所以次仁巴珍立志学医。在党和政府的好政策下，她顺利完成了学业。她深刻认识到自己的一步步成长，离不开党的关怀、培养，始终把感恩社会、回馈社会作为政治使命和社会责任，毕业后，她毅然放弃在拉萨就业的机会，回到阿里成为一名地区人民医院医护人员。从离开学校到从事医护工作已经二十几年，从一名不谙世事的小姑娘变成了一位资深的"接生妈妈"。"说得天花乱坠不如言传身教。"无论面对新分配的医护人员还是过来学习挂职的人，她都会在查房中认真讲解、手术中手把手带教、病例讨论中善于带动,为阿里卫生事业培养了一批优秀的年轻医务工作者。几年来,妇产科由弱到强,医疗服务水平得到明显提高,收治病人数、分娩数、手术量及门诊量均稳步上升。"过去,因为医院条件差,第一个孩子没在这边生,但是近几年来,阿里地区人民医院卫生服务、医疗设施等方面有了明显改善,我打算第二胎在这里生,家人也在这边比较方便。"一名孕妇在产前检查时说。

从医 24 年,次仁巴珍始终坚守岗位、任劳任怨,尽管熬白了青丝,苍老了面容,却换来了无数孕产妇由衷的欢笑和婴儿清脆的啼哭,赢得了广大患者的信任和同事们的尊敬,在世界屋脊的屋脊尽展一名白衣天使的风采。

倾情诠释真善美 为民散发光和热
——记阿里地区残疾人联合会理事长尼玛拥宗

尼玛拥宗,女,藏族,中共党员,1982 年 8 月出生,2003 年 7 月参加工作。2010 年 8 月调入残联工作,现任阿里地区残联党组书记、理事长。到残联工作以来,她一直负责阿里地区残联各项业务工作。残疾人是一个弱势群体,他们受教育水平低,综合素质差,应对社会的能力相对较弱,因此,在平时生活中遇到的困难也相对较多。多年来,尼玛拥宗始终把"弘扬人道主义,发展残疾人事业,保障残疾人能够平等充分地参与社会生活,共享社会物质文化成果"的宗旨牢记于心。始终以优秀共产党人的标准严格要求自己,爱岗敬业、踏实工作、无私奉献、争创一流。工作中,经常听取残疾人意见,主动了解残疾人需求,始终理解、尊重、关心帮助残疾人,为阿里地区残疾人事业的发展贡献力量。

　　阿里地区地广人稀，地处偏远，高寒缺氧，平均海拔4300米以上，交通困难，而残疾人大多分布在牧区，造成残疾人出行不便，生产生活落后。

（一）坚持把残疾人工作放在第一位

　　作为业务能手，尼玛拥宗始终坚持把残疾人工作放在第一位，时刻牢记全心全意为人民服务的宗旨。在地区残联开展各项工作中，积极发挥纽带作用，主动联系各县民政局督促指导开展残联各项工作。

尼玛拥宗（居中）深入牧区开展"三大节日"走访慰问活动

近年来，督促落实残疾人各项补助资金，帮助扶持了13名残疾人参与"大众创业、万众创新"，落实创业资金26万元。实施"阳光家园"计划为2412名精神、智力及重度残疾人发放居家托养补贴153.72万元。有计划地实施109户农村贫困残疾人家庭无障碍改造，发放改造资金36万元，为300名残疾人发放机动车燃油补贴10.8万元，办理残疾人证由1200人增长到3976人。近五年来，尼玛拥宗先后帮助188名白内障患者实施复明手术，配备助听器及其他辅助器具9类837件，为初步实现"人人享有康复服务"的工作目标奠定了良好的基础。

（二）积极帮助困难群众

三年前在一次开展慰问活动时，尼玛拥宗发现藏布居委会残疾儿童嘎玛益西脚尖残疾，无法行走，深入了解后发现嘎玛益西具有康复条件，经与其家长交流意见后与自治区残疾人康复中心联系进行康复训练，现在嘎玛益西能完全自理生活。

还有一次与朋友聊天时，无意中得知革吉县盐湖乡羌麦村一组残疾儿童其美卓玛因左脚畸形，无法穿鞋子，一年四季只能穿男式拖鞋，因此辍学在家，为家庭生产生活带来很多困难。为了让其美卓玛重新走进社会，与同龄人一样快乐地生活、学习，在今后的生活中能靠自己的双手让自己过上幸福的生活，尼玛拥宗积极与地区扶贫办协调，为其美卓玛争取帮扶资金。

工作中十年如一日的坚持，认真负责、求真务实、爱岗敬业、尽心尽责、全身心投入，得到了广大残疾人群众的认可。因工作突出，尼玛拥宗先后被评为2017、2018年度西藏自治区残疾人事业统计工作"先进个人"，2013、2014、2015、2017年度"优秀国家公务员"，2017、2018年度"优秀共产党员"，2019年5月被评为"全国残疾人系统先进工作者"称号（西藏自治区仅有一个名额）。2014年她的家庭还被评为"民族团结模范家庭"。

作为民族通婚家庭，平时生活中夫妻二人相敬相爱，在工作上互相支持、互相学习，在生活中互相照顾、共同进步、共同提高。在事业上取得了成功，在生活中尊老爱幼，教子有方，取得了家庭、事业双丰收。

第八节 争做教书育人的先锋

默默坚守扎根乡村静待桃李
——记西藏阿里地区措勤县江让乡小学达瓦仁青老师

达瓦仁青，男，1986 年出生，本科学历，阿里地区措勤县江让乡小学数学教师。自 2008 年 7 月参加教学工作以来，他一直以满腔热情耕耘在牧区乡村小学的讲台上。他扎根牧区，已经在阿里牧区教育战线上工作了 11 个春秋，他 11 年如一日，栉风沐雨，用一颗赤诚之心，在这块平凡的土地上，播下了爱的种子，一群群放羊娃走出大山，而他还在坚守那块耕耘了 11 年的土地。

达瓦仁青带领学生开展主题班会

达瓦仁青老师从参加工作以来，一直都担任班主任，他始终把"学厚为师，德高为范"这八个字谨记心间，并将它作为行动指南、行为标尺来衡量自己的教学得失。在这平凡的工作岗位上，在事关方向、原则问题上立场坚定、旗帜鲜明，在政治、思想和行动上同党中央保持一致，在关键时刻不迷失方向，坚决维护祖国统一和中国共产党的领导，强烈谴责任何分裂祖国的行径，自觉维护民族团结，坚决反对分裂，忠诚党的教育事业，爱岗敬业，圆满完成了教育工作任务。

（一）爱岗敬业、教书育人

2008年，达瓦仁青踏上了牧区乡村小学教育的"三尺讲台"，从那时起，他就把人生的坐标定在了为教育献身的轨迹上。达瓦仁青热爱教育事业、热爱教师职业、热爱每一个学生，把自己的事业看得神圣无比。从工作第一天起，达瓦仁青就立志要做一名优秀的人民教师。在工作态度上，他时刻严格要求自己，严格遵守教师道德规范和各种工作制度，服从分配，听从指挥，无论学校安排什么任务，他都能够愉快接受，并按时完成任务。多年来，没有一次无故迟到或者缺课。在业务上，更是时刻严格要求自己，他深知没有坚实、厚重的业务功底，没有准确的知识结构，没有先进的教育思想，就无法胜任太阳底下最光辉的职业——教师。为了做好教师这项神圣的工作，达瓦仁青老师始终坚持不断地学习，坚持阅读有关教育学、心理学方面的书籍和教育教学刊物，虚心学习老教师的教育教学经验，向年轻教师学习怎样制作课件、怎样熟练操作电脑等现代教学手段。为了求得鲜活的教学经验，他积极争取外出学习的机会，充分利用现代网络，凡是有课堂实录或视频在线的网站，他都找遍了，一有空就下载下来看，只要是学习的机会他就不放过。正是凭着这种勤奋好学的精神，教学水平有了很大的提高。

达瓦仁青尽心尽力备好每一堂课，使每一节课都成为精雕细琢的示范课。上课前，他认真钻研教材、钻研教学用书，在了解学生的基础上，力求吃透教材。上课时，认真讲课，能抓住重点，突破难点，能运用多种教学方法，让学生主动参与，充分调动学生的积极

达瓦仁青给二年级小学生讲解作业

性、创造性，培养学生的多项思维能力和综合实践能力。课后他总是及时地反思这堂课的优点与不足，认真地记录下来。对学生的作业他总是认真批改，并及时写好批改记录。对表现好的同学进行鼓励表扬，对出现的问题及时补救。功夫不负有心人，达瓦仁青老师在工作上勤勤恳恳、兢兢业业，通过 11 年的教学和提升，他在各方面都有了提高，也收获了丰硕的果实，2009—2010 年度荣获县级"优秀班主任"称号，2017、2018 年度连续荣获县级"优秀教师"称号，2018—2019 第一学期荣获"教师大练兵"教学大赛汉语组第一名、说课比赛第二名、教师粉笔字汉语组第一名。

（二）热爱学生，诲人不倦

教师对学生的爱有时胜于母爱，这种爱能唤醒学生身上一切美好的东西，激发他们扬帆前进。达瓦仁青老师就是用这种爱去点亮孩子们的心灯，他以真诚的爱去体贴学生，用关心去感化学生。他凭着做人的良知，教师的责任心，把自己的爱和关怀全都给了学生，及时发现并解决学生出现的新情况、新问题，使之沿着健康的道路前行。达瓦仁青老师的班级里始终洋溢着一股暖流，恰似一团和风细雨，感染着整个班级，渗透到每一个学生的心中。2012 年他的班级里有一个叫次吉的女孩子，她刚进学校时的学习成绩很好，但因母亲病逝使她的学习受到很大的影响，性格也变得孤僻了，精神一蹶不振。这个孩子的变化引起了他的注意，他及时找这个孩子谈话，关心她、帮助她，双休日、节假日就把这个孩子安置到自己的家里辅导功课，给予父亲一般的关心和爱。在达瓦仁青老师的关怀和帮助下，这个孩子的学习成绩有了很大的提高，最终考入拉萨那曲高级中学。其实，这样的例子在达瓦仁青老师的身上还有很多很多，他时刻把关爱孩子放在教学工作的首位，把关心帮助孩子深深地刻在了心上，他用爱心点亮了学生的心灯，在他所带的班级，每一个孩子都能够全面、健康地发展，进步突出。

要教育好学生，首先要关心学生、热爱学生，做学生的知心人。每当接手一个新的班级，面对着不同的学生，达瓦仁青老师总是努力寻找他们身上的闪光点，不偏爱、不歧视任何学生，关心关爱每一个孩子，让每一个孩子都能健康快乐地成长，让每一个孩子都能在课堂上展示自我，找到自信。在他的从教经历中，他始终坚持："多一点耐心，多一点爱心，多一点理解，多一些鼓励。"使优秀学生变得更加优秀，点燃后进生学习的希望。有句话说得好："你的孩子，我的学生，你亲我更爱！"真诚关心和爱护学生，要具体体现在实际行动上，无论是优等生还是后进生，他都尽自己最大的努力去栽培他们，用爱心去感化他们。尤其是后进生，他会通过多渠道、多形式、多激励的办法做好他们的转化工作。没有爱就没有教育。达瓦仁青老师每接手一个新的班级都会受到学生的欢迎和爱戴。他的工作同时也受到家长的认同和支持，这就是爱的力量。江让乡小学是一所寄宿制学校，达瓦仁青老师不仅关心学生的学习，还特别关心学生的身体健康，经常给他们讲一些健康知识、卫生知识，提醒他们勤洗澡、勤剪指甲，不喝生水、不偏食，根据天气的变化提醒学生及时增减衣服等。

（三）注重教学实践，提高教研能力

在教育科研的道路上，达瓦仁青老师不断学习，勇于探索，带着思考与学习的心态对待工作，在教育教学的实践中努力提高自己的教育科研能力。在课堂教学中，他能够注重学生的主体作用，努力构建民主、合作、探究的学习模式，创设问题情境，启发学生积极思维，引导学生自主探索独立思考。在实际工作中，充分发挥模范带头作用，无论在教育教学还是在课程改革中，都努力学习别人的先进经验，并且经常和年轻教师交流，在指导他们成长的同时，自己也学到了许多的教育理论知识。

作为一位人民教师，达瓦仁青老师献身教育，甘为人梯，用自己坚实的臂膀托起学生攀登新的高峰。纵然岁月消逝了他的青春，但他依然无悔！他将忠诚于祖国的教育事业，在平凡的岗位上默默奉献他毕生力量，用他的双手托起乡村雏鹰，点亮希望展翅飞翔。"捧着一颗心来，不带半根草去"，他甘愿化作春蚕，用才能让知识与智慧延伸，担当起园丁的神圣职责，用爱心和汗水培育桃李芬芳。

第六章　全力推进"边境党建红色长廊"工程

　　新时代对边境建设和党的建设提出了更高要求，近年来，阿里地区高举习近平新时代中国特色社会主义思想伟大旗帜，立足高原边疆特殊区情地情，在深思熟虑的基础上，结合"藏西先锋·红色阿里"党建品牌创建，阿里地区在 2017 年提出了边境党建品牌建设工程"夯实固边堡垒·争做守边先锋"。即以实施"神圣国土守护者，幸福家园建设者"为主题的乡村振兴战略为契机，以加强边境地区党的执政能力建设、先进性和纯洁性建设为主线，以"固本强边""凝心安边""稳疆固边""富民兴边"为目标，突出大党建、法治化和改革创新理念，牵住基层组织"牛鼻子"，全面实施"12345"战略，广泛推广"五边行动"，着力构建党政军警民"五位一体"大格局，以基层治理成效检验边境基层组织履行主体责任成效，实现边境基层党组织科学、民主、依法执政，建设高原边疆红色党建长廊，让鲜艳的党旗在祖国西南边陲高高飘扬。

　　阿里边境线长达 1400 公里，辖 4 个边境县、20 个边境乡（镇）、

夯实固边堡垒·争做守边先锋

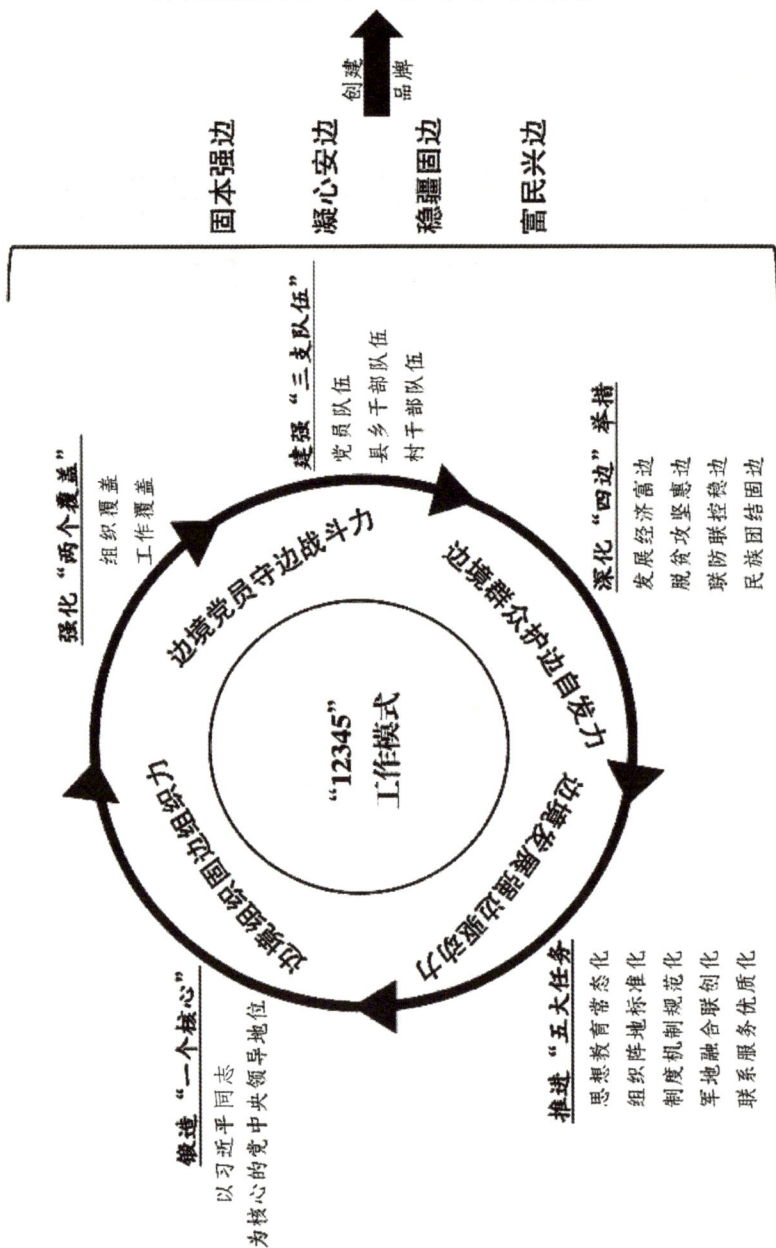

创建品牌

固本强边
凝心安边
稳疆固边
富民兴边

强化"两个覆盖"
组织覆盖
工作覆盖

建强"三支队伍"
党员队伍
县乡干部队伍
村干部队伍

边境党员守边战斗力
边境基层组织号召力

深化"四边"举措
发展经济富边
脱贫攻坚惠边
联防联控稳边
民族团结固边

"12345"
工作模式

筑牢党的基层战斗堡垒

践行"一个核心"
以习近平同志
为核心的党中央领导地位

推进"五大任务"
思想教育常态化
组织阵地标准化
制度机制规范化
军地融合创化
联系服务优质化

53 个边境村（居），是集边疆、民族、山区、贫困于一体的高原边疆民族落后地区。70 年砥砺奋进，这片世界屋脊上繁衍出边境地区基层党组织上百个，边境党员上千名（其中有许多少数民族党员），边境基层干部上千名，然而凝聚人心、促进团结、稳定边疆、推动发展依然任重道远。如何强化党旗引领、兴边富民、稳边固疆，是这片广袤土地上永恒的课题。

第一节　提升边境组织固边组织力

少数民族地区受政治环境的影响，往往是多种思潮交汇与交锋地带。阿里地区平均海拔在 4500 米以上，地域辽阔、人烟稀少，地理环境较复杂，交通不便，居住地交错分散，是典型的"小城镇、大农牧区"，意识形态领域斗争形势严峻、情况复杂，维护稳定、团结群众、反对分裂、反蚕食暴恐等任务繁重。在这种环境状况中，更加需要建强基层党组织战斗堡垒作用，增强边民的民族认同和国家认同，感党恩、听党话、跟党走。阿里地区主要从以下方面着手提升边境组织固边组织力。

一、打造边境坚强"战斗堡垒"这一"龙头工程"

多年来，阿里地区把努力建设一批听党话、跟党走，善团结、会发展，能致富、保稳定，遇事不糊涂、关键时刻起作用的坚强组织，作为加强边境地区党建品牌创建工作重中之重的任务。实施"党组织聚力工程"，不断提升边境基层党组织创造力、凝聚力和战斗力，确保边境基层党组织始终成为边境地区各项事业的领导者、领跑者、领航者。

二、始终把党的政治建设摆在首位

汇集全力打造信念坚定、绝对忠诚、领导力强的战斗堡垒。始终把坚持和加强党中央权威和集中统一领导作为党的政治建设的首要任务，坚决贯彻落实《中共中央政治局关于加强和维护党中央集中统一领导的若干规定》，开展"对党绝对忠诚"主题教育活动，组织开展"五观两论"学习教育和领导干部讲党课、老党员讲党性、老干部讲新旧西藏对比等活动。构建领导干部率先垂范、军地齐抓共管、青少年学生重点强化、边境群众重点教育、全民全面参与普及的教育格局，边境党员干部政治自觉、政治定力、政治历练、政治担当进一步增强；边民戍边光荣、守土有责意识进一步增强。紧扣边境基层治理实际，制定出台《地委主体责任任务分工方案》《党委（党组）议事规则》等制度，健全"三重一大"事项决策机制，有效解决一些边境基层党建弱化、虚化、边缘化问题，不断增强基层党组织政治核心和政治引领作用。

三、集结优势推进组织规范化标准化运行

坚持"抓两头、带中间"工作思路，分类制发进一步加强中小学校党的建设、城市党建工作等意见方案，集中整顿边境县乡软弱涣散党组织，择优选派100余名党政机关干部到基层担任党建指导员、联络员，基层组织运行更加科学有效规范。实施村级组织活动场所标准

山角边境一线，家家飘着红旗

化建设，筑牢红色阵地。针对游牧党员较为分散、参加党组织生活难度较大的问题，推行"三三制"（三部一体、三定先行、三考并举）项目领域党建工作模式，举办流动党校，在抵边生产放牧党员聚集区等成立党小组，实现"两个覆盖"。

四、严格责任抓好工作落实

认真落实三级党组织书记抓党建责任清单、问题清单、任务清单，加强跟踪问效和调度指导。各边境乡（镇）整合力量成立工作组，进驻矛盾问题集中、群众反映突出、维稳任务重、班子软弱涣散的村（居），凝心聚力破解难题、改进工作。

五、典型示范延伸组织服务

聚焦"红旗飘、红歌响、红墙亮"目标，在日土县试点实施"脱贫攻坚红旗村""小康建设红旗村""移风易俗红旗村""产业发展红旗村""美丽村庄红旗村""牧业改革红旗村"六面红旗村建设，下移服务重心，下沉工作力量，党员正气充足了，群众生活丰富了，文明新风树立了，宗教影响淡化了，人民生活更加幸福。

"细胞健康才能肌体健康"。采取"十个手指弹钢琴"的方式，阿里地区边境基层党组织政治建设有效加强，领导班子功能优化，制度机制健全完善，组织体系、活动阵地等更加标准，"两个覆盖"更加全面，领导核心、政治核心作用和地位进一步巩固，政治领导力、思想引领力、群众组织力和社会号召力进一步提升，每一个边境党组织都成为了稳边兴边的主力、惠边强边的核心、守边固边的堡垒。

让党的旗帜在边境一线高高飘扬
——札达县底雅乡什布奇村党支部典型案例

札达县底雅乡什布奇村地处中印边境，距离札达县城 290 公里，海拔 3200 米左右，气候条件温和，适宜多种农作物和经济作物生长，自然资源丰富。全村 53 户 193 人，其中建档立卡贫困户 9 户 24 人。村党支部下辖 4 个村民党小组，共有党员 25 人（含 1 名预备党员），入党积极分子 3 人。

群众富不富、关键看支部。札达县底雅乡什布奇村党支部将基层党建同思想教育引领、落实兴边富民政策、维护社会稳定、抓好精准脱贫等工作有机结合起来。牢固树立"一切工作到支部"的鲜明导向，充分发挥党支部的战斗堡垒作用和党员的先锋模范作用。探索"党建＋"工作机制，团结带领全村党员群众扎根边疆、守土尽责，发展农业、兴边富民，切实让党的旗帜在边境一线上空高高飘扬。

（一）思想引领，让习近平新时代中国特色社会主义思想深入人心

什布奇村党支部在驻村工作队的协助下，大力推行"党建＋思想"引领，把学习贯彻落实党的十九大精神作为推进"两学一做"学习教育常态化制度化的头等大事来抓。结合"四讲四爱""五讲五看五做"和"党的恩情照边疆·阿里人民心向党"等活动，深入开展"十九大精神进家庭""党的惠农政策进农家""扶贫知识党员干部带头学"等，认真组织党员学习习近平总书记给隆子县玉麦乡牧民卓嘎、央宗姐妹的重要回信，教育引导全村党员群众树牢"四个意识"、增强"五个认同"，让习近平新时代中国特色社会主义思想融入组织、深入民心、绽放光芒。

（二）保稳安民，让每一位农牧民都成为神圣国土的守护者

在维护边境社会稳定中，什布奇村党支部充分发挥领导核心作用，以"六零"为目标，大力实施"党建＋平安乡村"建设，抓重点、补短板，认真落实维稳措施。先后被自治区、地区和札达县评为维稳先进村、平安村等荣誉称号。

一是实施党员带头。由党员带头，联合民兵、联防队员、红袖标队伍等，在"三大"节日、敏感日节点等，积极配合乡党委、政府在重点路段设卡排查、重点部位开展巡逻活动，严防死守，不放过任何

"红袖标"治安巡逻队在村内开展巡逻活动，确保春节前的维稳安全

一个可疑人员。

二是开展"平安村"创建。以平安乡村建设为契机，6个"双联户"党小组组长和党员带头从赡养老人、婆媳不和等鸡毛蒜皮的小事抓起，从细处着力，以晓之以理、动之以情的做法，化解家庭纠纷和邻里之间不和等问题。积极开展优秀"双联户"评比，引导"双联户"开展邻里之间互助、互敬、互让、守望，促进了村内和谐安宁。

三是筑牢基层堡垒。为了守护好边境村的一草一木和每一寸土地，充分发挥党组织堡垒作用，支部把"放牧是巡逻""帐篷是岗哨""党小组是堡垒"作为牧场维稳工作方针，分别在牧业点设立了临时党小组4个，组织牧场党员群众学习政策、放牧生产、开展巡逻等日常活动，确保了边境一线的安全稳定。

四是注重宣传激励。党支部利用平时农闲、牧闲时间，在组织党员群众学习维稳业务知识和维稳工作方法、奖励办法的基础上，注重用身边的维稳故事教育身边人，通过开展学习"我爷爷放牧的地方""抓捕非法入境人员"等鲜活典型事例，激发群众维稳内生动力，树牢守护边疆"寸土不让"，维护稳定"人人参与、人人有责"的意识。

（三）产业富民，让农牧民的经济收入更加稳定、更有保障

什布奇村党支部抓住资源优势，做实"党建＋产业"模式。2012年年底，在村党支部书记其美罗布同志的提议下，依托政策优势，村内办起了林果专业经济合作社，鼓励农牧民土地入股、资金入股，大兴林果种植、栽培。目前，果树苗圃基地从以前的60亩发展到现有的80亩，树苗也从以前单一品种发展到现在的3种，林果种植面积扩大到现有的50多亩。在村党支部的带领下，通过集体收购、推销、运送、分红等方式，农牧民种植果树、生产本地特色杏子酒、杏子油的积极性普遍高涨，每年苹果、杏子，杏子酒、杏子油等销售一空。2017年年底，林果产业创收52万余元。其中，集体经济收入12万元，户均分红2960元，实现9户建档立卡贫困户脱贫，整村实现脱贫摘帽，不仅增加了村民经济收入，还让农牧民尝到了甜头，有了奔头。

（四）扶贫助民，让农牧民在脱贫攻坚中感受到党的温暖

什布奇村党支部在脱贫攻坚工作中，充分发挥党组织领导核心作用，抓好"党建＋脱贫"，认真落实无职党员"设岗定责""双带三培养""党员干部进村入户，结对帮扶交朋友"等活动，配合驻村工作队带头深入农牧民家中宣传扶贫政策、做思想工作、建档立卡、落实扶贫措施等，鼓励和引导农牧民支持和参与易地扶贫搬迁、小康村建设和水电路讯网、科教文卫保"十项提升工程"建设，就近就便增加现金收入。同时，为了方便群众办事，认真执行村干部轮岗坐班、村规民约、党务村务财务公开、党员干部联系群众等制度。尤其在开展主题党日活动中，全村党员不忘初心、牢记使命、模范践行，主动承诺践诺，竭尽全力帮助农牧民群众排忧解难，5名班子成员和20名党员同贫困户结成帮扶对子 24 对，定期走访看望贫困户和孤寡老人，把送温暖活动延伸到每家每户、各个角落。

党群齐心保稳定　边境小村党旗艳
——阿里地区普兰县科迦村党支部先进事迹

普兰县科迦村地处阿里地区西南部，与印度、尼泊尔两国接壤，距离普兰县城约 15 公里，平均海拔 3850 米，全村有 5 个作业组，139 户农牧民，总人口 732 人，党员 72 名，是藏西边陲反分裂、反渗透、反破坏的最前沿阵地。

近几年来，科迦村党支部在镇党委的领导下，以宣传教育为重要方式，以建立健全机制为主要抓手，以创先争优活动为契机，充分发挥广大党员在"保稳定、促和谐"中的先锋模范作用，努力为祖国的安定站好第一道岗。

（一）横向到边推宣传、扎实筑牢爱国心

统一思想是开展好每一项工作的重要前提，科迦村党支部充分认识到宣传教育工作的重要性，采取"三个抓"的措施，切实加强"保稳定、促和谐"宣传教育力度。

一是抓时机。充分利用农牧民农闲时间，协同当地边防派出所、寺庙管理委员会、驻村工作队一同深入田间地头，向广大农牧民党员群众宣讲党的各项政策和维稳工作措施、要求，让广大农牧民党员群众切实认识到维稳工作的重要性，并积极投身到维稳工作中去。

二是抓契机。以开展党员干部思想政治教育、保持共产党员先进性教育、"五观两论"和反分裂斗争集中学习教育、"反对分裂、维护

普兰县科迦村活动场所

稳定、加强团结、促进发展"主题教育、"寺庙法制宣传教育"等各种宣传教育活动为契机，组织广大党员群众学习揭批达赖文章选编、民族区域自治法、公民的权利和义务、刑法、宗教事务条例、出入境管理条例等各类法规制度，不断增强守边固边的意识，不断夯实"稳定和谐是福，分裂动乱是祸"思想基础。

三是抓重点。在科迦寺向广大僧侣大力宣传党的民族宗教政策、党中央对寺庙僧侣的特殊优惠政策以及西藏自治区党委、阿里地委有关文件精神和重要会议精神，让广大寺庙僧侣切实感受到维稳工作的重要性以及党中央、国务院和西藏自治区党委、政府以及阿里地委、行署对他们的关心和爱护，切实激发广大僧侣的爱国热情。

（二）纵向到底掌防控，坚定不移固稳定

认真做好防控工作是抓好维稳工作的基础，科迦村在防控工作上重点做好三项工作。

一是加强训练。大力加强民兵的组织和训练，不断提高民兵的组织意识和战斗意识；积极引导本村广大党员、应急民兵队配合边防派出所在全村实施设卡防控工作，重要卡点由村领导带班值守，严格落实盘查询问、登记在册制度；在5个作业组中都安排2至3名青壮年男子进行环村值守巡逻，确保每个组都有"守夜人"。

二是加强排查。派出优秀精干农牧民党员进驻寺庙，配合驻村工作队加强对寺庙进行摸底排查，重点排查地下教学经、非法讲经等非法宗教活动；定期或不定期地到僧人亲属家里，了解掌握其思想动态，宣讲国家政策。

三是完善机制。进一步完善本村政法综治、维稳工作制度机制，积极组织本村综合治理工作人员，配合科迦边防派出所打击违法犯罪分子活动及各类邪教滋生蔓延传播。

（三）狠抓党建促稳定、求真务实夯根基

以开展创先争优活动为平台，充分调动党员在维稳工作中的先锋模范作用。

一是明确工作责任。结合农牧民党员公开服务承诺、无职党员设岗定责等活动，把维护社会稳定工作纳入每个党员承诺的范围，将每个党员抓好维稳工作逐步责任化、制度化，让每个党员都能肩负起维稳工作责任。

二是严格报告制度。挑选出一批政治敏锐性、鉴别力和党性观念强、有责任心的农牧民党员担任维稳信息员，严格执行动态信息"一日一报"、重大事项随时报告和定期通报制度，及时掌握苗头性问题和不稳定因素，做到早排查、早预防、早掌握、早解决，将可能引发影响稳定的问题控制在最小范围，解决在萌芽状态。

三是注重查找问题。结合村居领导班子组织生活会，组织班子成员开展"查思想、查不足、查问题"的"三查"活动，通过对照检查，寻找差距，让班子成员从思想上认识自己在维稳工作上的不足，并制定整改措施，定期整改。

四是充分发挥作用。充分调动党员在维稳工作中的先锋模范作用。集中时间、集中人员、集中精力，组织村中党员学习党和国家的民族宗教政策及有关法律法规，教育农牧民提高政治觉悟，增强政治敏锐性和明辨是非的能力，始终高举习近平新时代中国特色社会主义思想伟大旗帜，坚决维护社会和谐稳定发展。

"三边连筑"　高原边疆展新颜
——阿里地区噶尔县边境党建纪实

近年来，噶尔县紧密结合边境地区实际，按照"抓党建、保稳定、促发展"的工作思路，强力推进边境党的建设。

（一）"固本强边"，筑牢党在边境地区的执政基础

牢固树立"抓好基层党建是本职、不抓是失职、抓不好是不称职"的理念，建立健全县、乡、村三级书记联动抓基层党建工作责任制。充分发挥县委党的建设办公室的关键作用，引导乡、村党政办公室的成员深刻认识"应该做什么、应该怎么做"，及时研究解决基层党建工作中遇到的实际困难和问题。优化村（居）"两委"班子结构，以村（居）"两委"班子换届为契机，严格按照"五好"原则选优配强村级干部，截至 2017 年全县 15 个村（居）共配备"两委"班子

噶尔县组织党员群众在中共阿里分工委旧址重温入党誓词

成员 76 人，村（居）党支部书记、村（居）委会主任"一肩挑"100%，村（居）"两委"班子交叉任职 98%。

（二）"富民兴边"，筑牢党在边境地区的群众基础

按照"提升一产、壮大二产、做强三产"的经济发展战略，科学管理经营集体经济，以"人工种草基地""短期肥育基地"和"白绒山羊养殖和推广基地"三大基地建设为突破口，构建具有噶尔特色的现代农牧业产业体系。并以此为基础招引牦牛肉加工、羊毛皮革加工、藏式地毯卡垫生产、规模化商砼等项目，创办狮泉河生态工业园区，投资 200 余万元援藏资金修建的噶尔高效设施农业示范园区一期大棚建成投产。

（三）"维稳控边"，筑牢党在边境地区的稳定基础

深入开展反分裂斗争和民族团结教育活动。积极邀请"三老人员"

现身说法开展反分裂斗争知识讲座，加强"五观""两论"和"三个离不开"宣传教育，引导基层党员和广大农牧民进一步提高思想认识。推进"2+1"长效维稳机制，充分发挥驻村工作队、大学生村干部和治安中心户长人员熟、底子清的优势，构筑起了"户户自防、村村联防、驻村干部和中心户长带防"的社会维稳网络体系。全面加强寺庙爱国主义教育，扎实开展平安和谐寺庙创建活动，成立寺庙管理委员会 2 个、寺庙特派机构 3 个，派遣 25 名干部常驻寺庙开展工作，全面落实僧尼养老、医疗等待遇，为全县的维稳工作奠定了基础。

第二节　提升边境党员守边战斗力

边境地区农牧民党员的文化水平普遍偏低、年龄结构老化、性别比例不平衡，同时受边境党员结构多元化、人员流动频繁，又叠加了边境地区不同民族群体多元思想文化和利益诉求，导致边境党员队伍结构断层，后备骨干力量缺乏，"四种考验"和"四种危险"更加凸显。加强边境党员教育服务管理，充分发挥先锋模范作用，努力打造一支党性强、信念强、觉悟高、业务精的党员干部队伍具有现实紧迫性。阿里地区主要从以下方面着手提升边境党员守边战斗力。

一、强化边境地区党员骨干培养

在边境地区，一个党员就是一面引领先进的旗帜。近年来，阿里地区立足边疆少数民族地区党员队伍实际，坚持新时期党员标准，树立正确选育管导向，以"三支队伍"为关键，创新培养选拔体制机制，改善优化党员队伍结构，提高党员"双带"能力，持续建强边境地区各项事业骨干支撑。

二、着力打造一支"领头雁"队伍

实施"边境村（居）党支部书记优先配备战略"（即优中选优、优先培训、优先提拔），开展"优秀村级党组织带头人"评选活动，以乡村党组织负责人为重点，巩固边境乡（镇）党政正职"一藏一汉"配备格局，建立完善后备干部人才库，探索优秀机关干部、大学生村干部以及边防干警到村（居）党支部任职的有效机制，优化乡村振兴专干队伍，不断为边境基层党组织增添新鲜活力。

三、着力打造一支红色先锋队伍

实施发展党员精品工程，探索实行"三引导、一谈话、两推荐、一确定"的"3121入党积极分子确定办法"（发挥党支部、党小组和优秀党员三类主体引导作用。党支部与入党申请人谈话，坚持群团组织推荐和党员大会公开推荐制度，支委会研究确定），严格执行党员能进能出机制，签订不信教承诺书，确保留痕留迹、有据可循；实施党员精准教育，落实基层党员"一季一训"，坚持"学习日"制度，引入"互联网+"新模式，通过送学上门等长效学习机制，全面提升党员能力素质；健全岗位目标责任制、联系服务群众制、党群互评制等促进党员发挥作用、创先争优机制，深化"戴党徽、亮身份、作表率""守土固边党员先锋行"活动，模范带动、发挥优势，为边境各项事业发展注入正能量。

四、着力打造一支乡村骨干队伍

坚持把边境少数民族干部培养工作作为干部队伍建设的重要内容，实施中青年党员领导干部党性教育、机关预备党员培训、党员扶贫能力提升、"双语"培训、农牧区党员致富能力培训"五个重点工程"。以乡（镇）、村（居）干部为重点，采取跟进辅导、集中教学、结对帮扶、挂职锻炼等方式，分批覆盖基层干部培训，建立村（居）群众信息员、联防队员、护边队员，为基层发展治理提供可靠的骨干队伍。

五、着力打造一支"攻坚型"人才队伍

坚持柔性引才理念，依托国家"千人计划""万人计划""三区人才支持计划"，建立人才引进招聘制度，重点引进教育、医疗、项目等领域核心人才来阿里服务。健全阿里地县乡人才互动交流机制，选派 142 名农牧科技、经合组织、脱贫攻坚、基层党建指导员或特派员到边境地区，推动专技人才向艰苦一线、边远地方流动，扎根边疆、建功立业。

经过长期的不懈努力，阿里地区党员教育管理规范严格、常态长效，发展党员入口更严、出口更畅，队伍结构日趋优化，质量水平节节攀升，党内生活严肃活泼，广大党员坚持把参与守边固边、稳边兴边作为做到"两个维护"的实际行动，"四个意识"更为牢固，守边意识充分激发，宗旨意识时刻践行，在雪域高原树立起了真抓实干、为民服务、无私奉献的党员干部良好形象。

扎根"死人沟"　守好前沿哨

挑战死人沟，唯我泉水湖——泉水湖公安一级检查站党建纪实

　　阿里地区泉水湖公安一级检查站，位于日土县与新疆交界处，是新疆进藏的第一道门户。全年300多天都伴有5至7级大风，年平均气温零下20摄氏度，冬季最低温度零下45摄氏度，昼夜温差20摄氏度左右，空气含氧量大约为海平面的40%，被称为"生命禁区的禁区"，又被过往的人们叫作"死人沟"。

　　泉水湖公安一级检查站，由西藏自治区于2014年12月批准成立并正式开展工作，是阿里地区自然环境最艰苦的公安检查站，先后被国务院、中央军委评为"全国公安机关先进模范集体"、被全国总工会评为"全国五·一劳动奖章先进集体"、被共青团中央评为"全国5·4青年先进集体"、被西藏自治区党委和政府评为"2016年社会治安综合治理先进集体"。

　　现在也是阿里党员干部作风建设和党性锻炼的一个重要实践基地，建有英雄模范展厅、维稳先锋岗、便民服务（保健）站，推行"九个一"（即一张简历，一套学习用具，一张工作证，一份温馨提示，一份学员守则，一张锻炼清单，一份党建杂志，一张宝贵留影，一份培训鉴定）和"五个送"学习培训机制（即送一份日土旅游手册，送一份日土扶贫杂志，送一次班公湖环岛游，送一次日土县城环城考察，送一份温馨午餐），通过学员＋公安干警同学习、同劳动、同执勤、同巡逻，教育党员干部学习泉水湖公安吃苦耐劳、无私奉献、坚守岗位的优良作风，强化"四个意识""四比精神"，真正打造过硬"四铁"干部队伍。

泉水湖检查站，守好进藏的北大门

除了检查乡上日常工作外，泉水湖检查站民警还要在海拔6000米以上的边界山脉巡逻。"送战友，踏征程。任重道远多艰辛，洒下一路驼铃声。山叠嶂，水纵横。顶风逆水雄心在，不负人民养育情……"早上9点，广播音乐准时响了起来，普布扎西穿上警服。9点10分，伴随着狂风敲打玻璃的声音，他吹响了起床号，39名民警和官兵立即集合，"缪志彪""到"，"同宁""到"……点完名，就开始布置当天的工作任务。

听着"哐啷……"狂风不断吹打房顶铁皮的"伴奏"，缪志彪淡定地吃完早饭，和几名同事到马路对面的泉水湖取水。"冬天我们生活用水都从湖里凿的，气温零下四五十度，湖面封冻，不凿冰取水是不行的，夏天可以用水泵抽。"11点，缪志彪便和值夜班的民警完成了工作交接，他要持续工作到第二天11点。

和缪志彪不同，民警扎西边巴则需要准备好中午的干粮，伴着雪、伴着沙，出发前往白雪皑皑的山顶开展一天的巡逻工作。

"走，我们进暖棚，外面冷！"一位头发稀疏、脸庞黧黑、嘴唇黑紫的民警笑着说，这就是检查站站长蔺江平。

"暖棚"是一间大玻璃房，里面又用一面玻璃墙分成了两部分，一边是食堂，一边是活动室。当天过往检查站的车辆很多，民警的午饭拖到下午2点才抽空吃上。不到5分钟，民警们就已经吃完去工作了，"这里太冷，饭凉得很快，民警们已经习惯吃这么快了。"蔺江平说，"相比过去，现在已经很不错了。"

在旅游旺季，像这样的情况，检查站每年至少要遇到100多次。每天检查登记车辆1000余辆，忙的时候只能抽空吃两口饭，然后马上出去工作，回来再吃两口，又出去……饭早凉透了。

检查站活动室内有一张台球桌和一张乒乓球桌，但民警们还是最喜欢聚在一起唱歌、谈心。"泉水湖的每一位民警，都在这里学会了与苦寒抗争，与海拔叫板，与寂寞为伴，所以检查站有了一个霸气的口号'挑战死人沟，唯我泉水湖'。"

越是艰苦越要奋斗。在检查站哪怕只是待一分钟，也要尽六十秒的责任！这就是忠诚。

就是因为心存这样的信念，所以泉水湖检查站自建站以来，除了检查登记车辆、确保公路的持续畅通，还积极开展紧急救援，

泉水湖公安一级检查站公安特警例行检查过往车辆

服务过往群众。2016 年 5 月的一天，2 位陕西籍旅客深夜 12 点开车至红山河时不慎撞在了防护栏上，检查站民警立即前往进行救助。"当时他们出现了严重的高原反应，我们给他们吸氧，喝红景天，提供吃住。差不多有十来天，直到车子修好了，身体也好转了才离开。可没想到，没过几天，一个新疆货车司机给我们带来了一些水果，说是旅客两口子让捎来的。"他们至今还同两位旅客保持着联系。

坚守在泉水湖，每个民警都有高血压、高血脂、心跳过快、睡不着、食欲差、脱发、牙齿松动等症状。蔺江平在检查站工作才两年，就因心脏不适被送去急救两次，去年做了身体检查，查出了 14 项异常。"四年的时间里我体重降了 18 公斤，如果我心态不好，不去习惯这一切，那我怎么能带领同志们干好工作呢？"

习惯忍受思念、习惯忍受病痛、习惯这里的一切……

2018 年 8 月 23 日 11 时，蔺江平一交接完工作，便和远在家乡的妻子和女儿视频聊天。2 个月大的闺女"咿咿呀呀"的呼唤，让他忍不住眼眶湿润。

除了这些，寂寞是他们最大的折磨，"现在，晚上能听到狗叫声，心里便会踏实。"蔺江平说。现在如果可以实现一个愿望，他希望民警都健健康康，因为这样才能更好地守护西藏的北大门。

"亲爱的妈妈你不要牵挂，孩儿我已经长大，站岗执勤是保卫国家，风吹雨打都不怕……"

用光荣书写忠诚，用热血履行使命

阿里地区昆莎机场公安分局（以下简称"分局"），于 2009 年 10 月建立。昆莎机场通航 10 年来，分局全体民警齐心协力做好各项重大安保任务，真情服务好每一架航班安全保障，为国家安全、社会公共安全、人民生命财产安全连续奋战。先后完成了机场首航、西藏自治区和平解放 60 周年大庆、党的十八大、塔尔钦宗教活动、西藏自治区成立 50 周年大庆、"一带一路"国际合作高峰论坛等一系列重要安保任务，为确保昆莎机场空防安全和社会稳定做出了积极努力。

2015 年以来，分局全体民警一致决定开展"情系儿童"献爱心助学活动，为昆莎乡的 6 名特困学生献爱心送温暖，踊跃捐款，为小学生精心购买了童话图书、新华字典、跳绳等文体用品，让孩子感受到分局民警的温暖和关怀。

2013 年 8 月，一名旅客在昆莎机场过安检时，安检验证员发现其携带的身份证件与本人明显不符，随即将该名旅客移交至分局。通过深挖细查，查实该旅客为网上在逃人员，涉嫌故意伤害罪。民警当机立断，迅速控制住该名在逃人员，并移交给管辖公安部门。

2016 年 11 月 16 日，旅客赵某不慎将装有重要票证和多张银行卡的钱包遗失在拉萨飞往阿里的航班上，该名旅客向现场值班民警说明了情况后，值班民警急旅客之所急，通过耐心查询、及时协调有关部门，最终帮助旅客找到遗失物。

昆莎机场公安分局干警查看车辆信息

2017 年 5 月 10 日，旅客罗某乘机从拉萨到阿里，不慎将钱包遗失在拉萨机场，罗某到达阿里机场后，向分局求助，分局及时联系拉萨机场公安派出所。两地公安民警再次联手，为旅客找到遗失物。

昆莎机场公安分局组织维稳演练

2018 年初，阿里机场连续降雪，民警顶着严寒义务除雪，身背行动不便的旅客上下舷梯，为旅客和机场职工安全出行创造良好的交通环境。

在工作中，他们严厉打击危害民航运输秩序行为，牢固树立"一盘棋"思想，尽职履责，筑牢天边阿里的空中防线。

选择源于热爱，选择了人民警察就选择了牺牲奉献。昆莎机场公安分局民警在高寒缺氧、风沙肆虐的恶劣自然条件下，在形势复杂严峻的反分裂斗争第一线，以忠诚担当的政治品格、敬业奉献的职业操守，一心一意坚守在海拔 4274 米的雪域高原，用行动践行着"缺氧不缺精神、海拔高标准更高"的信念，继承和发扬"老西藏精神"和孔繁森精神，踏着"先遣连"英雄的足迹，为了头顶那枚国徽更加熠熠闪光，为了高原银鹰飞得更高、更远，守护"空中金桥"安全起航！

基层好领导高原好警察

　　加布，革吉县公安局原党委委员、副局长，参加工作15年以来，以严谨的职业素养得到了辖区老百姓和各级领导的一致称赞。多次立功受奖，先后被自治区公安厅、地区公安处及革吉县委、政府授予三等功，多次嘉奖，获得先进个人、优秀共产党员等荣誉称号。凡是第一次见到加布局长的人，都能感受到他清朗的笑容、可亲的态度和忙碌的身影。

　　15年的刑侦工作，不但让加布养成了雷厉风行的工作作风，更让他对预防和打击犯罪有了独到见解。案件侦破过程中，总能够看到加布熟悉的身影。由于他多年来积累的刑侦工作经验，他经手的每起案件都能够得到迅速侦破，人民群众送来的一面面感谢锦旗挂满了整

当地群众给加布送锦旗

个办公区域。

2003 年开始，加布感觉到了身体渐渐不适，但忙碌的工作让他忽略了这一切。在塔尔钦佛事活动期间，由于公安局警力不足，他主动要求前往亚热乡久玛隆沟执勤点开展执勤工作，久玛隆沟公安临时执勤点距离亚热乡 93 公里，海拔在 5300 米左右，加布一待就是三个多月，当时和他一起执勤的民警都先后进行了调换，只有他一直坚守在那里，直至塔尔钦佛事活动圆满结束。

2015 年 11 月 5 日，革吉县亚热乡发生一起故意伤害致死案，当时的天气已进入冬季，亚热乡夜晚气温骤降到零下 43 摄氏度，接到报案后，加布同志第一时间带领刑侦民警前往亚热乡事发地点进行现场勘验，并对周边群众进行走访，了解案件的整个过程。经过 6 天的加班摸排和周边排查，终于将犯罪嫌疑人成功抓获，这时他已经连续奋战了五天五夜，感冒和头痛带来的身体不适越来越重，但他强忍疼

加布指导实战演练工作

痛，转身又投入到下一个工作中……

2016 年 8 月 18 日，加布在上级部门举办的函授培训期间，因身体出现多处不适不得不住院治疗，培训结束他没有选择续治疗，而是带着呼吸困难、双腿水肿的身体立即返回了工作岗位，前往海拔5300 米左右的雄巴乡加吾村参与执勤工作。他的病情越来越重，咳嗽不停、脸色已经发黑，9 月 30 日，他利用前往地区汇报文布当桑乡"9·27"命案情况的机会，在地区人民医院做了检查，检查结果是胸腔有少量积液并伴有肺炎症状，医生建议立即停止工作并转院治疗，但他隐瞒了自己的病情，一边在宾馆输液一边分析雄巴乡刚刚发生的一起案情，第一瓶药水还没有输完便拔去针头，又投入到命案的侦破工作中，直到晚上才返回县上。此时加布的身体已经无法直立，走路变得一瘸一拐，就连呼吸也变得愈发困难，他不得不再次前往地区人民医院，但为时已晚……2016 年 10 月 10 日晚 9 时 11 分，加布因患胸腔积水，经抢救无效以身殉职，年仅 36 岁，就这样永远告别了他所热爱的公安事业……

青山处处埋忠骨，一腔热血洒高原。36 岁正值青春年华，36 岁还有很多愿望，加布同志却倒在了他所热爱的岗位上，用自己年轻的生命擦亮了庄严的警徽，他用青春和热血谱写了一曲新时期的高原凯歌。

第三节　提升边境群众护边自发力

依法治边，落实政策，凝聚人心，夯实"共同守卫祖国边疆，共同创造美好生活"的群众基础，对于扩大阿里地区守边固边范围、提升守卫祖国能力是一项重要工程。

噶尔县藏布居委会举办"共产党来了苦变甜"文艺演出活动

　　有国才有家，没有国境的安宁，就没有万家的平安。长期以来，阿里地区坚持把培养边民的国家意识作为核心，把强化边民的国防观念作为关键。抓住"两学一做"学习教育常态化制度化、"四讲四爱"群众实践教育和"不忘初心、牢记使命"主题教育契机，深入开展马克思主义"五观""两论"教育和"揭批达赖、维护稳定、促进发展"主题教育。积极做好凝聚人心、夯实基础的工作，切实解决好各族群众困点难点，增加各族群众获得感、幸福感、优越感，让农牧民群众知道"惠从何来、惠在何处"，增进"五个认同"，真正从内心里感恩共产党，坚决听党话、跟党走，最大限度凝聚人心，自觉守好祖国大门、追求今生幸福生活。

一、思想教育常态化

　　加大对习近平总书记给玉麦乡卓嘎、央宗姐妹回信重要精神的学习，推广日喀则"三姐妹"以及阿里本土群众守边护边典型事迹。推进基层宣传思想文化阵地建设和民族团结进步示范地区创建，依托"新时代习近平讲习所"、党员夜校等，深化"五讲"活动（即组织领导干部讲党课、工作能手讲业务、致富先锋讲经验、老党员讲党性教育、老干部讲新旧对比）。广泛开展国防教育、"三个离不开""党的恩情照边疆·阿里人民心向党"等主题教育活动。鼓励边民发挥地熟、人熟、情况熟的优势，主动参与"抵边放牧、贴边生活、围边生产"守边行动，加强正面宣传，全面遏制空中、地面和网络渗透，边民戍边光荣、守土有责意识进一步增强。

二、制度机制规范化

将边境现状不变、国土不失作为重中之重，总结推广"五边"（稳边、固边、兴边、强边、惠边）、"六零"（分裂活动零参与、边境山口零出入、刑事案件零发生、矛盾纠纷零积累、公共安全零事故、辖

普兰县巴嘎乡雄巴村举办国庆节"新时代幸福西藏人"文艺演出

区群众零上访)、"六联"(军警民支部联建、国防维稳知识联训、社会治安管理联防、边境安全防控联管、治安巡逻联勤、重点工作联动)党建维稳工作机制。探索推行"双联户"服务管理工作模式和"2+1"维稳工作机制(2 名驻村干部和 1 名中心户长负责本村的维稳工作)。搭建政法各部门互联共通的矛盾纠纷信息实时共享平台,深化"边境和谐乡(镇)、村(居)""边境文明户"创建活动,狠抓源头治理,排解矛盾纠纷,依法妥善处理各类案件,最大限度地减少不和谐因素,确保了边境、新藏交接和社会面的安全有序。

三、服务载体创新化

针对边境牧区民族语言限制,开发民族语言教材,开展边境特色培训,利用"智慧党建"平台,依托"党员小书包"APP 等,开通党员干部远程教育在线培训大课堂。组织流动党校深入到检查站、边防站所等进行边境党建专题讲课,采取军地联合组织宣讲、演讲、报告会等形式,鼓励边民学习"双语"知识,增强国防观念。

四、群防群治长效化

深入开展"官兵进寺庙、僧尼进军营""走进现代文化、远离宗教极端"群众性交友和文艺演出活动。建立军地警民共建共享、互帮互扶机制,推广"六共法"军地党建模式,以部队党组织正规化优势,指导地方党建标准化建设,按照"民用与军需统一、平时与战时衔接、经济与战备兼容"要求,推进边境地区公路、桥梁、涵洞等基础设施以及边民服务站、边民哨所建设,积极支持一线边民抵边放牧、守护神圣国土。

精神催人奋进，在阿里12.1万各族党员干部群众同心协力的奋斗下，"四个自信""五个认同"深入人心，边境群众热情参与边境改革、发展、稳定、生态各项事业，自觉与达赖集团划清界限，旗帜鲜明反对分裂，一心一意感党恩、跟党走，形成了"村村是堡垒、户户是哨所、人人是哨兵、生产是执勤、放牧是巡逻"的铜墙铁壁，凝聚起促进边境振兴的真正强大正能量。

家是乌江，国是中国
——拉姆卓玛老人守边固边纪实

拉姆卓玛，系西藏阿里地区日土县多玛乡乌江村群众，育有3女2子，除了1子在乌江村安居点常住外，其他子女均常住在外。每年也只有常住在乌江村的儿子到牧业点陪伴着她一起过藏历新年，她仍然和孙子留在了边境一线。老伴去世前的几十年，夫妻二人长期巡逻在乌江村边境线上，直到2003年冬季，她的丈夫患上了严重呼吸道疾病，持续高烧，但每天仍坚持赶着羊群巡逻在固定沿边巡逻线上，终因病情加重，在送往地区人民医院的路途中病逝。她的丈夫临终前，将巡逻日志本、老照片交给拉姆卓玛，再三嘱托她一定要巡好逻，人在，国土在。十几年来，她默默遵守承诺，自愿坚守至今。在她的带动下，又有1户群众迁入边境一线巡逻放牧，位置与她家相隔10公里。

乌江村隶属西藏阿里地区日土县多玛乡，位于中印边境（克什米尔地区段），在很早之前，拉姆卓玛的丈夫及公公就来到这里过上了游牧生活，他们夏季沿班公湖边及山上放牧，默默地守护着这片

国土、守护着自己
的家园。一家三代
人的常年坚守，为
祖国守住了长达
150 公里边境线，
1300 多平方公里
的疆域。

　　现在拉姆卓玛
每天都会和孙子一
起升国旗，并告诉
孙子要继续守护好
这片土地。她踏寻
着丈夫、公公走过
的路，日复一日、
年复一年坚持放牧
巡边，所到之处

拉姆卓玛在乌江村边境线观望动态

垒起石堆，插上五星红旗或用颜料在石头上画上国旗图案及"China"
字样，用实际行动延续和传承着爱国守边的精神。

　　拉姆卓玛巡逻边境线漫长，视野开阔，她主要在班公湖康纳段至
前哨班段（我国境内班公湖东西走向，到色亚段开始向西北转向），
也就是我们常说拉达克地区开展往返巡逻，每天巡逻 5 到 10 公里。
为了能够更好守好边疆，她主动放弃了冬季牧业转场的机会，导致饲
养的牲畜锐减严重。随着脱贫攻坚步伐的加快，乡政府为她购置了一
定数量的牲畜，增添了部分家用设备，在一定程度上，极大改善了她
的生活条件。借助决胜全面建成小康社会及地区大力推进乌江边境小

康村建设时机，她通过参加村合作社集中经营管理，实现了分红增收，特别为家里购置两顶军用帐篷，便携式高原烧水炉、望远镜、手机，对原漏水房屋进行了维修，在房屋外墙四周刷上了国旗图案，在房顶最高处悬挂上了国旗。

她经常说潜入潜出人员不会冒险走边防易监控、易管理的区域，而是选择我们放牧这些空白点区域。她非常热爱这片土地，深爱着这里的一草一木，她想一辈子守着这片土地，希望有人能接她的班。考虑到自己已过了花甲之年，精力、体力大不如以前，为了更好守好祖国每寸土地，3年前她将孙子石确平措接到身边，每天带着12岁的孙子沿着丈夫的巡逻足迹进行放牧巡逻。她考虑过让孙子接受更好的免费教育，毕业后找个好工作，但是放弃了，她说，守好祖国的边疆就是最好的工作，没有边疆的稳定就没有幸福的家园。她非常清楚这里地形、地貌，哪里可以通车、通人，哪里可以藏人，她已经熟烂于心。在她的鼓励下，她的孙子今年光荣地加入了乌江村民兵行列，成为驻守边境一线上一名流动哨兵。

她所巡逻区域多为山地、河流、班公湖沼泽区域，除了湖边沼泽旁区域海拔在4400米左右外，其他山地巡逻区域平均海拔超过了5000米。她经常到5500米雪线附近进行放牧执勤，这里年平均气温不到零下5度，氧气含量不到平原地区的55%，冬季气温低至零下30摄氏度，甚至更低，常年刮着7级以上的大风，但不管遇上什么极端天气，她都会去巡逻。有一次，她与孙子在巡逻过程中，由于积雪过厚，巡逻难度加大，为了完成每天的巡逻路段不变，她仍然杵着木棍坚持，导致过度劳累，从山上滚了下来，当场晕厥，孙子背着她行走4个多小时，才被临近边防连解放军救下。这不是第一次了，好多时候，巡逻爬山途中一下雪就会不小心踩空、踩滑，每次被送往医

拉姆卓玛在边境一线放牧巡逻

院后，她都急着出院回到她熟悉的乌江边境一线地区，每次别人问到她"为什么要长期驻扎在这里"时，她都会说，我的亲人世世代代居住在这里，这里就是我的家，不允许其他国家侵占我们的土地。有我在，就不会丢失祖国的一草一木。

拉姆卓玛的两个女婿都是多玛边防连的汉族退役士兵，退役前经常来到她的住处，对她十分关照，她又十分珍惜藏汉兄弟情，经她牵线，她的两个女儿与两名边防官兵成婚生子，现分别定居在拉萨和青海。2017年3月18日，不到早晨8点，边防连张排长便来慰问他，长期相处，她的汉语交谈十分流畅，张排长十分敬重她，先是问候她最近身体情况，有没有困难需要帮助，接着向她介绍了此次"两会"精神，特别着重介绍了习近平总书记再次全票当选为国家主席和中央军委主席。她说道："以习近平同志为核心的党中央十分关心我们边民的生产生活，今年我们的边境补贴提高到每人每年 5000 元，草原生态保护补助奖励每人每年 5500 元，村里集中收购羊绒、羊毛，让我获得了 2 万元利润。去年你们又从我这里购买了 36000 元羊肉和羊奶、牦牛奶，我的收入增长不少，非常感谢你们。我又听说，国家今年又要投资修建边防公路，小康村建设修建新房，进一步改善边防的基础设施，那太好了！如果可以，我想在边防公路旁修建一栋两层楼房。"时间到，该升国旗了，拉姆卓玛和她的孙子，张排长三人一同走向屋外旗杆处，拉姆卓玛通过手机播放国歌，缓慢将国旗升起，等到国旗升到顶端，她又默默伫立 2 分钟。之后，她与张排长进行了简短的告别，带着孙子，赶着自家的 300 只羊、12 头牦牛沿着日常的巡逻路段开始沿边巡逻。每到一处，她都会爬到高处山坡上，拿着望远镜四处眺望，进行记录。

边防部队所处地段到冬季道路会持续出现降雪结冰现象，道路曲折，雪水侵蚀后凹凸不平，影响了后勤保障车辆进入。拉姆卓玛于 2018 年主动与边防部队达成协议，以低于市场价格，定期为部队供应新鲜宰杀的肉制品、酥油。每次巡逻到边防哨所，她都会同官兵促膝而谈，互通信息有无。每当部队巡逻到她的房屋，她都会提前准备好食物、开水、酥油茶，有时候在路上碰见，大家就会坐下来，交流信息，一起喝茶吃饭。

如今拉姆卓玛抵边放牧的区域，基础设施日臻完善，有移动通信覆盖，可以使用手机。在各级党委政府的关心和支持下，老人去年用上了新的移动太阳能发电装置，用上电的老人，每天巡逻回来还会坚持看藏语新闻、藏语电视剧等节目。她说这些都是共产党给的，共产党解放西藏，农奴翻身做主后，他们分到了土地、草场，房子国家帮着免费建，还享受养老保险、医疗保险及各类社会保障，每年还领取边境补贴、草补、林补等政策性补贴。

相信拉姆卓玛老人的日子会越来越好，也期待乌江村有更多的后辈能传爱国守边的精神，扎根雪域边陲，接力做神圣国土的守护者，不断延续"家是乌江，国是中国"的家国情怀。

民族团结建设边境一线
——底雅村群众杨桂房先进事迹

札达县底雅村有着阿里"小江南"的美称，地处中印边境、幽静深远，有一个汉族男人，扎根这片土地 20 多年，用自己勤劳的双手建设着他的家园，这个人就是杨桂房。

杨桂房原是徐州"四建"的会计，从 1985 年开始，徐州"四建"就负责西藏边防房屋的维修工作。1996 年，杨桂房来到札达县底雅乡做工，通过别人介绍认识了妻子次仁卓玛，两人很快就回徐州结婚，那一年杨桂房 38 岁。

38 岁才结婚，在现在这个社会属于大龄青年，那是因为杨桂房这些年心里一直住着一个人，19 岁时相恋的一个女孩意外去世，在杨桂房心中留下了难以忘怀的伤痛，从 19 岁到 38 岁，用了将近 20 年的时间，杨桂房渐渐抚平了自己感情的伤疤。妻子次仁卓玛也是经历过伤痛的人，她的前夫过世留下两个孩子，孤儿寡母生活了好几年，谈起当时为什么会嫁给杨桂房这个"外来户"，50 多岁的次仁卓玛害羞地回答："他老实本分，有才能，对我的两个孩子也很好！"也许受过伤的心灵才会更加懂得珍惜，流过泪的眼睛才会更加清澈，那时，杨桂房和妻子的手紧紧握在一起、心紧紧贴在一起，他们要共同面对未来日子中未知的风雨。

身处祖国边陲的杨桂房，底雅村古让组的"暖心人"

在徐州结婚以后，杨桂房决定带妻子继续回到西藏的乡村生活，杨桂房说："90 年代，西藏还是比较落后的，我们这种边远乡村连路都没有，进出都要骑马，而且缺水缺电，就连信号都没有，想家了也不能打电话。那个时候，内地条件相对好很多，我也想过带着她们娘儿仨定居徐州生活，可是大儿子已经 11 岁了，二女儿也 8 岁了，孩子们只会说藏语，在内地根本无法接受教育，所以为了孩子们，我们决定回西藏生活。"

说这些话的时候，杨桂房的眼神特别坚定，仿佛又回到当初做决定的时候。但回到底雅的日子却异常艰辛，杨桂房必须要辞职。从一个拿笔杆子的工人，一下子变为一无所有并且身居异地的农民，没房子、没土地、没存款，仅仅靠着妻子娘家七八亩土地和 3 头牦牛、16 只羊艰辛地维持生活。土地是贫瘠的，上面布满了砂石块，里面爬满了叫作"土蚕"的虫子，种下去的青稞，不是长不出来，就是长出来后被虫子吃掉了，一亩地每年只能收二三十斤青稞，全家人就靠这些口粮生活着。

不过，摆在杨桂房面前最大的难题是没有工作，唯一可以打零工的机会就是村里的农牧民群众盖房子，他去帮忙。杨桂房清楚地记得1997年帮老乡盖房一天的工资是五块钱，他的脚因为走了2公里的山路皮都磨掉了。生活就是这样艰难，而这些困难却没有磨掉他挑起一个家庭重担的勇气，他完全可以一个人回徐州舒舒服服地生活。可他没有走，在最困难的时候，他选择了担当，他知道自己是一家人的希望。后来，杨桂房一个人背石头、找木头盖房子，色尔贡村60平方米的房子盖了起来，古让村70平方米的房子也盖了起来，这两处房子的建造过程也是他从一个拿笔杆子的文人走向一个真正顶天立地的男子汉的过程。

2005年，底雅乡什布奇村要建一座小桥，方便群众和牲畜通行，当时什布奇村的老支书得知杨桂房在建筑队工作过，就来找他商量。杨桂房十分高兴，立刻就答应了。但一件事情真正做起来才知道有多么不容易，由于底雅乡地处边境一线交通困难，需要建桥的材料运不进来，在老支书的多方努力下，只运来了5吨水泥。杨桂房无奈地笑了，没有办法，他只能根据经验反复测量，对现有建材进行设计，最终将5吨水泥全部做成了桥墩，又就地取材在桥墩上垒石块，最终建起底雅乡什布奇村第一座现代意义上的"桥"，可以让人畜安全通过，方便了乡亲们的生活。至今，这座由杨桂房亲自设计施工的小桥还坐落在什布奇村的河谷上。因为这座小桥的建设，杨桂房获得了每天40元的工资，这些钱极大改善了他妻儿的生活水平。

后来，杨桂房会干建筑活的消息就传开了，杨桂房带着附近的藏族农牧民群众共同努力，修建了古让路、什布奇路、普日寺路等等，让底雅乡通往各个村组的道路越来越畅通，更让农牧民群众获得了额外的收入。杨桂房说："大家都是乡亲，不管藏族还是汉族我们都是一家人，干完活雇主给多少钱我都会平分，我和大伙拿一样的钱，绝不私藏。老乡们也很信任我，现在只要有活干，一个人平均每天能挣 350 元。"

从 5 块钱到 350 元，20 年的时间，杨桂房这个普普通通的汉族汉子，通过努力改变了家庭的生活，改变了底雅乡村的道路，改善了老乡们的日子。

作为一名丈夫，已经 58 岁的杨桂房坦言很爱自己的妻子。他说虽然两个人类似于"先结婚后恋爱"，但这些年夫妻二人互相扶持，相濡以沫，共同为这个家努力打拼，在最困难的时候，也没想过放弃对方，这样的感情才是天长地久。作为一名父亲，杨桂房对妻子前夫的两个孩子视如己出，尽力让他们接受教育，帮助他们组建自己的家庭，杨桂房亲手在色尔贡组和古让组盖起的两个房子分别送给了大儿子和二女儿。作为底雅乡的一名"外来户"，杨桂房扎根这里 20 年，带领乡亲们用勤劳双手走出一条致富之路，他的人品和能力，让周边的老百姓都竖起大拇指称赞。妻子很满足，她说："这些年杨桂房为我们这个家、为乡村的群众所做的一切，我都看在眼里、记在心上，杨桂房，是一个好人。"

杨桂房，一个本分、老实、质朴的普通人，他不会说华丽的语言，却用他的实际行动二十年如一日地践行着新时期"四讲四爱"的精神实质。朴实无华、大爱无言，杨桂房的故事还在继续。

实施"三个三"举措　展现拥政拥军爱民新风采

近年来，阿里地区坚持以习近平新时代中国特色社会主义思想为指导，聚焦落实习近平总书记关于治边稳藏重要论述，以"藏西先锋·红色阿里"党建品牌创建为引领，深入实施边境地区军地"三个三"举措，深入实施军民融合发展战略，为加强民族团结、维护社会稳定、保障民生改善、倡导文明新风、巩固边疆堡垒注入新的动力。

（一）共建三项机制，联创联建强堡垒

一是工作机制共建。坚持以习近平总书记关于军民融合发展重要论述为指引，调整充实地方党委统领驻地部队参与的军地融合发展工作领导小组，设立地县军地融合发展工作办公室。先后召开总结部署会、专题例会、通报推进会 10 次，解决军地共建基础建设项目等 15 项，出台《军地共建工作守则》《军地联席会议制度》等规章制度 5 项，印发《军地共建工作实施方案》《军地共建工作要点》。地县党委与驻地部队签订军地共建协议书，明确共建总体思路、重点任务、政策措施，有效推进军地共建规范化长效化，提高军地共建整体联动效率。

二是学习机制共建。联合实施党员素质提升工程，建立军地"党员联育"机制，采取党员结对子、交叉上党课、集中大培训等方式，面对面、心贴心开展军地党员专题教育，引导党员争当训练执勤标兵、勤劳致富能手、联建共创模范。利用重大节庆、全民国防教育日等时机，对 1500 余名官兵、5000 余名群众开展国家、国土、国界、国门、国防、国民"六种意识"思想教育，营造了"爱民奉献、爱国拥军"浓厚氛围。全面推进军地党员教育数字化改革，实施"互联网＋党建"模式，"西藏党员教育""党员小书包"APP 安装全覆盖，党员教育从"军地分学"转向"互学共建"，激发军地党员爱国守边的积极性、主动性。

三是交流机制共建。以深入推进"两学一做"学习教育常态化制度化、开展"不忘初心、牢记使命"主题教育为载体，充分发挥军地党组织引领先进文化作用，紧扣"春节""藏历新年""七一""八一"等重大节庆日，加大军地文化交流，深化文化互动。精心编排爱国歌曲、舞台剧、小品等文艺作品，深入开展军旅文化进机关、进学校、进企业、进乡村活动450余场次。把"坚韧顽强，攻坚克难"的军旅文化精神融入地方党组织。整合有利资源，广泛开展文化宣传进军营、科技知识进军营、法律服务进军营、医疗服务进军营活动150余场次，定期及不定期联合开展篮球、象棋及书法绘画摄影比赛等文体活动65场次，营造了爱祖国、爱核心、爱军队、爱家园的文化氛围。

（二）共享三类优势，共促双赢结硕果

一是组织共建优势共享。紧扣提升组织力的要求，突出军地双方各自党建重点，以"两个支部一起抓，两个堡垒都建强"为目标，积极探索军地党建互动新模式。加强军地"合成式"党组织、党支部建设，创新重大问题共分析，重大决策共商议，重大疑难共解决的"三共"新模式，互派40名党建联络员，创建军地先进基层党组织40个、党建示范点110个、党员示范岗68个。帮助地方党组织打造守边固边第一村、反恐防暴第一村、拥军爱民第一村等5个边境党建第一村，有力激发基层党组织的生机与活力，筑起军地基层党组织战斗堡垒，筑起守边固边钢铁长城。

二是军民联防优势共享。坚持党建引领促边防，以创建"夯实固边堡垒·争做守边先锋"边境党建品牌为抓手，全面实施"12345"战略思路，深化发展经济富边、脱贫攻坚惠边、联防联控稳边、民族团结固边"四边"举措。整合军地双方人财物资源，在主要交通沿线、通外山口、关键区域建立边防检查站、矛盾纠纷调处站、便民服务站25个。组建军为主民为辅、军民结合的信息员、护边员、治安联防员、村治安联防队、民兵组织65个,增设抵边放牧点、生产点30个,呈现出军民守望相助、携手固边守防的新画卷。

三是应急处突优势共享。围绕军民融合式发展主线,按照"平时能够服务经济社会发展、急时能够应对抢险救灾和维稳处突"要求,整合军地应急资源。加强气象水文、地质灾害、突发事件等方面信息共享,建立军地联合矛盾纠纷集中排查化解、民事纠纷调解、信访案件处理、军地应急处突等6个方面长效机制。全面加强军地处突能力培训,特别是援救队伍的专业化培训,全面开展由小型专项应急到综合性应急的全覆盖专业演练,双方队伍配合默契度进一步提高、应急处突能力明显增强,锻造了召之即来、来之能战、战之必胜的应急救援中坚队伍。

部队官兵与典角民兵在边境一线巡逻

（三）互融三种情感，携手互助谱新章

一是民生工程促进情感互融。以增进民族团结为着力点，按照"民用与军需统一、平时与战时衔接、经济与战备兼容"要求，聚焦"十项民生工程"，大力实施边境地区军地共用公路、桥梁、涵洞等基础建设项目10个。部队官兵坚持"把驻地当故乡、视人民为父母"，全力支持和参与边疆脱贫攻坚、生态建设等中心工作，积极争取惠民民生项目10个，解决水电、交通、安居等问题15个，选派官兵参加地方平安创建、植树造林等重点工程建设12000余人次，全面助力边疆振兴，形成军爱民、民拥军的生动局面。

二是公益活动促进情感互融。实施"鱼水桥、团结路"等惠民工程，联合开展"巡诊到村、看病到户"等便民活动，倡导助学兴教、无偿献血、助孤助残等公益活动。每年联合组织100余人对困难学生进行捐资助学活动，先后资助15名贫困学生走出穷乡、重返校园。以部队为单位，广泛开展下乡进村义务植树、防沙固土活动，消除"无树户"、打造"绿色家园"，推进生态文明建设健康发展。积极开展"送温暖活动"，组织军医到村进行义务巡诊，免费送医送药活动。2017年以来，开展医疗巡诊活动5次，广大官兵为贫困在校学生捐资38000元。

三是精准扶贫促进情感互融。坚持"打造两点、贯通一线、统筹东西、全域发展"的空间发展战略，以"军爱民、民拥军"为着眼点，通过广泛开展结对帮扶活动，部队官兵与党群干部联合，主动与孤寡老人、五保户、家庭困难群众结成帮扶对子，与村组干部共同研究脱贫致富措施。主动帮助困难党员群众解决思想和生产难题，促使党组织在党建工作上共同提高，着力使军地共建由零散型、单一型向系统型、综合型转变。2017 年以来，建立官兵帮群众的帮扶对子 158 个，组织拥军优属活动 24 次，慰问帮扶困难党员群众 156 人次，开展政策宣传活动 45 次，协调落实实事资金 200 万余元。

第四节　提升边境发展强边驱动力

发展产业是实现脱贫的根本之策，是边疆振兴的关键路径。加强民族地区基层党建工作，既要把握基层党建工作共性，又要把握民族地区个性，突出民族地区特点，增强工作针对性和实效性。这就要求我们必须立足边境地区特色，从深层次理解和尊重群众的民族风俗习惯，通过富民兴边强化老百姓对党的认识理解，感恩党、听党话、跟党走，进而塑造边境地区各民族群众团结进步和谐发展的积极氛围。

阿里地委牢固树立"抓党建就是抓发展"的理念，坚持把引领改革发展、维护社会稳定、保障国家安全作为边境地区基层党建工作的价值取向，坚决用经济工作的思路、抓项目的办法去创新推进边境地区基层党建工作，推动党建工作与经济工作互融互促联动发展。坚持"党旗引领，促发展、保稳定、惠民生、助脱贫、增团结"，采取梯级推进方式，通过"经济与社会，区域之间，城乡之间，人与自然之间，区内发展与对外开放"五个良性互动集成发展，有效实现了边境地区"经济增长方式、牧区发展方式、社会管理方式"三个转变，努力把党建优势转化为发展优势、把党建资源转化为发展资源、把党建成果转化为发展成果，努力构建爱国、创业、富强、团结、文明的高原边疆和谐地区。

一、致力发展经济实现"富边"

大力实施以"神圣国土守护者、幸福家园建设者"为主题的乡村振兴战略，加快推进边境小康示范村建设，落实"水电路讯网、教科文卫保"十项提升工程、"十项增收措施""十项民生实事"。鼓励支持边境地区党员干部领办和创办村级集体经济，探索试点边境地区设施农业科技示范项目，努力培养一批"田秀才""土专家"，提升边境地区党员群众增收致富本领。

二、致力脱贫攻坚实现"惠边"

实施党建与扶贫开发"双推进"工程，严格落实党员领导干部联系帮扶贫困户机制，发挥党组织和党员干部在脱贫攻坚工作中的"作战部""生力军"作用。依托群团组织力量，建成一批脱贫带动能力强的特色产业；实施"健康阿里"工程。加大教育脱贫力度，坚持对口援藏资金向贫困群众倾斜，落实"五个一批""十大行动"工作部署，真正把党的政治优势转化为打赢边境地区脱贫攻坚的强大动力。

三、致力科技创新实现"兴边"

坚持开发强度低、经济效益高、环境破坏小的可持续发展理念，深化农牧区改革，推进特色农牧业发展，加大特色农畜产品整体开发力度，提高农畜产品附加值。建成昆莎乡奶牛养殖基地、日土县白绒山羊原种场、西四县生态农业示范园区；大力发展旅游业，建成国道

219 沿线黑帐篷营地、阿里暗夜公园。

四、致力夯实基础实现"强边"

从生态良好、生产集约、生活文明、生命更有质量着眼，启动多玛、霍尔、门士、盐湖 4 乡特色小城镇建设。建成冈仁波齐矿泉水开发和物流园区、4 乡垃圾填埋厂、通信基站 167 个、幼儿园 15 所，玛旁雍错晋升国家级自然保护区，全地区完成封育造林面积 3.47 万亩，扩大金丝野牦牛栖息地 12 万亩，不断夯实全地区经济发展、群众致富、党的建设的物质基础，建强社会主义新边疆。

五、致力改善民生实现"固边"

围绕边境地区党的建设、群众生活需要，制定和实施一系列巩固党在农牧区的执政基础、惠民利民、利寺惠僧的政策和项目。实施水、电、路、讯、气、广播电视、邮政和优美环境"八到农家"等工程，宣传落实自治区边境维稳奖励办法，鼓励边民争当维稳情报员、信息员、联防员，维护边疆稳定。全面推开老人护理院、集中供养中心和儿童福利院"双集中"供养项目，全地区所有边境乡（镇）、村（居）畅通公路，安全饮水人口覆盖率 90%，实现了"山这边比山那边好"的目标。

通过行之有效的党建带动，"坚持党旗引领"理念全面树立，智力、资金、技术、信息、政策等有序向边境地区流动，边境"三大攻坚战"取得重大胜利，产业结构优化、农牧业发展和生态保护三大领域率先转型升级，经济发展能力、农牧民群众致富能力不断提升，优先发展的基础得到有力夯实。

普兰边贸市场：500 年风雨历程跨国"贸易世交"

普兰县位于西藏阿里地区的西南角，面积 1.56 万平方公里，紧邻印度、尼泊尔，是阿里古往今来的西南门户，由于地理位置的特殊性，边贸活动历时悠久，是西藏自治区进出口贸易的重要口岸。

据悉，普兰边贸市场已经有 500 多年的历史，最初，前来经商的印度、尼泊尔边民居住在普兰县城西郊贤柏林寺下方的达拉喀山上的洞穴中。这些洞穴被民间称为"尼泊尔大厦"，现在绝大多数已废弃。

新中国成立后，于 20 世纪 50 年代末，中央批准在普兰设立国际市场，1995 年批准普兰县为国家二级口岸，普兰边贸市场也先后经历了 4 次较大规模的改造建设。

1993 年，在原普兰唐嘎市场建有石块垒砌、没有屋顶的房屋七八十间，供外商进行商品交易，交易季节，印、尼商户以篷布遮顶，条件十分简陋。

1995 年，普兰县政府在原唐嘎市场的基础上，投资建设了 3 排土木结构的商业店铺，同时，在旧县城通向唐嘎市场的两座吊桥的桥头区逐渐形成了一个"桥头市场"，主要是内地小商贩和部分尼泊尔边民在此经商，是一个集农、牧、工、贸及边境互市贸易为一体的综合性市场。

2003 年，国家投资在县城中心地带新建了总面积 5000 多平方米、包括 59 间门面的普兰口岸边贸市场，原唐嘎市场的尼、印等国客商搬至边贸市场经营。

2006 年，政府又对边贸市场进行了扩建。其中，普兰县吉让居

普兰县雄巴村分红大会

委会自筹资金建设了总面积 3000 多平方米、包括 219 间土木结构房屋的边民互市贸易市场。

2016 年 4 月 8 日，出于进一步改善投资环境、促进普兰口岸贸易市场发展的目的，阿里地委、行署投入 1.95 亿元，正式启动为期两年的普兰唐嘎边贸市场建设工程，项目占地 72403.2 平方米，是一个集边境贸易、商业休闲、物流仓储于一体的商业综合体。

市场交易环境的逐步改善，优惠政策的不断完善，基础设施的不断建强，服务管理的不断优化……都为阿里边境经济飞速发展插上了助力引擎，来阿经商的印、尼商人日益剧增，国际边贸交易环境友好和谐。到 2015 年，在普兰口岸从事经商的固定外商已达 557 家，同比增长 64.3%；口岸进出口贸易总额为 5419 万元，同比增长 49.3%。

"我们一般都是在 6 月份带着货物从丁嘎、强拉等山口通道进来，等到 11 月份左右再回去。"来普兰做生意的尼泊尔商人、印度商人越来越多，随着边贸市场基础的不断完善，他们可以得到更多的实惠。"年底，我们一般不带现金回去，我们会买中国的羊绒、被子、衣服、白金等热销产品回去卖，中国的东西很好用。"买进卖出，这里真正展现出一幅交易互市的繁荣景象。

对于边境贸易发展，普兰镇吉让居委会桑杰受益颇深："我们夫妇俩已经做了 10 年，只是每天销售日用品，每年的收入都在 5 万元以上，再加上农牧业收入补贴，一家 5 口人的生活很富足了。"每每问起现在的生活，朴实的他都要拉着别人聊一聊，"都是国家的政策好，是党一直挂念着我们这些穷苦老百姓。每天我们都会看新闻联播，我一直要求孩子们要记住总书记的话，守护好我们的国土！"

印度商人比森型在印度退休后，就来普兰做边贸生意了，到目前已经有 20 多年。"印度的交通不好，我们无论是拿货进来还是把中国的货物带回去，运费都非常高。"他最大的希望，就是印度边境的路可以赶快修好，这样他们的经商之路也会便利一些。

尼泊尔跟我国一直保持着友好的邻里关系，边贸经济的发展也为他们带来了很多便利。来自尼泊尔的商户桑培则对此深有体会，他在普兰经商已有 11 年了，对中国和普兰充满了感情。看到普兰日新月异的发展，他也很高兴、很自豪。

一个唐嘎国际市场，一个"桥头市场"；一个河东昂首挺立，一个河西遥相呼应。相距短短 3 公里，却是形成了货物贸易和服务贸易并举、边民互市贸易和边境小额贸易并存、边贸市场和边民互市点兼备的国内、国际市场相对独立而又相互关联的商业格局。

500 年来，特别是在新中国成立以来，在一次次的蜕变中，普兰边贸市场从简陋走向了繁华，从微小走向了兴盛，相信未来的路上，它会走得更好、更远、更美丽!

冈仁波齐党旗红　乡村振兴话幸福
——阿里地区普兰县岗莎村在党的领导下走上小康路

人民对美好生活的向往就是我们的奋斗目标。

群众致富梦也是大家的中国梦。

乡村振兴，释放幸福生活新动能。

党的十八大以来，在自治区党委坚强领导下，阿里地区以"藏西先锋·红色阿里"党建品牌创建为统领，大力实施以"神圣国土守护者、幸福家园建设者"为主题的乡村振兴战略，37个乡（镇）、145个村（居）快速发展、群众增收大幅增速，边疆乡村赶超式发展的后劲蓄得更足、措施更加得力、前景更加广阔。

海拔6656米的冈仁波齐神山脚下，坐落着阿里很出名的一个边境小康村——岗莎村。天时地利人和，岗莎村处于普兰县巴嘎乡冈底斯国际旅游合作区核心区域，也是阿里精心打造的集体经济第一村。近年来，岗莎村党支部充分发挥政治优势、组织优势，充分利用区位优势、资源优势和政策优势，坚持抓党建促脱贫促乡村振兴，在增强"四个自信"、增进"五个认同"的前提下，广泛组织党员群众参与集体产业"抱团取暖"，2018年整村脱贫，奔上小康路。

（一）党旗红、精气足，组织聚力基础固

红色精神深度传承让雪域村庄旧貌换新颜。岗莎村党支部大力实施党旗引领行动，以"两学一做"为主线，以推进基层党组织标准化为抓手，把解放思想、更新观念贯穿始终，牢记初心使命，为村庄振兴注入强大精神力量。

新思想引领群众观念深刻变化。弱鸟先飞，扶贫扶志，岗莎村党支部实施习近平新时代中国特色社会主义思想和党的惠民政策大学习大宣传，组织开展新旧西藏对比、"揭批达赖、维护稳定、促进发展""团结稳定是福、分裂动乱是祸""三个离不开"和"五观两论"政治教育等210场次1657人次，党员群众感党恩爱核心跟党走的自觉性进一步增强，充分认识到宗教消极影响危害，过好今生幸福生活的态度更积极。

普兰县岗莎村活动场所

标准化建设凸显党组织服务力凝聚力。借助全地区推进基层党组织标准化建设的"东风"，岗莎村党支部制定出台覆盖联系服务群众、宣传执行党的决策、集体经济组织管理等8个方面15项规范化制度；结合建设集体经济第一村，筹措500余万元资金建设标准化活动场所，实现了党员活动、文化娱乐、便民服务等"十大功能"，成为群众想去、爱去、常去的好地方。

培养提升骨干队伍代表性更强。以边境党建红色长廊工程为抓手，积极开展"领头雁""双带三培养"工程，培养村"两委"后备干部15名、致富带头人12名，一批有代表性的优秀党员充实到村"两委"班子；深入开展"村村飘红旗、家家挂国旗、人人争先锋"红色覆盖行动，党员带头扛起使命，一面面鲜红的旗帜竖立在神山脚下。

（二）强引领、转观念，致富路上争朝夕

政策暖心，农牧民党员群众只争朝夕。从无人不知的冈仁波齐转山牦牛运输队走上小康之路，岗莎村党支部充分发挥"火车头"作用，以冈底斯国际旅游合作核心区优势旅游服务业为突破口，兴办集体经济组织，让群众意识到新时代大有作为、大有可为，打破了以前转山越转越穷的悖论。

服务转山，富余劳力"活"起来。积力之举则胜，村"两委"坚持一手抓牧业生产、一手抓旅游服务，组织富余劳动力加入牦牛运输

普兰县岗莎村牦牛运输队为旅客运行李

普兰县岗莎村牦牛运输队

服务中心，做牦牛和马背上的旅游生意，参与群众从当初的几户人家到今天的 322 户 1103 人，有牦牛 2206 头，马 1103 匹，如今牦牛运输服务中心已成为当地的致富增收、转移就业的主要渠道，群众年均增收 1.2 万元。

多元发展，经合组织"大"起来。转变发展观念，岗莎村党支部抓住建设冈底斯国际旅游合作区机遇，实施"以旅游运输为龙头、建材加工为支撑、餐饮零售为补充"的多元化发展模式，陆续开办便民超市、茶馆、扶贫宾馆、砂石厂、塔尔钦出租车公司等 6 家经济实体，注册 500 万元资金成立阿里首家村办企业西藏冈仁波齐转山旅游服务有限责任公司，这个有 30 多年历史的"老字号"牦牛运输队如今已发展成固定资产过百万的现代企业。

红利增收，群众腰包"鼓"起来。岗莎村党支部践行共同致富理念，建立入股投资、利润分配、岗位分配等制度，定期公示经合组织财务收支情况，群众踏实劳动、明白挣钱。2018 年该村经合组织收入 2000 万元，个别家庭创收突破 15 万元，高于全地区农牧民人均水平 1 倍以上，群众腰包逐渐鼓了起来，实现了以前越转越穷到如今越转越富的大转变。

（三）讲文明、树新风，美丽家园身先行

全面建成小康，文明不能缺位。岗莎村以建设边境小康村为抓手，大力践行社会主义核心价值观，推进物质文明与精神文明比翼齐飞，农牧民群众自觉追求健康文明向上的生活方式，展示出"宜居、宜业、幸福、文明"的崭新形象。

移风易俗，共创文明家园。深化乡风文明建设，深入开展"移风易俗，树立文明风气""四洁家园"（村容整洁、庭院清洁、室内保洁、民风纯洁）活动，引导群众转变思想观念、革除陈规陋习、消除宗教影响；深入开展"文明家庭"表彰评选，每年表彰 2 个文明家庭，树标杆、立典型、促后进，努力培育文明村风、良好家风、淳朴民风。

助困帮贫，共享发展成果。小康路上不落一户。岗莎村"两委"决定，每年将从村集体组织收入中拿出一部分用于帮扶村里贫困家庭。2018 年村经济合作组织拨付 33.6 万元，为 11 户贫困家庭添置家具和生活物资；拨付 3 万元，用于改善巴嘎乡小学教育条件，让每一位当地群众共享发展福利。

美丽村庄，共护绿水青山。把建设美丽村庄摆在突出位置，深入开展"清洁村庄"集中整治行动和"垃圾银行"环保公益活动，鼓励拾捡垃圾兑换奖品，参与群众 2.3 万余人次，有效破解神山景区环保难题，保护了高原净土。

第七章 党建引领决战决胜脱贫攻坚

脱贫攻坚无小事，一枝一叶总关情。

脱贫攻坚是党中央部署的重大民生工程，关乎国家长远发展大局。

"到 2020 年，稳定实现农村贫困人口不愁吃、不愁穿，义务教育、基本医疗和住房安全有保障。"

"确保我地区现行标准下的 6736 名牧区贫困人口实现脱贫。"

"所有贫困县在 2019 年前实现脱贫。"

"决不让一个贫困县、一个贫困村、一个贫困群众掉队。"

……

这是阿里地委、行署向党和国家作出的庄严承诺，也是各族干部群众的深切期盼。

习近平总书记指出："抓好党建促脱贫攻坚，是贫困地区脱贫致富的重要经验。""要把扶贫开发同基层组织建设有机结合起来，真正把基层党组织建设成带领群众脱贫致富的坚强战斗堡垒。"

这是一场硬仗。阿里属"三区三州"深度贫困地区、集中连片特

阿里地区村干部和后备干部政治教育培训班重温入党誓词活动

殊贫困地区、边疆落后民族地区，是西藏乃至全国贫困发生率最高、扶贫成本最高、脱贫难度最大的地区之一，是"一方水土养不活一方人"的高海拔区域。实现全地区整体脱贫，做到脱真贫、真脱贫，任务艰巨，情况复杂，如何打好打赢脱贫攻坚战，如期完成脱贫任务，形势逼人。阿里必须发扬"艰苦不怕吃苦、缺氧不缺精神、海拔高要求更高"的奋斗精神，必须拿出更大的决心，付出更多的努力，朝着"摘帽"目标铿锵前行！

脱贫攻坚战打响以来，阿里地委、行署发出号令：立下愚公移山志，咬定目标，苦干实干，坚决打赢脱贫攻坚战，确保到2020年所有贫困县、乡（镇）、村（居）和贫困户、贫困人口一道迈入全面小康社会。坚持抓基层、打基础，建队伍、强保障，大力实施党建与脱贫攻坚"双推进"工程，以党建引领促脱贫攻坚，充分发挥党组织的核心领导作用、党员的先锋模范作用和干部的骨干带头作用，不断提升打赢脱贫攻坚战的政治引领力、思想感召力、党建带动力、组织助推力，为决胜脱贫攻坚、全面建成小康阿里提供了坚强组织保证。

党建引领促脱贫攻坚

"感谢党和政府的好政策，我们村在全县率先实现脱贫，我们赶上了好时代、过上了好日子，全村党员群众一定坚定不移感党恩、听党话、跟党走幸福之路。"全国改革先锋、敬业守信模范、最美奋斗者尼玛顿珠激动地说。

截至 2019 年 9 月底，阿里全地区累计减少贫困人口 6161 户 23017 人，贫困人口从 2015 年年底的 6189 户 23123 人下降到 2019 年的 28 户 106 人，贫困发生率从 28.5% 下降到 0.13%。噶尔、日土、札达、普兰 4 县实现脱贫摘帽，热角村等 139 个贫困村（居）实现退出，革吉、改则、措勤 3 县达到脱贫摘帽标准。2016 年、2017 年阿里地区脱贫攻坚工作连续 2 年荣获西藏自治区综合评价良好地市，2018 年脱贫攻坚工作荣获西藏自治区综合评价优秀地市。

当前，正处于攻坚拔寨"争分夺秒"最终冲刺阶段，时间紧，任务重，要求高。阿里举全地区之力，向贫困发起了总攻！

第一节　党组织领航脱贫攻坚

火车跑得快，全靠车头带。2018 年 2 月，习近平总书记在凉山考察脱贫攻坚工作时强调："打赢脱贫攻坚战，特别要建强基层党支部。村第一书记和驻村工作队，要真抓实干、坚持不懈，真正把让人民群众过上好日子作为自己的奋斗目标。"

一、支部领航，凝心聚力强堡垒

"农村富不富，关键看支部。"阿里地委强化党组织领导脱贫攻坚的工作机制，各级脱贫攻坚领导班子坚持政治建党和总揽全局、协调各方的领导核心作用，突出纲举目张，抓住"牵一发而动全身"的关键环节，充分发挥脱贫攻坚的"主心骨"和"一线指挥部"作用。

（一）打造坚强的农牧区基层党组织

坚持把建强党支部作为发展村集体经济的"先手棋"，分东西区域、分农牧类别，按照"以点带面、示范引领、覆盖全域"的思路，大力实施"八项工程"，全面打造"八型"党组织，精心创建"十三个第一村"，持续整顿软弱涣散村（居）党组织 16 个，选树基层党组织典型示范点 22 个。

（二）全面提升农牧区基层党组织组织力

以推进基层党组织标准化建设为契机，建设符合政策需要、体现藏西民俗、兼具综合功能的村级组织标准化活动场所；健全抓党建促脱贫攻坚责任清单，推行日考勤、周记实、月晒账、季考评、年考核办法，加大监督、考核、评价力度；针对换届后村级组织建设，柔性施策、硬性提标，持续整顿软弱涣散基层党组织，着力整治部分村级组织战斗力下降、领导核心作用弱化、不懂脱贫、不会脱贫的问题。

（三）充分发挥农牧区党支部的政治引领作用

组建党员干部宣讲队，深入开展党建、扶贫、惠民等政策宣讲工作，大力宣传推广牧区改革的先进经验和实际成效等 2000 余场次，受教群众 8 万余人次，积极教育引导贫困群众转变思想，破除"等、靠、要"落后观念，不断提升党支部引领集体经济产业活力，切实发挥引领村集体经济助力脱贫攻坚的战斗堡垒作用。

强化组织引领，激发党建活力，打造边境经济示范村 ——记日土县甲岗村经济组织建设

党的十八大以来，阿里地区各级党组织立足实际，因地制宜，完善政策措施，切实把党组织政治优势、组织优势、密切联系群众的优势转化为脱贫攻坚优势，引导各方力量向脱贫攻坚汇集、政策向脱贫攻坚倾斜、工作向脱贫攻坚聚焦，紧盯目标，精准发力，埋头苦干，有序推进抓党建促脱贫攻坚工作。

猎猎党旗映日红——日土县党建纪实

（一）背景与起因

阿里地区日土县甲岗村西与印度相邻，边境线长达 80 公里，通外山口 3 处，平均海拔 4300 米。全村辖 3 个作业组，185 户 691 人。以前，甲岗村农牧民生产积极性不高、"等、靠、要"思想严重、经济产业单一、群众致富增收渠道窄、传统畜牧产业经济效益低等问题广大党员看在眼里，急在心里。村党支部认真研究，积极探索"支部

＋协会＋产业＋党员＋群众"的经营模式，创新发展载体，强化党组织的服务功能，不断提高村民创业致富能力，转变工作作风，发展壮大村级集体经济。

（二）主要做法

近年来，甲岗村党支部站在新高度、立足新思想、谋划新篇章，积极响应中央、区党委、地委和县委的号召，在日松乡党委的正确指导下，充分发挥党组织领导核心作用和党员政治优势，注重经济协会独立自主发展，不断扩宽农牧民群众收入渠道，防止党支部与合作社相互取代和相互脱节。

1. 突出凝心聚力，强化作用发挥

一是以小康示范村建设为契机，积极扩展发展集体经济思路。统筹力量，精心组织，成立了甲岗村经营协会，将党的中心工作与带领群众脱贫致富相融合。充分利用地方资源闲置劳动力，抢抓发展新机遇，采取"党组织＋党员＋群众"的发展模式，支部联系产业，党员领办项目，带领群众扩宽致富渠道，带领群众打赢脱贫攻坚战，推动村集体经济的发展。

二是坚持入协自愿、退协自由，利益均衡、信息共享、共担风险、共同致富的原则。着力推进甲岗村边境小康示范村建设，各作业组自筹 10 万元的资金，成立了预制场，并由党支部和协会统一管理。

2. 突出力量保障，强化带头示范

一是建强党组织基础，进一步优化组织设置。及时成立党小组，充分发挥组织优势，注重在协会内将致富能手发展成党员，将党员致富能手发展吸纳进协会，使协会成为党组织带领群众致富的重要平台。

二是发挥党员在生产、工作、学习和社会生活中的先锋模范作用和致富带头作用。带头创办领办致富项目，给商户、群众出点子、想办法、教技能，带动群众为经济发展和社会进步作出积极贡献。2016年以来，村党支部带领群众走绿色致富路，建设苗圃基地600亩，种植树苗10万余棵，并安排专人管理。

三是通过县委就业技能培训、协会自身提供就业岗位的双向扶持方式。整合资源，积极协调县直相关部门争取技术的支持，加大协会内部人员技术培训力度；培训技术包括挖掘机驾驶操作、车辆驾驶、车辆维修、宾馆餐饮服务等实用技术，截至目前，协调县直相关部门组织村民技术培训期100余人次，解决就业43人。

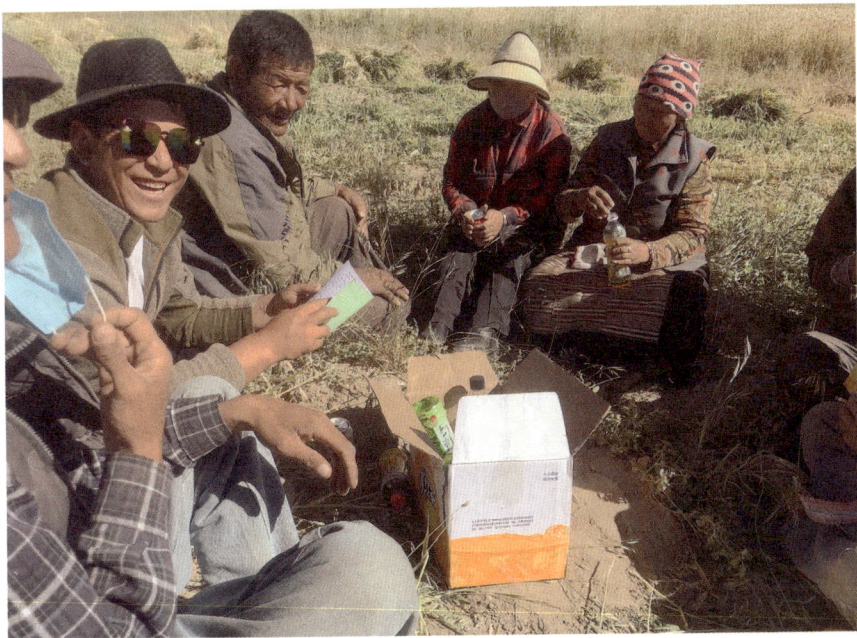

日土县甲岗村干部走进田间地头宣讲脱贫攻坚政策

3. 突出产业支撑，强化项目党建

一是立足全村产业发展实际。针对商户分散、市场狭小、信息不畅、经验不足等制约村级经济发展的难点，党支部主动作为，创新举措，将全村项目、实体、商户、群众进行有机整合，实现了市场共享、信息共享、经验共享、成果共享。

二是发挥党组织和党员在引领和服务经济协会发展中的积极作用。进一步改进和创新工作方式方法，在产业链上健全和完善基层组织网络，推动协会持续健康发展。2016 年以来，全村农牧民群众 676 人自筹资金 67.6 万元，驻村工作队列支办实事经费 18 万元和短平快项目资金 30 万元。投入 15.5 万元修建办公室及员工住宿房，购置了一辆价值 32.5 万元的装载机。

（三）主要成效

一分耕耘一分收获。把党建工作贯穿地区经济发展全过程，围绕"加强队伍建设、提高发展能力"主题，抓住项目、抓住资金、抓住产业，建立指挥部、项目部、党支部"三部一体"，定任务、定责任、定时限"三定现行"，目标考核、跟踪考评、综合考察"三考并举"的"三三制"项目领域党建工作模式，推动党的建设与经济产业发展同步推进，引领广大党员在经济发展一线摔打锻炼、干事创业，推动"十三五"规划目标任务有效落实，兴一方产业、活一方经济。甲岗村党支部经过几年的努力，村集体经济实力不断增强，广大党员群众思想观念明显转变，脱贫攻坚工作成效显著。

一是凝聚了力量。甲岗村"两委"班子以高度的政治责任感和使命感，把破解村集体经济薄弱难题作为农牧区发展的重要工作，调动

村干部的工作积极性、能动性，使党的基层基础更加牢固，党员先锋模范带头作用发挥进一步明显，服务群众的水平进一步提高，村级组织的凝聚力和号召力进一步增强。

二是促进了增收。农牧民群众思想上得到了转变、行动上得到了规范，"等、靠、要"思想得到明显破解，创业动力有效增强。2016年，甲岗村砂石厂全年销售额为138万元，实现利润45万元。通过分红和转移就业实现了10户贫困户脱贫，为10户脱贫户发放了5000元现金和1000元的生活物资作为奖励，极大激励了农牧民群众脱贫致富的激情。

三是彰显了形象。党的十八大以来，甲岗村坚持围绕业务抓党建，把加强服务型党组织建设作为全面深化改革的重要内容，广大党员深入开展"党员先锋行动""党员服务窗口""三亮三比三评"等活动。激励党员当标兵、做模范，党员挂牌上岗、亮明身份，密切了党群关系，彰显了党员先锋形象，进一步增强了农牧区党员的使命感和责任感。

（四）经验启示

近年来，甲岗村通过多种举措，实现了农牧区经济收入不断增加，村集体经济不断壮大，党员宗旨意识和服务意识不断增强，基层党建工作水平不断提升，有力促进社会和谐稳定和经济向上发展。

第一，发展村集体经济村支部是旗帜。村党支部在上级党委的领导下开展工作，树立推动经济发展是巩固基层党组织的理念，拉近群众距离，有效提升基层党支部在群众中的威信，有效提升党组织在基层建设工作的影响力，有效深化基层党组织作用。坚持扎实做好党的建设，必须践行全心全意为人民服务这一根本宗旨，表明党在任何时候都能把群众利益放在第一位，同人民群众保持同甘共苦，保持最密切的联系，组织同群众更加坚强地团结在一起，凝聚力量战胜改革发展稳定中面临的所有困难。

第二，发展村集体经济村党支部书记是标杆。党管干部原则，是村干部选拔任用必须坚持的原则。增加基层民主，发挥党员作用引领群众按照自己意愿积极参与村书记选举工作，激发群众参与政治社会事务的热情，以党组织为核心的基层组织建设，选优配强村党支部书记，把有经营头脑、致富本领、有奉献精神、有民主作风、有群众基础的农牧区优秀人才选拔为村党支部书记，不断加强村党支部书记带头致富能力、产业经营能力、创业机制能力，推动村集体经济向规模化、长效化、制度化、市场化方向发展。

第三，发展村集体经济广大党员是关键。党员是党组织的"细胞"，科学合理配备党员，拓宽党员发展空间，科学引导党员发挥模范作用，提升党员完成工作任务的积极性，在经济发展中提高党员的党性修养，村民在广大党员的引领下千方百计实现脱贫致富奔小康，不断向党组织靠拢，能有效地密切党群关系，产生共鸣，党员主动服务和联系群众的意识进一步提高。

二、书记带头，发挥表率促富民

"支部强不强，关键看书记。"支部书记是基层党组织的主心骨，是党员队伍的带头人，是党的最基层组织的领导者。村级党支部书记是社会主义新农村建设的"领头雁"，建设一支高素质的村级党支部书记队伍，发挥其引领作用，对于贯彻党在农村的各项方针政策、巩固党在农村的执政地位、推动农村改革发展有着至关重要的作用。在推进脱贫攻坚、全面实现小康进程中，抓好书记队伍建设，就抓住了农村发展的"牛鼻子"，奠定了新农村建设的基础。

（一）严格落实党支部书记主体责任

脱贫攻坚要以打造高效领导脱贫的村党支部书记队伍为根本，按照"书记抓、抓书记"的原则，建立村党支部书记"能者上、平者让"机制，对作用发挥不好的及时调整。以软弱涣散党组织整顿为抓手，每年按照不低于10%的比例末位倒排一批软弱涣散党组织进行集中整顿，坚持因地制宜，实行项目化管理，做到"一支部一方案、一问题一对策"，针对问题逐一整改销号，确保贫困村软弱涣散党组织不断转化升级。2016年以来，调整撤职村（居）党支部书记5名，着力建强基层组织脱贫攻坚战斗堡垒。

（二）建强党支部书记队伍

聚焦解决村（居）党支部书记队伍平均年龄偏高、服务能力偏弱、文化水平偏低的问题，深入实施"领头雁"工程。深化开展"村（居）干部素质提升"，拓宽选人渠道，从致富带头人、退伍军人、返乡大中专毕业生、优秀返村离退休干部职工中选拔高素质党支部书记。利用"双语双学"提升普通话交流水平，组织党支部书记"走出去"学习内地的先进经验，将学到的新理念、新思想"引进来"，切实转化思路、开拓视野，通过理论引领实践带动，进一步盘活村集体经济，引领群众走上全面小康的康庄大道。

（三）发挥各级党委政府关键作用

阿里地区始终坚持以人民为中心，以提高脱贫质量为根本，发挥各级党委政府关键作用，把脱贫职责扛在肩上，把脱贫任务抓在手上，确保坚决打赢脱贫攻坚战。

一是以稳定有力班子攻坚。县乡党委政府是脱贫攻坚的一线指挥部、前线指挥部，脱贫攻坚是检验党员领导干部宗旨意识的试金石。要坚持严格管理与热情关心，严守不脱贫不调整、不摘帽不调离纪律要求，严格备案审核程序，完善关心激励机制。对脱贫攻坚成效突出、符合提拔条件的，在不脱离原岗位的前提下优先提拔使用。对不担当、不作为的及时做出组织处理。要把脱贫攻坚岗位作为锻炼、考验、激励干部的重要阵地，推动精干力量下沉，统筹用好驻村驻寺干部、专招大学生、西部志愿者和"六个一"（每村 1 名经济指导员、1 名第一书记、1 名大学生村官、1 名包村乡镇干部、1 名包村民警，1 名乡村振兴专干）下沉力量，引导党员干部在脱贫攻坚具体实践中树牢好干部标准，做到"三个特别"。

二是凭实干干实作风攻坚。脱贫攻坚是干出来的，没人能够靠花拳绣腿打赢一场战争。要对准农牧民群众最关心、最现实、最直接的利益问题，抓住脱贫攻坚作风建设年契机，加强脱贫攻坚作风建设，大兴实事求是、求真务实、紧密联系群众之风，防止形式主义，力戒蜻蜓点水，避免华而不实，既做显绩，又做潜绩，蹄疾步稳扶真贫、真扶贫；实行第三方考核评估，广泛运用干部选拔任用手段，加大对干部脱贫绩效考察，实施最严格的能上能下制度，彻底解决不同程度存在的责任不到位、政策不精准、措施不科学、作风不扎实、资金管理不规范、产业同质化及"上面千层浪、下面毛毛雨"等问题，真正做到扶贫工作务实、脱贫过程扎实、脱贫结果真实。

三是靠铁的纪律攻坚。打赢脱贫攻坚离不开铁一般的纪律保证。要推动全面从严治党向基层延伸，向脱贫攻坚领域延伸，充分利用信息化手段织密监督网络，建设大数据监督平台，系统整合人大监督、政协监督、巡查监督、纪检监督、干部监督、群众监督、媒体监督、互联网监督等方式，不断强化专项监督、专项审计、专项督导，依托"五位一体"举报平台，畅通群众信访举报渠道，建立举报追查制度，精准发现并解决扶贫领域不正之风和腐败问题，失责必问、问责必严，违纪必究、违法必惩，一以贯之地以严和实的纪律激发新动力，确保打造一支带头开拓创新、大胆探索、勇于实践的脱贫攻坚党支部书记队伍。

牧区改革攻坚者　牧民群众贴心人
——记改则县物玛乡抢古村党支部书记尼玛顿珠

尼玛顿珠，男，藏族，1965年6月5日出生，中共党员，初中学历，2014年至今为改则县物玛乡抢古村党支部书记。

抢古村，是改则县物玛乡一个普通的牧区村落。近年来，随着以"四个入股"（牲畜入股、劳动力入股、联户放牧、草场流转）和"六个统一"（劳

改革先锋尼玛顿珠

动力统一安排、草场统一管理、畜产品统一购销、经营收入统一分配、无劳力和孤寡老人统一供养、在校生统一计分）为基础的牧区改革发展模式的成功，声名鹊起。走进抢古，处处显现出改革带来的新变化、新发展。2018年全村人均纯收入达到15547元（不含政策性补助），在改则县49个村（居）中率先实现整村脱贫摘帽。一个充满新时代气息的牧区新村，正在向全面建成小康大踏步迈进。

这些成绩的取得，离不开党支部书记尼玛顿珠。自任职以来，他

尼玛顿珠组织村民分红

扮演着攻坚者、领路者、推动者的角色，是新时代牧区基层党支部书记的优秀代表。

（一）改革攻坚，支部是堡垒，支部书记是主心骨

抢古村 2015 年被确定为全县牧区改革试点村。时任支部书记的尼玛顿珠向县里作出了保证："抢古村有着良好的基础，我们的村集体经济搞得有声有色，村民的热情也非常高。改革试点放在抢古村，我们有信心，在县委政府的坚强领导下，坚决打赢改革试点攻坚战，为牧区改革发展探索出一条新路子。"这个信念一直是尼玛顿珠工作的力量源泉。改革是硬骨头，要啃硬骨头，就要有真功夫。尼玛顿珠的真功夫，就体现在抢古村有一个团结的党支部班子，发挥着强有力的战斗堡垒作用。而他，就是这个攻坚堡垒中最重要的一分子。

近年来，他充分发挥"领头雁"作用，抢古村党支部带领下的每

一位党员都是根植在牧区改革一线的排头兵，发挥着先锋模范作用；每一个党小组都是改革攻坚的桥头堡，团结带领党员群众攻城拔寨；每一个村党支部都是一个坚强的战斗堡垒，把支部成员、党员、群众牢牢地凝聚在一起，集合成为强大的力量，开创牧区改革先河。如果说抢古村牧区改革是一次全新的飞越，那么，村党支部书记尼玛顿珠就是具有改革开拓精神的攻坚者，这个攻坚者有个光辉的名字——共产党员。

（二）改革攻坚，群众是基础，惠民富民是落脚点

经过村"两委"班子一年多的努力，抢古村牧区改革工作成效初显。村党支部书记尼玛顿珠在充分调研摸底的基础上，带领村"两委"班子将零散的专合组织整合为"抢古村牧民集体经济合作组织"，促进了牧户与村经营主体"联产联业""联股联心"，增强了村民的集体意识、合作意识、市场意识，实现了由过去的粗放式经营向集中集约化经营转变，全村 71 户 256 人吸收为合作社成员，标志着改革试点工作走向正轨。在他的带领下，村"两委"班子进一步建立健全《合作社管理办法》《合作社参股社员工分制、计分标准》《合作社社员入社申请登记》等规章制度，提升组织化管理水平，确保专合社发挥作用。

2016 年，改革取得阶段性成效。群众以"四个入股"方式参与合作社运营，"六个统一"运作模式正式确立。同时，为便于管理和沟通，村"两委"班子根据集体经济合作社经营范围，设立多个党小组，充分发挥党员先锋模范作用，实现党员与群众共同劳动，共同收获劳动的喜悦和丰硕成果，进一步密切党群和干群关系。到 2017 年，经过两年的试点、推进，牧区改革工作取得成功，抢古村改革发展模式面向全县推广，辐射带动 47 个村（居），参与群众达 6587 人。

"农牧区改革第一村"抢古村分红现场

（三）改革攻坚，务实是关键，群众满意是唯一标准

金杯银杯不如老百姓的口碑，金奖银奖不如老百姓的夸奖。改革成不成功，群众说了才算。只有真正把改革抓在手上，放在心上，落到实处，群众得到实惠，享受到红利，才会满意。

尼玛顿珠是务实的。在改革中，以牧业产业化为基础，多元一体的经营模式，符合牧区实际。搭建人人参与改革，共享改革成果的平台，实现牧业增效、牧民增收，符合牧民实际。健全完善的分配制度，82%分红给社员、4%用于扶持无劳动力和孤残老人、6%作为合作社管理人员的基本报酬，其余8%留作合作社风险资金和周转资金，体现了服务群众的宗旨。推行牲畜入股、草场流转，符合资源最大限度利用实际。多渠道整合资金，大力实施牧业基础设施建设、推进畜种改良，转移劳动力，开展多种经营，符合牧区发展实际。

　　务实的改革带来的是群众享受到的真正实惠。随着改革工作不断推进，2017年，抢古村入社牧民人均可支配收入14701.7元，比2016年增长12.3%，实现整村脱贫。如果加上政策性补助，人均可支配纯收入突破2万元，78个劳动力从单纯的牧业生产中解放出来，创收128.26万元；入股社员户均分红18903.9元，最高分红59318.15元，最低也可分红5365元；实行孤寡老人统一供养、在校生统一记分措施，全村21名孤寡老人每人分红4388元，74名在校生每人分红1150元，实现"老有所养，幼有所教"。

　　说到实惠，原来的贫困村民洛桑最有感触。他说："牧区改革之前，我们一家两口依靠农村低保和政策性补助过日子，喝的是清茶，没有酥油，偶尔在市场上买一点'金丽玛'（一种质量较差的酥油），每年只有两三只过冬羊，大部分时间靠亲戚接济。今年，我们仅酥油就分到了50斤，过冬羊分了32只。分红和其他现金收入拿到了3万多元。按照政策，我们自己承担30%、政府出资70%建设的牧区小洋楼正在修建中，年底就能搬进新家。"

　　每次现场会、汇报会、交流会，说起抢古村一点一滴，尼玛顿珠如数家珍，娓娓道来，

尼玛顿珠给牧民讲解牧区改革的利处

这是他用"把村当家"的实际行动、无数次的调研走访、一次又一次的开会研究、数不清的加班加点换来的。说起家庭、妻子、孩子，一向要强的尼玛顿珠留下了歉意的泪水，妻子布西绕的一席话作了很好的诠释："虽然我们一起生活在村里，一年到头也见不上几面，家里和孩子就更指望不上他了，作为妻子，我也吵过、闹过、怨过。但作为一名家属，我很欣慰，他舍了我们这个小家，顾了抢古这个大家，在以后的工作中我也将一如既往继续做好他的坚强后盾。"

对于抢古村今后的发展，尼玛顿珠满怀信心："有习近平新时代中国特色社会主义思想的引领，有党的好政策，有我们改革成功经验，抢古村的明天会更加美好。我已主动向组织申请留任下一届的村党支部书记，想通过接下来几年的不懈努力，扎实做好'牧改第一村'建设各项工作，真正实现全村党员群众在 2020 年全面建成小康社会的路上一个都不掉队！"

第二节　联系帮带促脱贫攻坚

习近平总书记指出："抓扶贫开发，既要整体联动、有共性的要求和措施，又要突出重点、加强对特困村和特困户的帮扶。脱贫致富贵在立志，只要有志气、有信心，就没有迈不出去的坎。"

实现如期脱贫是共产党员义不容辞的义务，阿里地区坚持"联系帮带"活动，倡导"传"出智慧、"帮"出成长、"带"出成绩，党员干部要把新思想、新文化、新技术、新政策和好经验、好做法带到基层、用到一线、助力脱贫攻坚。全地区广大党员牢固树立"党旗引领发展稳定"理念，充分发挥党员在维护稳定、发展经济中的主体和先锋队作用，探索建立党员助力、带动经济发展模式，以强烈的使命和担当全面推进基层经济社会发展，在脱贫攻坚的具体实践中锻造培养攻坚型党员队伍。

联系帮带，要扶贫，更要扶志、扶智。习近平总书记指出："弱鸟可望先飞，至贫可能先富，但能否实现'先飞''先富'，首先要看我们头脑里有无这种意识。"贫困群众既是脱贫攻坚的对象，更是脱贫致富的主体。长期的放牧生活和根深蒂固的信教传统给阿里农牧民群众思想解放带来极大阻力，攻破精神贫困仍旧是建成小康阿里的首要课题。近年来，阿里地区深入学习宣传贯彻习近平总书记精准扶贫思想，大力兴办新时代农牧民讲习所，努力用新思想感召群众、新理念改造群众，突破思想根源打赢脱贫攻坚。

一是精神上与贫困绝缘。没有比人更高的山，没有比脚更长的路。结合学习宣传习近平新时代中国特色社会主义思想，依托深入开展"感党恩听党话跟党走"、新旧西藏对比等教育。融合农牧区宣传思想文化阵地建设和民族团结示范创建，加快农牧区思想道德建设和公共文化建设。送思想、送志气、送信心，教育引导农牧民群众深刻认识当前来之不易的幸福生活，来自中国共产党的绝对领导，来自中国特色社会主义制度的无比优越，来自党的治藏方略和民族宗教政策的巨大红利，从根本上树立脱贫信心，提高贫困户精神面貌，在精神上与贫困绝缘。

二是突破思想藩篱。带领群众脱贫致富，关键要突破思想藩篱。顺应"大众创业、万众创新"历史潮流，以培育文明乡风、良好家风、淳朴民风为着力点，弘扬主旋律和社会正气。握紧思想解放这把利刃，深入开展"解放思想、更新观念、我要脱贫"大讨论，帮助贫困群众充分认识到自身优势以及主观能动性的重要性。借助国家出台的产业扶持及政策性补助等一系列脱贫攻坚优厚政策，破除不敢干、不想干的束缚。点燃创业热情，学习科普知识，找准自身优势，大胆创业创新，真正把对美好生活的向往转化为脱贫致富的动力，在特定领域实现"先飞"。

三是扶智扶到点子上。脱贫致富终究要靠贫困群众用自己的辛勤劳动来实现。坚持扶贫必扶智，尊重农牧民意愿，把人力资本开发放在首要位置。按照产业脱贫发展什么、集体经济管理等具体需求，采取"走出去""请进来"方式，大力开展针对性、速成式培训。广泛组织农牧民群众学习生态农业种植、特色畜牧业养殖、农畜产品深加工、旅游业服务管理、工程建设、合作社建设与发展、个体经营等知识。掌握一技之长，提高致富能力，打造一支脱贫致富、乡村振兴的强大队伍，加快培育新型农牧业经营主体。

一、抓党员强带富，打造脱贫攻坚先锋队伍

农村是脱贫攻坚主战场、主阵地，战斗在脱贫攻坚第一线的党员，担负着攻坚拔寨的重大责任，要切实担当脱贫攻坚"先锋队"作用。在当前脱贫攻坚关键时期，党员作为脱贫攻坚战役最直接的执行者，要在脱贫攻坚工作中当好标杆作好表率。

（一）锻造懂脱贫、会脱贫、能脱贫的党员队伍

共产党员是中国特色社会主义事业的先锋队，理应成为精准扶贫、精准脱贫的急先锋、排头兵。实施发展党员"精品"工程，按照"十六字"总要求，严格程序、严格把关，加大在农牧区优秀年轻党员、致富能手、外出务工经商人员及脱贫攻坚一线人员中发展党员

力度，成熟一个、发展一个。立足党员扶贫能力提升需要，深入实施"五个一百"培养计划，推广"互联网+党建"项目——"党员小书包"先进经验，探索推行"党课微讲""掌上党课"，准确把握各个时期扶贫攻坚的重点任务，充分利用党建刊物、内部学习手册、学习园地等交流平台，大力开展党员扶贫能力提升、"百名村（居）干部文化素质提升"、"双语双学"、"双带三培养"、"领头雁"、农牧区党员致富能力培训"六个工程"，一举解决部分党员群众"等、靠、要"的思想，一举培养懂脱贫、会脱贫、能脱贫的党员队伍。

（二）激发党员致富带富的创造力

近年来，各县积极探索在产业链上建立党支部或党小组，鼓励和支持党员领办创办农民合作社、生态农牧业、绒山羊养殖、家庭旅馆、牧家乐、互联网营销等特色产业，极大地解放了农牧区生产力，老百姓的腰包鼓起来了，反响很好、影响很大。积极总结推广经验，从项目、资金、技术、信息等方面，加大对党员带头致富、带领群众共同致富的支持力度，力争每个有劳动能力的党员都有脱贫致富项目。实施党建与扶贫开发"双推进"工程，帮助建章立制、协调矛盾、提供咨询、发布信息、开拓市场、技术指导、培训人才，提高农牧民进入市场的组织化程度。引导在外经商党员共同助力扶贫开发和家乡建设，推动党的建设与产业发展同步推进，做到"兴一项产业、活一方经济、富一方百姓、保一方平安"，聚点成片，以点带面，形成强大的脱贫攻坚辐射效应。

（三）力所能及地开展真情助力行动

党员干部力所能及地在脱贫攻坚战中发挥作用，结对帮扶困难群

阿里地委宣传部党员干部到羌麦村走访慰问结对帮扶贫困户，为贫困群众送去慰问品

众，是脱贫攻坚的一剂良药，对我们正在开展的党建与脱贫攻坚"双推进工程"有很强的借鉴意义。各级党组织以深入开展"党员干部走村入户、结对认亲交朋友"等活动为抓手，坚持量力而行，组织广大党员走出机关、走进贫困村、深入贫困户，力所能及地与贫困群众认亲戚、结对子。以"手牵手，党员在行动"、"十企帮十村"、"10+1"结对帮扶脱贫行动等为抓手，按照"一次安排、一包到底，不脱贫不脱钩"原则，实行"一对多""多对一""党员联片"帮扶机制。全地区37名地级干部与各乡（镇）和建档立卡贫困群众结成帮扶对子，73家地（区、中）直单位、1.4万名干部结对帮扶2.26万贫困群众，580名驻村工作队员包户帮扶1339户4873人，帮助群众解决生产生活等方面困难和问题，进一步形成了全员参与扶贫、全力推动脱贫的大好格局。依托党组织活动场所和办公服务场所资源，设立"党员扶贫先锋岗""党员扶贫示范岗""党员扶贫责任区""党员扶贫窗口服务点"，为广大党员搭建服务

脱贫攻坚的平台，努力唱响共产党好、共产党员好的时代强音。

赤德村：党员承诺挂墙上，为民责任扛肩上

"我承诺打扫本组道路的卫生，我承诺团结周围邻居，我承诺带领车队外出务工赚钱，我承诺帮助维修自来水管……"

在西藏阿里地区普兰县赤德村党支部书记的办公室里，几十位党员亲手写下的承诺书挂满了一整面墙，强烈的责任感扑面而来。

十几年前，赤德村的全体党员定下了一个规矩：每年初，所有党员一起开会，每个人亲手写下对群众的承诺，力所能及地为群众服务。

"每年初开会定下承诺，年终再开会检查承诺，完不成的就提出批评，责令改正。"赤德村党支部书记说，"这么多年来，很多人都是超额完成，几乎没有完不成的。"

35岁的党员小洛桑是村四组组长，也是远近闻名的致富带头人，他承诺了带领群众致富等六七条事项。"他完成的比这多得多，比如邻居盖房时，帮忙运土运砂。这种事他经常做，但是从不写在承诺书上。"赤德村党支部书记说。

据了解，在赤德村，每个党员都根据自己的实际情况，承诺做有利于和谐稳定的事情。富裕的党员承诺带领大家共同致富，经济困难的党员承诺为营造良好的村（居）氛围添薪助力。

党员梅朵卓玛家里是贫困户，她的3个孩子都在上学，她就在承诺书上写团结邻居；党员旺堆无儿无女，自己也身患疾病，他就承诺尽力做好村里交办的每一件事……

"党员不能只是一个称呼，而应该是沉甸甸的责任。"赤德村党支部书记说，"只有党员起了模范带头作用，村民才能信服，村里的事

赤德村党员承诺践诺墙

情才能干好。"

在全体党员的带领下，赤德村的各项事业迅速发展，面貌日新月异：村级组织活动场所和各种便民设施不断完善；村里开办的"济贫暖家"合作社，一年收入就有 16 万元；电影放映室、便民商店和村卫生室，基本能满足群众日常需求。

"党员身体力行，践行全心全意为人民服务的宗旨，树立了良好形象，坚定了群众听党话、跟党走的决心。"普兰镇镇长马克礼说，"这就是基层党员的责任和使命。"

二、抓驻村工作队强带富，打造脱贫攻坚一线模范

阿里地区各级强基办、各派驻单位和驻村工作队聚焦新时代干部驻村"八项重点任务"，立足精准，聚势发力，合力攻坚，扎实有序推进"助力打赢脱贫攻坚战"往深里走、往细里走、往实里走，为阿里地区如期脱贫摘帽作出了积极贡献。

（一）积极探索创新，持续精准发力

各驻村工作队坚持标准不降、步骤不减、环节不变、重点不移，

积极探索创新，
持续精准发力。
7 县 37 个乡(镇)
选派了 135 个驻
村工作队 572 名
驻村工作队员，
其中，西藏自
治区派驻 32 个
驻村工作队 130
人，阿里地区派

2019 年 3 月 28 日，门士乡驻村工作队慰问贫困群众

驻 49 个驻村工作队 196 人，各县派驻 54 个驻村工作队 216 人。同时，按照"硬抽人、抽硬人"要求，在干部选派过程中，选派 2 名地厅级干部，30 名县处级干部，112 名乡科级干部，286 名一般党员干部开展驻村工作。驻村工作队员中第一书记 36 人，大学生村干部 30 人(有14 名村干部为第一书记)，不断优化驻村干部结构，为扎实推进精准扶贫工作提供了坚强的组织保障。

（二）各驻村工作队充分发挥"传帮带"作用

依托"村（居）干部文化素质提升工程"和"双带三培养"工程，积极举办党员培训班，将党员致富能手和致富带头人纳入党员队伍中，协助村（居）"两委"健全完善党务财务等制度，为推进扶贫攻坚提供坚强的组织保障。按照"四性三化""八个阵地""十大功能区"要求，协助推进村级组织活动场所标准化建设，着重在制度建设、设备配置、规范运行上下功夫，定期组织开展扶贫知识测试、村民大会、惠民政策宣讲工作，使村级活动场所逐渐成为党员活动的阵地、

党员干部为结对帮扶群众送去生活用品

党内生活的家园、服务群众的窗口、引领扶贫攻坚的坚强堡垒。

（三）做好结对帮扶工作

各驻村工作队根据驻村点调整实际，及时做好单位党员干部与贫困户的包户帮扶、结对帮扶调整工作。组织单位党员干部深入开展"党员干部进村入户、结对认亲交朋友"活动和送健康、送文艺、送体育"三送"活动，走访慰问五保户、贫困户、低保户、"三老"人员，帮助解决用水、用电等实际困难，着力满足农牧民群众的健康生活需求，群众的获得感、幸福感、满足感不断增强。

"这几年，我们驻村工作队长期驻在基层，很艰苦很辛苦，为当地群众做了一大批实事好事，也深受各族群众一致好评。但每个村总体变化不大，村'两委'班子整体能力水平还有待提高，村集体经济还需进一步发展，老百姓思想观念、生产技能等还需进一步提高。"这就需要各驻村工作队进一步下大力气，真正"接地气"，讲群众语言，过村民生活，给村（居）"两委"班子教思路、教方法，帮他们想办法、出实招。进一步强化精准施策，按照"六个精准""八个到位"的要求，协助抓好建档立卡和数

2019 年 11 月 28 日，门士乡驻村工作队联合乡机关党支部慰问门士村优秀模范党员

措勤县曲洛村村民给驻村工作队赠送锦旗

据核查、面向贫困户打造实施项目等工作。加大政策宣传落实力度，鼓励当地群众"吃旅游饭""吃生态饭""吃集约生产饭"，致富有门路。

玉多村驻村工作队整合资源　助力脱贫攻坚

驻玉多村工作队紧紧抓住党的领导这个核心关键，聚焦脱贫攻坚这个最大政治任务，持续打出党建引领"组合拳"，为全村脱贫攻坚

提供了坚强保障。为坚决打赢脱贫攻坚战,充分发挥抓党建促脱贫引领作用,立足"增强基层党组织整体功能、抓好党建促脱贫攻坚"总体思路,建强基层组织建设,选优配强领导班子,培育创业致富带头人,积极推进以党建促脱贫各项任务,真抓实干,坚决打赢精准脱贫攻坚战。

(一)从严要求,打造坚强的组织战斗堡垒

驻村工作队把加强村"两委"班子建设作为扶贫攻坚的首要任务来抓,确立了把加强村党组织建设与推进扶贫攻坚紧密结合的整体思路。以学习贯彻习近平总书记关于脱贫攻坚的重要指示精神以及党的十九大精神等学习教育为契机,把纪律和规矩挺在前面,坚持人人担责、人人负责、人人履责,做让群众满意的党员干部队伍。

(二)村"两委"班子坚持民主集中制原则

严格按照贫困人口识别程序精准识别,村委会通过农户自愿申请,召开村民代表大会进行民主评议,形成初选名单,由村"两委"和驻村工作队核实后进行为期 7 天的公示,无异议后报镇人民政府审核,确定全镇贫困户名单,再下发给各村(居)进行第二次公示。无异议后报县脱贫攻坚办公室复审,再下发给各村(居)公告的程序,畅通了群众反馈信息渠道,主动接受人民群众监督,坚持标准,不优亲厚友,做到了"扶真贫"。

(三)坚持扶贫先扶思想,变"要我发展"为"我要发展"

驻村工作队坚持扶贫与扶智扶志相结合的要求,激发内生动力,增强贫困群众脱贫信心。驻村工作队、村扶贫专干、包村干部以及村"两委"班子与贫困户促膝谈心,宣传各项精准扶贫政策,让贫困户懂得"扶贫不是救济"，主动甩掉"等、靠、要"思想，积极实现"两不愁、三保障"标准。

（四）强化党组织书记抓党建"第一责任人"职责

坚持用责任制管责任人，按照"以责任人带一班人，以一班人活一盘棋"的党建工作理念，抓好带头人队伍建设，加强对村"两委"班子和党员干部的培训力度，不断增强发展壮大村集体经济的能力，实现富民强村，村"两委"班子在玉多村抓党建促脱贫中成效显著，三个产业项目运行良好。

洗沙厂：成立于 2016 年 5 月，由国家投资 250 万元、1300 名参股者每人筹资 300 元集资建成，主要从事沙石加工出售等，由现党支部书记桑嘎抓全面工作，村主任曲桑任理事长、村监督委员担任副理事长、扎西诺布担任会计。从 2016 年起，玉多村户籍开始享受洗沙场创收的成果，2019 年实现纯收入 85 万元，带动就业 14 人（其中建档立卡贫困户 4 人）。

村"两委"召开玉多村脱贫人口"回头看"工作部署会议

牦牛养殖基地：成立于 2018 年 12 月，总投资 1624 万元，由塔尔琼（村统战委员）负责，内购牦牛 720 头。2019 年实现劳务输出总收入 10.52 万元，带动建档立卡贫困户 4 户 22 人。

扶贫商店：成立于 2011 年 6 月，采取承包经营方式，由布达瓦（副主任兼质保委员）负责。2018 年实现收入 2 万元。

（五）建立了帮扶指导机制

村支部书记带头，深入了解贫困户思想动态、摸清贫困底数，分析致贫原因，逐户制定扶贫计划和扶贫台账，做到了精准发力，聚力攻坚，共慰问 5 个贫困户、帮扶资金 5000 元。

（六）充分发挥第一书记和驻村工作队的引领作用

结合本村实际，将工作任务精准定位在建强基层组织、推动精准脱贫、为民办事服务、提升治理水平上，提高基层工作能力和带领群众脱贫致富的本领。积极协助村党组织制定脱贫攻坚、发展致富"一村一策"，谋划脱贫攻坚思路、找准发展路子、实化脱贫攻坚举措；制定"一帮一"精准脱贫计划，充分发挥派出单位优势和工作队作用，帮助指导村党组织掌握精准识别、精准帮扶、精准脱贫的政策和方法，送政策、送法律、送技术、送信息，让干部和群众明白谁来扶、扶持谁、怎么扶，让精准脱贫的理念深入基层、深入群众，激发群众自我发展的信心、决心和能力，确保全村 2019 年如期实现脱贫。

第三节 产业发展助力脱贫攻坚

没有贫困地区的小康，就没有全面建成小康社会，就不是真正的小康。要打赢脱贫攻坚战，进而真正实现小康，最艰巨最繁重的任务在农村，特别是在民族地区与革命老区等连片特困地区，扶贫工作更是重点和难点。近年来，随着脱贫攻坚工作不断推进，扶贫的方式也在逐渐发生变化。从输血式扶贫转变为造血式扶贫，由救济式扶贫转变为开发式扶贫。归根结底，就是要让扶贫从一次性变为可持续性。那么如何让脱贫攻坚工作可持续推进呢？习近平总书记为我们指引了方向：要脱贫也要致富，产业扶贫至关重要，产业要适应发展需要，因地制宜、创新完善。

产业扶贫是指以市场为导向，以经济效益为中心，以产业发展为杠杆的扶贫开发过程，是促进贫困地区发展、增加贫困农户收入的有效途径，是扶贫开发的战略重点和主要任务。产业扶贫是一种内生发展机制，目的在于促进贫困个体（家庭）与贫困区域协同发展，根植发展基因，激活发展动力，阻断贫困发生的动因。产业扶贫，不同于过去的资金扶贫、物质扶贫，送钱、送物只能解决燃眉之急，发展产业才可以形成可持续扶贫态势。产业扶贫可以充分利用当地的资源、人力优势，培养经济支柱产业，让产业带动地方经济发展，解决就业问题。

因此，抓好产业扶贫，才能更全面深入地取得脱贫成效。在推进产业扶贫开发的过程中，一方面，需要各级各部门以及全社会真正理解产业扶贫的内涵，从思想上认识到产业扶贫的重要性；另一方面，需要各方协调，共同采取切实有效的措施，推进产业在贫困地区和区域生根发芽，发展壮大。这样，才能保证产业精准脱贫成效，避免资源浪费。

在基层扶贫实际中，常常听到的问题就是"没资金、没动力""没规模、没市场""没特产、没特色"等。矛盾与问题虽然五花八门，但形成原因却大体相似，那就是对自身定位的不清晰。这就需要寻找到根植于本土的特色与优势，因地制宜谋发展。阿里地区始终立足于本地区实际，贯彻落实《贫困地区发展特色产业促进精准脱贫指导意见》，精准定位产业，在资本引进引导、本土企业培养、知识人才储备等方面，加大机制创新力度，整合资源、科学规划，打造完整的产业链条，形成具备竞争力的市场品牌，让贫困县乡（镇）实现脱贫致富。

大力实施"产业带动""党建富民强村"项目，探索推行"'支部＋公司＋协会（合作社）'＋'书记带头、党员示范、专干帮办'"工作模式，采取部门帮扶、村企合作、服务创收等方式，在资金、物资、项目、信息等方面给予了大力支持。协助开展就业技能培训，帮助实现转移就业，理清发展思路，挖掘本地特色资源，找准致富门路，实现"一村一品"。以村（居）党支部为"后盾"，培育壮大就业组织、农牧户（贫困户）、合作社（公司）之间利益联结、互利共赢的合作机制。因地制宜，量体裁衣，通过入股作价、年底分红等方式，引导有技能的致富带头人、贫困群众积极参与村级经济合作组织合作社，鼓励村干部、党员群众领办创办产业项目，激发群众脱贫致富的积极性，不断壮大集体经济规模，增强"造血"功能。同时，结合东三县脱贫、西四县巩固脱贫实际，及时对接扶贫、人社、农业农村、职校、金融等部门协调资金、项目等，全面落实技能培训、外出务工、产业发展、就业创业等各项惠民政策，不断增强贫困群众的脱贫内生动力。

因地制宜发挥优势　推动产业致富脱贫
——措勤县措勤镇门东居委会典型事迹

（一）基本情况

门东居委会，位于阿里地区措勤县城驻地，平均海拔 4700 米以上，气候常年高寒严酷，自然条件较为恶劣，牧业生产和产业发展极为困难。全居共有 275 户 926 人，正式党员 71 名，预备党员 8 名。

门东居委会"电子商务第一村"自创建以来，牢固树立"大党建"工作理念，依托"党旗引领·大湖崛起"党建子品牌创建，探索开展"点亮帮扶温馨墙、微梦共圆门东居"帮扶活动。紧紧围绕传递党员正能量，发挥党员示范引领、先锋模范作用，以建强基层党组织、为民办实事解难事、助力贫困群众实现微小愿望为目标。在居委会工作人员与贫困群众"一对一"结对帮扶机制的基础上，着力开展门东居委会"电子商务第一村"建设，把本村的特色日用品、食品、保健品、手工艺品等 4 大类特色产品纳入电子商务平台。截至目前，全村 275 户近 1000 人受益，解决就业岗位 32 人，带动 6 户贫困户实现脱贫。

（二）主要经验做法

1. 突出组织领导，实现脱贫增收

一是根据阿里地委安排部署，措勤县成立了县委书记任组长的门东居委会"电子商务第一村"建设工作领导小组。研究制定《措勤县"电子商务第一村"建设方案》，解决建设资金、项目调研、人员配备等突出问题 20 余项。按照"企业主体、政府推动、市场运作、支部引领"的原则，搭建了"村居党支部＋村级电子商务服务站点＋便民利民服务"为特色的牧区电子商务平台（即"1+1+N"模式）。

二是门东居委会驻村工作队积极协助村党支部、大学生村干部和措勤县阿云电子商务有限公司，参与到门东居委会电子商务第一村各项工作的日常管理中。部分销售商品由西藏阿云电商公司从拉萨及日喀则大型批发市场统一采购。网络代购商品由邮政统一发货至县级服务中心，再由服务中心小型物流车配送至门东居委会村级服务站。门东居委会村级服务站负责人扎西曲珍电话通知村民取货。门东居委会村级服务站操作人员负责收集村民特色商品运送至县级电子商务服务中心，经美工拍照优化上传至"藏货通天下—措勤频道"进行售卖，所得收益返还村民。

三是门东居委会牧民提供紫绒羊绒、民族手工制品等产品。日常工作中，村级服务站创业人员在销售的同时，也帮助村民进行代买代购，网购一些生活必需品和进行手机话费充值等获得收益。

四是村级统一管理门东居委会便民服务超市。确保商品质量，实现商品物美价廉，改善牧民群众购物条件、降低了购物成本。

2. 强化宣传培训，拓宽行业知名度

一是门东居委会驻村工作队协助村(居)"两委"开展"宣传带头跑，经济不用愁"宣传活动。充分利用墙体广告、宣传单、措勤阿云电商微信公众号等宣传手段，积极鼓励驻村干部和牧民群众、大学生创业人员开通微博、微信，扩大对门东居委会牧区特色产品和电子商务工

牧民为网上售卖拍摄产品照片

作宣传。同时，联系西藏新华社对门东电子商务进行专题报道，进一步激发门东居委会牧民接触电子商务热情，增强电子商务知识普及，让更多的牧民群众意识到电子商务带来的巨大商机。目前有 10 余家知名报社发布或转发电子商务建设情况与特色商品新闻 20 余条，大大提高了门东居委会"电子商务第一村"的知名度。

二是注重门东居委会农牧民学习电子商务专业技术知识培训。协助开展培训 3 次，充分挖掘牧民群众潜在资源，收集本地特色产品，进行拍照摄像，上传产品至自己的网店销售，让农牧民群众掌握一门技术、熟悉一条门路、精通一门手艺，着力增强农牧民群众的增收致富本领。

3.加大投入力度，提升竞争水平

一是运用西藏阿云与杭州甲骨文共同开发的"溯源管理系统"，制作门东居委会牧特产品的"溯源二维码"。溯源体系主要体现在"产地信息溯源、生长数据溯源、经济价值溯源、品牌溯源、终端销售溯源"，保障牧特产品的质量和安全，促进产品流通，规范产品市场秩序，指导生产，引导消费，切实提高门东居委会市场竞争力。

二是充分整合利用各渠道资金。特别是阿里地区支持门东居委会"电子商务第一村"工作经费 50 万元，门东居委会认真组织谋划，将地区支持的 50 万元经费全部投入人员培训、设施设备购置和物流仓储建设等基础设施建设中，提升门东居委会"电子商务第一村"基础建设质量。

4.健全工作机制，注入奖惩催化剂

为从根本上改变牧民脱贫致富思想，门东居委会进一步完善奖惩

机制，使牧民群众产生自我表现意识、竞争意识及主人翁意识，促进发展新跨越。奖惩不单单是一种物质利益的给予，更重要的是对于其自身价值和努力的认可。把"让我脱贫"转变为"我要脱贫"，发挥他们的主观能动性，自觉行动起来，营造了良好致富、攀比增收的氛围，90％以上的牧民群众增收速度较上年明显提升。第一书记和村（居）"两委"班子不再是"孤军奋战"，为下一步打赢脱贫攻坚战奠定了良好基础。

措勤县门东居委会驻村工作队紧紧围绕十九大提出的"产业兴旺、生态宜居、乡风文明、治理有效、生活富裕"乡村振兴战略总要求。结合措勤县实际，建立健全电子商务平台，积极协助乡（镇）党委、村（居）"两委"班子，把农牧民群众组织起来、资源整合起来、产业发展起来，实现了资源变资产、资金变股金、村民变股民，党支部更有凝聚力，村庄更有精气神，村民更有归属感。

白糌粑开启了奔小康的"致富之门"
——普兰县普兰镇西德村典型事迹

西德村是阿里地区最著名的糌粑产地。西德白糌粑是产自阿里神山脚下的纯天然绿色食品，具有营养丰富、使用方便、色纯味香、易消化等特点，尤其糖尿病、脂肪肝、癌症等患者主食更佳。也许是上天格外的眷顾，当冈仁波齐雪山融化的雪水流经西德村时，滋养了这里 3000 亩良田，孕育出独有的白青稞。这种青稞磨出来的糌粑口感细腻、口味香甜，而且亩产可达 700 斤，千百年来声名远扬。

2002 年开始，在阿里地委、行署和有关部门的帮助下，西德村成立了白糌粑加工厂，距普兰县城 7 公里。自 2002 年修建以来，先后由自治区国税局（投资 10 万元）、县农牧局（投资 20 万元）、县政府（投资 20 万元）、第一批驻村工作队（投资 20 万元）扶持发展。主要承担着购买粮食、油

普兰县西德村，糌粑加工厂工人正在进行炒料作业

菜籽加工、糌粑加工、经营销售等职能。经过十几年的发展，如今已成为普兰县乃至阿里地区的拳头产业。

2017 年普兰县农牧业技术推广站申请注册的"普兰县西德白糌粑"地理标志商标通过国家工商总局商标局批准使用，这标志着普兰县地理标志商标有了零的突破。

目前，西德糌粑主要销售方式为传统批发市场销售，或通过第三方进入实体商店销售，或农博会及阿里畜牧产品交易会上展销。

阿里地委、行署高度重视西德白青稞产业的发展，授予西德村白糌粑加工厂"工资集体协商提质增效规范企业"荣誉称号。挖掘自身潜力，发挥自身优势，做强产业支撑，推动资源优势转变成经济优势，全力以赴把西德白糌粑打造成阿里农业特色产业的标志性品牌。西德糌粑加工厂通过规模扩大和品牌建设，推出了更高附加值产品，包括白青稞饼干、麦片等。

近年来，普兰县工商局积极顺应农产品市场需求品牌化趋势，深入推进商标品牌战略，紧紧围绕"商标富农"和"产业、品牌、商标"

三推进工作，做好了农产品地理标志商标的注册、使用、保护。

世外桃源底雅乡，种植果树助脱贫
——札达县底雅乡典型事迹

这是底雅

说起西藏的江南，大家都能想到林芝地区，但是在阿里，也有一个被称为小江南的地方，那就是阿里札达县的底雅乡，阿里地区最边远的一个乡，但是海拔却和林芝差不多，气候湿润，当地人就依托这一优势，逐渐实现了脱贫，并且发展致富。

底雅乡位于札达县城区西北方，地处东经 79° 1′，北纬 31° 7′，象泉河下游与马阳河交汇处，地貌如荒原中的绿洲。底雅乡是阿里地区最美的地方，西与印度喜马偕尔邦金瑙县南加活不桑河中心为界，北与曲松乡、楚鲁松杰乡相邻，南与萨让乡接壤，东与香孜乡相连。全乡境内边境线长达 68 公里，距县城所在地 260 公里，全乡平均海拔 3700 米，其中底雅村海拔 3100 米、什布齐村海拔 2800 米，是阿里地区海拔最低的乡，群山环抱，绿树成荫，有着"世外桃源"的美称。

底雅乡辖区内的底雅村、什布奇村地处河谷地段，气候适宜，具有发展林果业的先天优势。脱贫攻坚实施以后，阿里地区依靠低海拔优势，把底雅的脱贫之路转移到山上，移栽种好存活的果树，一片片成林，苹果、杏子、核桃、樱桃成为了这里致富的渠道。

底雅乡什布奇村村民岗珠多吉说："几年前，我在札达县城菜市场看到很多苹果和杏，价格卖得极高，回到家后，我就想家乡能不能种一些果树。于是，我用了多年的积蓄，买了 300 棵苹果苗和 400 棵

札达县底雅村村民进行经济林果种植工作

杏子苗进行了试种，没想到几年后就接了果，而且树上才结了果子，就被客人抢购了。后来，我发现青苹果皮薄，吃的人更多，就进行嫁接，红苹果改青苹果。"为了扩大果木种植，阿里地区每年都组织专业技术人员进行现场技能培训，经过几年的果树栽培，如今果树都开始挂果了，苹果甜了，杏子也丰产了。

底雅乡什布奇村村民次仁罗布说："种上果树以后，收入就不一样了，在这里种果树农民收入增多，每个人都能赚很多钱，每一年下来有几万块钱。"

底雅乡和附近的村庄还建立了合作社，对村民销售不完的水果，合作社用保底的价格进行收购，统一运输到阿里地区各县进行销售，村民还可以参与合作社的入股分红。当地政府还鼓励个体户开办加工厂，生产杏子酒、苹果干和杏子油等加工产品，满足当地消费，远销其他地区。

底雅乡党委书记说："现在有种植面积 456 余亩，鲜果产量达 150 余吨。群众的户均收入达到了 2 万元以上，最高的一户林果收入可以达到 15 万元左右，整个乡镇经济林果收入产值一年有四百万元左右，形成了'山上放牧守国土，山下果树来致富'的格局。"

借"千年历史" 造"富民之路"
——西藏阿里扎布让村奏响"旅游富民"交响曲

对于经营家庭旅馆的金珠德吉来说，夏季是忙碌而喜悦的季节。每年 5 月到 10 月的旅游旺季，前来住宿的游客络绎不绝，每天都有近千元的收入。

"我家 3 间房、40 张床铺。'十一'期间会比较紧张，需要提前预订。"走进金珠德吉的家庭旅馆时，她正在接听来自上海一个自驾游团队的电话。旅游旺季期间，金珠德吉的手机总是响个不停，一拨拨的游客慕名而来。

金珠德吉的家庭旅馆位于西藏阿里地区札达县扎布让村。推开她家的旅馆大门，便可见一个典型的藏式小院，五颜六色的花儿开放其中，阳光透过明亮的窗子照到房间。从屋中向远处望去，便可看见不远处一条土黄色山脊上的古格王国遗址。古格王国遗址就坐落于扎布让村境内。据史书记载，古格王国于公元 10 世纪前后为吐蕃王室后裔所建，于 17 世纪灭亡。

札达县旅游发展委员会主任告诉记者，古格王国的建筑在彩绘、泥塑、雕塑艺术等方面都具有很高的价值，给后人留下了很多珍贵的文物和历史资料。古格王国遗址也因此闻名于世，每年吸引众多境内外宾客前来参观、探访。1961 年，古格王国遗址被列为首批国家重点文物保护单位。近年来，随着札达"旅游兴县"政策的深入推进，当地村民巧借"千年古格历史"，大做文化旅游文章，走出了一条富民之路。

西藏土林：这个
党员大哥不一般

2006 年，随着青藏铁路的开通，西藏旅游业迎来了"井喷"式发展态势。看着越来越多的游客，金珠德吉开始经营家庭旅馆，成了村里"第一个吃螃蟹的人"。金珠德吉说，当时由于交通不便，游客多是徒步或骑行而来，需要的只是一处落脚过夜的地方，于是她在家中临时增加了三四张床供客人住宿，当年收入就有 3000 元。从床铺到餐饮，再从单间到淋浴房，随着游客不断提出新的需求，金珠德吉也在不断改进旅馆的设施。现在，金珠德吉的旅馆已有 40 个床位，因设施完善、卫生良好还被村里评为"金星级"家庭旅馆。

见到金珠德吉的家庭旅馆生意火爆，村民们纷纷效仿。如今，这个只有 38 户 152 人的小村庄有 34 户人家都开了家庭旅馆，每年仅接待海外游客就达 2000 人次，人均年旅游收入超过 1 万元。

扎布让村驻村工作队队长告诉记者，家庭旅馆不仅能为游客提供住宿，还为他们提供当地藏鸡蛋、牛奶、酸奶、牛羊肉、糌粑、酥油茶、青稞酒等特色餐饮服务。

金珠德吉是个腼腆少语的人，但谈起旅游给村民带来的变化，她一下打开了话匣子。"上世纪 60 年代，还有不少村民生活在古格遗址下的洞穴里，靠放牧、种地生活，日子过得相当苦。如今，在政府的

札达县扎布让村扶贫宾馆

扶持下，昔日荒山中的'洞穴'放牧人，成了时尚家庭旅馆的老板，过上了人人羡慕的好日子。"她说。对于未来，金珠德吉有着长远的计划：投资一百万元在县城开一家具有藏式风格、现代化的宾馆，尝试利用网络、电视、书籍等媒介，让更多人了解古格王国的历史。

扎布让村的"旅游富民"模式是阿里地区积极打造世界旅游目的地的一个缩影。近年来，随着交通、能源等基础设施的改善，进藏游已不再"遥远"，阿里地区旅游产业自身的潜力也愈加凸显。

推动家政服务　助力精准脱贫
——改则县财政局、旅发委联合驻圆梦新居工作队典型事迹

2017 年新成立的圆梦新居居民委员会，共有居民 44 户 211 人，均为建档立卡贫困户，党员 15 人。驻村工作队进驻到居委会后，在开展工作时面临严峻形势，全村大多数都是异地搬迁户，政策性补助较少，无草场、无产业、无项目，各项工作都处在摸索阶段，这让驻村工作队意识到扶贫工作还存在诸多困难。然而，工作队并没有被眼前的困难吓倒，更加坚定了"我不是过客，也不做过客"的信心，暗下决心一定要竭尽全力，自谋发展，帮助居民走上致富路。

　　"家政服务中心"的开展看似顺利，实则困难重重。为了帮助居委会发展产业项目，驻村工作队迎难而上，牢牢把握改则县"第三产业"项目惠民政策，联合"两委"班子利用两个月时间完成了调研。了解到圆梦新居经济实力差、来源单一，很多妇女就业缺乏就业平台，易地搬迁群众思想动力不强、缺乏自信等实际问题，驻村工作队抽出大量时间，通过召集村民开展座谈会、文艺汇演等活动，加强与搬迁群众之间的交流，增进彼此之间的默契与感情，再循序渐进地进行宣传教育，调动脱贫积极性。

　　世上无难事，只怕有心人。驻村工作队坚持为民初心，牢记驻村使命，与"两委"班子协商实施了改则镇圆梦新居"家政服务中心"项目。2018年3月至4月，成立3个工作组分别做好人员招聘、短期培训，市场调研、采购设备，文字材料汇编、市场宣传等工作。驻村工作队还给家政服务中心提供了1000元的启动资金，县扶贫办提供了发电机、水箱、清洁剂等价值35万元的原材料。功夫不负有心人，经过两个月的努力，圆梦新居"家政服务中心"在2018年4月成立了，然而，工作队并没有就此止步，继续做好推进工作，组织11名（5男、6女）职工分两个班进行轮流作业，驻村工作队全场指导监督，试行一个月圆满

改则县圆梦新居家政服务分红

完成了任务，收入达到 7300 元，全年收入达 115000 元。2019 年以来，通过搬家、送水、打扫、清洁、杂工等家庭服务，"家政服务中心"共计盈利 20202 元，其中洗衣盈利 3054 元，帮助 12 名贫困户就业。

圆梦新居"家政服务中心"项目经过一年的摸索调研，已日渐成熟，群众经济收入稳增、客户服务订单逐日增多、群众满意度逐渐提升，有效增强了搬迁贫困户的自信心、创新性和幸福感，树立了自主创业的典范，增强了贫困群众脱贫致富信心，为发展第三产业类工作奠定了良好的基础。2019 年，居委会继续开发扶贫产业项目，新建洗车场月收入达 3500 余元，44 户居民自愿以每户集资 1000 元的方式自筹资金创办的茶馆月收入达 12000 余元，力争实现社区从"输血"到"造血"的转变。

第八章　积极培养锻造新时代
戍边好干部

　　好干部是标杆、是旗帜，好干部能号召人、鼓舞人、激励人，不论是枪林弹雨的战争年代还是曲折前进的和平时期，好干部一直都是党和国家凝聚正能量、发挥重要作用的引领。

　　不同时期，对好干部的标准和要求不一样。新的历史时期，习近平总书记给出了更为明确的定义，就是要做到信念坚定、为民服务、勤政务实、敢于担当、清正廉洁。同时，习近平总书记强调，实现党的十八大确定的各项目标任务，进行具有许多新的历史特点的伟大斗争，关键在党、关键在人。培养好干部，关系到党要管党、全面从严治党的任务能不能实现，关系到党的各项任务能不能得到有效落实，关系到中华民族伟大复兴的中国梦的实现。

　　阿里地区坚持党管干部要求，始终把政治标准放在首位，坚持全面从严治党、从严治吏，牢固树立政治导向，认真贯彻《干部选拔任用条例》。坚持严管与厚爱并举，紧跟需求育干部，严格标准选干部，从严要求管干部，选优配强各级领导班子，提升干部队伍整体素质，着力营造良好选人用人环境，源源不断选拔使用经过实践考验的优秀年轻干部。突出看政治忠诚、政治定力、政治担当、政治能力、政治自律，注重提拔重用牢固树立"四个意识"、坚定"四个自信"，善于从政治上看问题、严格遵守党的政治纪律和政治规矩，坚决维护党中央权威、全面贯彻执行党的理论和路线方针政策，尤其是在反分裂斗争、脱贫攻坚等急难险重任务面前站得出来、顶得上去的好干部，有意识地安排在重要部门和岗位锻炼，增强干部队伍适应新时代中国特色社会主义发展要求的能力。

第一节　干部教育培训跃上新台阶

干部教育培训是干部队伍建设的先导性、基础性、战略性工程，在进行伟大斗争、建设伟大工程、推进伟大事业、实现伟大梦想中具有不可替代的重要地位和作用。

阿里地委认真贯彻落实新时代党的组织路线，贯彻落实《干部教育培训工作条例》《2018—2022 年全国干部教育培训规划》及自治区实施意见，坚持办好学习贯彻习近平新时代中国特色社会主义思想这"一门主课"，切实强化"1+9+N"教育体系、培训内容体系、分类分级培训体系、培训保障体系、培训制度体系"五个体系"，以坚实的理论基础淬炼思想、增强党性、武装头脑，确保实现政治效益、专业效益、治理效益、法治效益、社会效益等"五大效益"，着力培养造就忠诚干净担当的高素质专业化干部队伍，着力集聚爱国奉献的各方面优秀人才，坚持德才兼备、以德为先、任人唯贤，选拔培养使用干部。

一、创新教育培训方式方法

改革开放之初，阿里干部教育培训工作刚刚起步，培训资源匮乏，干部培训难、难培训等问题十分突出。一切都处在摸索中，缺乏统一、规范的指导，在培训对象、培训班次、培训内容等方面各自为政，千差万别，培训效果难以保证。

随着改革开放成效的逐步显现，我国经济文化事业的逐渐规范化法制化，党的干部教育培训工作走上了科学化规范化道路。2006 年，中共中央在进行大量的调研的基础上，出台了《干部教育培训工作条例(试行)》(以下简称《条例》)，使干部教育培训工作实现了有章可循。

一是区党委、地委高度重视，积极统筹部署。首先认真组织党校老师、领导干部学习《条例》，切实把握核心要义和精髓实质，着力提高干部教育培训质量。拟定从培训方式方法上打开缺口，寻求突破，由阿里地委组织部牵头，会同地县两级党校，多次召开会议研究办学培训方式方法，着力改变"老师教什么，学生学什么"的填鸭式教学方法，解决仅仅专职老师上课问题和仅在地区内培训问题等。不断适应新形势下干部教育培训工作需要，形成了一系列创新而又接地气的培训举措，改变了传统的单一教学模式，形成了研讨教学、案例教学、现场教学、论坛教学、在线课堂、翻转课堂等一系列多样化教学方法。

二是到党校进修，学出干事创业"精气神"。坚持把习近平新时代中国特色社会主义思想作为地、县两级党校（行政学校）主课，结合党的最新理论成果、当前重点工作任务和干部队伍建设需求，制定《阿里地区 2019 年干部教育培训计划》，精心设计"习近平新时代中国特色社会主义思想解读""习近平总书记关于治边稳藏的重要论述解读"等精品课程。坚定不移深化"用学术讲政治"教学改革，提高教师"用学术讲政治"的能力，实现学员"用行动讲政治"的目标。积极开展"传帮带"、试讲等活动建强师资队伍，通过课堂教学、远程教育、网络课件等教学形式，综合运用讲授式、研讨式、案例式等教学方法，重点开展脱贫攻坚、生态环境保护、安全生产、民族团结、法治建设等阿里事业新目标新部署的专题培训，分层分级举办县（处）级领导干部学习贯彻习近平新时代中国特色社会主义思想专题培训、乡（镇）党政正职专题培训和科级及以下干部专题培训，引导党员干部补足精神之钙、筑牢能力之基。

三是到实践中锻炼，练就解决问题"真功夫"。充分利用阿里改革发展优秀文明成果打造"实境课堂"，进一步延伸和拓展实践教学。坚持"干什么补什么、缺什么补什么"，实施"精准滴灌"，做好实践课堂"自助餐"。选派干部"下派上挂"，在主要岗位锻炼、复杂岗位磨炼、艰苦岗位历练。以普兰岗莎村集体经济合作组织、措勤门东居

阿里地区组织中青年党员干部到梁家河现场教学

委会电子商务、噶尔康乐新居、农业生态产业园区为示范点，开展脱贫攻坚成功经验参观学习。

四是到先进地方借鉴，悟出改革发展"新理念"。借好全国支援、两省援助的"东风"，针对不同级别、层次、目标，组织党员干部分批次、多形式的"走出去""请进来""交叉学"。加强与区内外的沟通交流、互学互鉴、合作共赢。选派中青年干部到梁家河进行交流学习，引导党员干部追寻习总书记为民造福的初心、追求真理的精神、埋头苦干的作风、攻坚克难的意志、复兴民族的梦想；选派党员干部到石家庄、西安等城市，探寻现代化足迹，领悟奋进新时代。主动邀请区内外专家、名师、业务骨干等到我地区为改革建言、为困局解惑、为发展献策，开展"送教上门"活动。积极搭建日常交流平台，举办青年人才论坛，在智慧碰撞中进步。

二、进一步完善教育培训内容体系

在阿里地区干部教育培训工作实践中，不断总结符合干部成长的干部教育培训工作规律。紧紧扭住党员领导干部思想政治建设这个核心，切实发挥地、县两级党校主渠道主阵地作用。以学习贯彻习近平新时代中国特色社会主义思想为首要任务，以坚决维护习近平总书记的核心地位、坚决维护党中央权威和集中统一领导为最高政治原则，以坚定理想信念宗旨为根本，以全面增强执政本领为重点，突出政治训练、政治历练，强化"五个高效体系"，把提高政治觉悟、政治能力贯穿全过程，着力提高培训针对性有效性，高质量教育培训干部。

根据阿里地区发展稳定生态各项事业需要，广泛开展维稳综治、民族宗教政策、反分裂斗争、双语教育、宣传文化教育、企业管理知识等内容的全面深入培训。进一步拓展丰富培训内容，实现培训内容多元化，克服本领恐慌、知识恐慌，全面提高党员领导干部执政能力。同时，在培训对象上力求实现地区全覆盖，加大对基层农牧民党员、村（居）两委班子成员等同志的专项培训力度，夯实党的基层执政基础，确保纵向领导指导全面加强，努力实现大规模培训干部、大幅度提高干部素质，以多元化培训内容立体推进阿里地区干部教育培训工作。

一是完善"1+9+N"干部教育培训体系。依托党校主阵地，用好9大红色教育实践基地，广泛组织"请进来""走出去"，加大"讲授式、案例式、研讨式、现场教学、领导干部上讲台"等比重，探索开展"新时代讲习所""千堂党课进基层""千名党员进党校"。

二是完善培训内容体系。大力开展党的十九大和十九届四中全会

阿里地区公安处组织党员干部学习宪法修正案

精神及理想信念、党章党规党纪、反分裂斗争纪律、党的民族宗教政策等条例和规划等重点内容培训，教育引导广大党员领会新思想，树牢新理念，增强贯彻党中央部署能力。

三是优化分类分级培训体系。依托地委党校，举办地、县党政领导班子成员专题培训 4 期，培训 240 人，举办机关公务员专题培训 6 期，培训 260 人，举办年轻干部专题培训 4 期，培训 160 人，举办基层干部专题培训 5 期，培训 170 人，举办其他干部专题培训 10 期，培训 401 人；选派县处级以下 227 名党员干部到河北、陕西两省理论学习、跟班培训、挂职锻炼。

四是建强培训保障体系。加强党校专职教师队伍建设、兼职教师选聘力度，建立完善党校教师学习进修实践锻炼培养制度，建立干部教育培训经费保障长效机制，每年投入干部教育培训经费不少于 690 万元，全力保障干部教育培训经费。

五是健全培训制度体系。严格落实需求调研、组织调训、培训计划申报等制度，严肃调训纪律，健全调训情况通报、约谈、诫勉及考核评价、督查、登记管理等制度。

三、规范教育培训工作机制

改革开放以来，阿里地区干部教育培训工作从未停止过改革创新的脚步，干部教育培训工作不断面临新的挑战，干部教育培训需求日趋呈现多元化态势。为满足日益增长的培训需求，阿里地区及时调整思路，统筹谋划，不断创新改革举措，健全干部教育培训机制，逐渐形成了满足不同层面、不同类别、不同需要的多元化培训格局。

一是全面加强培训需求调研。狠抓培训针对性实效性，在每年开展地委党校办班、"请进来""走出去"培训之前，在全地区范围内发放培训调查问卷，全面开展摸底调研，准确把握广大党员领导干部培训需要，有针对性开展专题研讨培训。

二是全面加强跟班督导。实行跟班管理制度，无论是党校办班还是区内外培训，都指定至少一名领队并强化领队的监督管理职能，加强全过程监督管理，对培训过程中不遵守教育培训纪律的党员干部严格问责追责，切实严肃干部教育培训工作纪律。

三是全面加强干部教育培训工作联席管理。建立阿里地区干部教育培训联席会议制度，联合地区财政局、教体局等单位，定期召开联席会议，群策群力，及时集中研究解决干部教育培训过程中遇到的突出问题，凝聚干部教育培训工作合力。

四是全面加强制度建设。以改革创新为抓手，不断推进制度建设保障，先后制发了《阿里地区关于贯彻落实〈2010—2020 年干部教育培训改革纲要〉的实施办法》《阿里地区干部教育培训管理及考核办法（区外）》《阿里地区赴河北、陕西两省省委党校理论培训班学习人员考核办法》《阿里地区选派赴两省挂职锻炼副县级干部考核办法（试行）》《关于贯彻落实〈西藏自治区领导干部上讲台实施办法（试行）〉的意见》等制度文件，有力保障干部教育培训工作制度化规范化，不断推动干部教育培训工作争一流、上水平。

四、提升教育培训工作质量

一直以来，阿里地区干部教育培训工作始终坚持大力宣传马克思主义中国化最新理论成果，以坚定理想信念、增强执政本领、提高能力素质为重点，坚持理论教育这个根本，夯实知识技能教育这个基础，扭住党性教育这个关键，使干部教育培训工作更好地实现了为干部健康成长服务、为阿里经济社会长足发展和长治久安服务。

在突出教育培训重点的同时，还兼顾与时俱进和注重实践，实现政治性、时代性、针对性和实践性同步并举。学员普遍感到开阔了眼界、更新了知识、锻炼了能力、指导了工作，教育培训工作质量不断提高，促进经济社会推动作用越来越凸显，干部教育培训"五大显著效益"大大彰显。

一是增进了政治效益。举办各级各类干部政治纪律教育培训 12 次，培训 720 余人次，党员干部理想信念进一步强化，"四个意识"不断加强，"四个自信"进一步坚定，"两个维护"成为政治自觉和行动自觉。

二是增进了专业效益。着眼于培养干部的专业能力、专业精神，举办各行业系统专业技术干部培训 20 期，培训 800 余人次。

三是增进了治理效益。围绕治理体系和治理能力，举办地、县党政正职专题培训 2 期，培训领导干部 128 人。

四是增进了法治效益。广泛开展依法治国和依法治藏、依法行政、依法管理等相关培训 4 期，培训干部 240 人，邀请区内外专家学者业务骨干举办法治专题讲座 6 期，培训干部 1680 余人次。

五是增进了社会效益。通过培训，党员干部能力水平进一步提高，服务意识进一步增强，以良好的状态全力推进改革发展稳定各项事业，一心一意为各族群众办实事、办好事 4918 件，担当作为干事创业的气氛更加浓厚。

据统计，2019 年年初，地级干部培训率达到了 92%，县级干部培训率达到了 72.23%，科级及以下干部培训率达到了 66.99%，同 2008 年相比同比增长 77%、40.23%、38.99%。

第二节 严把干部选拔任用关

贯彻新时代党的组织路线，建设忠诚干净担当的高素质干部队伍是关键，重点是要做好干部培育、选拔、管理、使用工作。坚持"德才兼备、以德为先"的用人标准和"信念坚定、为民服务、勤政务实、敢于担当、清正廉洁"的好干部标准，特别是民族地区干部"三个特别"的要求，这是阿里地区干部选拔任用所坚持的总体要求。

突出看政治忠诚、政治定力、政治担当、政治能力、政治自律，注重提拔重用增强"四个意识"、坚定"四个自信"、做到"两个维护"，善于从政治上看问题、严格遵守党的政治纪律和政治规矩，坚决维护党中央权威、全面贯彻执行党的理论和路线方针政策，尤其是在反分裂斗争、脱贫攻坚等急难险重任务面前站得出来、顶得上去的好干部，这是阿里地区干部选拔任用的具体标准。

长期以来，阿里始终把干部队伍建设作为关键，牢固树立"重德才、重实绩、重公认、重基层"的正确用人导向，进一步优化班子队伍结构、营造干事创业氛围、深化人事制度改革、拓宽人才引进渠道、增强干部队伍活力，领导班子和干部队伍建设取得了显著成效。

一、坚持党管干部，统一政治选人方向

阿里地委坚持总揽全局、协调各方，在干部选拔任用过程中，抓住党委领导和把关这条主线。始终坚持定方向、把环节、重管理，贯彻党的意志、体现党的要求，切实把党管干部原则落到实处。

一是根据新形势新实践，制定、调整和完善干部选拔使用和监督

管理机制。充分发挥指导作用，强化党委（党组）和分管领导在干部选拔任用中的权重，细化完善各类干部选任制度及配套制度。根据干部管理权限选好、用好和管好每一名干部，确保用人质量和管理效能，使高原边疆高素质执政骨干队伍适应时代要求和事业发展需要。

二是始终秉持民主、公开、竞争、择优原则，加强分析研判，把好"动议关"；全面多维了解，把好"考察关"；严格审查审核，把好"入口关"，切实承担起在推荐、考察、识别、使用干部中的责任，把党的领导贯穿于干部选拔任用的全过程。

三是充分发挥党组织在干部选任中的监督作用，坚持发扬党内民主。采取民主测评、个别谈话、专项调查、民意调查和查阅资料等方式，落实群众对干部选拔任用的知情权、参与权、选择权和监督权；强化党组织在选人用人上的责任，防止个人或少数人说了算，加强县级领导班子考核，强化县级领导班子运行和班子成员发挥作用综合分

普兰县召开 2018 年度党建述职评议会

析研判，把乡镇领导班子及乡镇党政正职纳入综合分析研判范围，为下一步地委正确选人用人提供参考。

二、坚持高素质要求，把好政治选人首关

阿里地区坚持服务大局、推进事业；坚持底线思维、问题导向；坚持遵循规律、健全制度，促使干部严格遵守政治纪律和政治规矩，不断提高政治觉悟和政治能力，永葆共产党人政治本色。

一是深入贯彻学习中央、区党委干部选拔任用工作要求。通过学习研讨、专题培训等方式，督促加强各县、各单位党委（党组）内部制度建设，健全完善党组集体研究决定"三重一大"事项制度和党委（党组）议事规则，进一步强化各级党委（党组）在干部选拔任用中的规矩意识、程序意识、责任意识。

二是坚决贯彻落实干部任用条例、《党委（党组）议事规则》、四项监督制度。始终坚持德才兼备、以德为先选人标准，坚持五湖四海和"三个离不开"原则，严格按照规定选人用人。

三是坚持把清理消化超职数超规格配备干部贯穿干部选拔任用工作始终。与干部选拔任用同考虑、同安排、同落实，坚持"不消化、不调整，无职数、不调入"，坚持"控制增量、消化存量"，逐步清理消化超职数超规格配备干部。

三、坚持新时代好干部标准，守好政治选人原则

阿里地委始终坚持好干部标准，结合实际提出六类人不得列入后备干部人选的要求，坚持注重基层、注重公认、注重实绩，树立正确

的选人用人导向。

打破传统的论资排辈，以个别谈话推荐、会议推荐以及地级干部、各县各单位党政一把手署名推荐干部等形式，积极探索形成行之有效的民主推荐做法，扩大组织部门选人用人视野。

注重从基层培养选拔干部，拓宽社会优秀人才进入干部队伍渠道。大力选拔修身严、用权严、律己严，谋事实、创业实、做人实的干部。提拔使用长期在条件艰苦、高海拔县乡工作、驻村驻寺干部以及在重点工作中表现突出、群众公认、实绩明显的干部。目前，县级干部中，具有乡镇党政正职任职经历的占 24.5%，提任使用的县级干部中，驻村驻寺干部占 71.3%，维稳一线干部占 29.6%，党务工作者占 30.3%。

四、坚持深化干部人事改革，激发政治选人活力

随着干部人事权限逐步下放，各级党委（党组）着眼于推进干部人事档案管理标准化、提高班子成员领导能力和执政水平、改善干部考察机制等措施，更好地为推动科学发展选干部、配班子、建队伍、聚人才。

阿里地委充分利用和巩固好全国干部人事专项审核认定成果，实现干部基础工作与干部人事档案专项认定无缝对接，有效衔接，切实把专项认定的成果体现在干部管理选拔任用日常性工作中。研究出台《阿里地区领导干部能上能下暂行办法》，把想干事、能干事、会干事、干成事，长期在基层工作，经验丰富，群众工作能力强、业绩突出，为农牧区发展稳定作出积极贡献的干部安排到重要岗位工作，及时调整不适宜担任现职干部。

干部考察考核中，在充分了解干部主要德才表现的基础上，再充分运用逆向考察法，着重对干部存在的不足、人岗是否相适等情况进行了解，实现干部考察不留死角。同时，在试用期满考核中实行"反向测评"，从干部政治表现、工作能力、工作作风、工作实绩、廉洁自律5个方面20个细节全面考察干部德才表现。

第三节　培养使用优秀年轻干部

习近平总书记在全国组织工作会议上，专门强调要做好新时代年轻干部工作，大力发现培养选拔优秀年轻干部，"建设一支忠实贯彻新时代中国特色社会主义思想、符合新时期好干部标准、忠诚干净担当、数量充足、充满活力的高素质专业化年轻干部队伍"。这是党和国家事业发展的百年大计。优秀的年轻干部不会自然而然产生，对年轻干部本人而言，成为可靠接班人，既要靠个人努力，更靠组织培养。

阿里地委组织部召开人才工作研讨会

阿里地委着眼培养造就忠实贯彻习近平新时代中国特色社会主义思想、符合新时期好干部标准、忠诚干净担当、数量充足、充满活力的高素质专业化年轻干部队伍，突出理想信念宗旨教育、思想道德教育、优良作风教育，加强年轻干部政治训练和实践锻炼。着力在培养环节下功夫，帮助年轻干部砥砺品质、增长才干，让经过实践检验、条件成熟的年轻干部水到渠成地走上与之相匹配的工作岗位，接稳、接好中国特色社会主义事业的接力棒。

一、坚持德才兼备、以德为先选拔标准

选什么人、用什么人，体现着鲜明的价值导向，历来是关乎全局的重要课题。德才兼备、以德为先是阿里选拔任用干部的一贯方针和根本原则。

阿里地委坚持挑选优秀年轻干部，坚持对党忠诚这个首要标准。着眼培养造就忠实贯彻习近平新时代中国特色社会主义思想、符合新时期好干部标准、忠诚干净担当、数量充足、充满活力的高素质专业化年轻干部队伍，突出理想信念宗旨教育、思想道德教育、优良作风教育，加强年轻干部政治训练和实践锻炼。从年轻干部对重大问题的思考、对群众的感情、对名利的态度、处理复杂问题的过程和效果中考察党性，从年轻干部填报个人事项报告等大事小节中观察德行，确保选出的苗子在政治上过硬。

把习近平新时代中国特色社会主义思想作为年轻干部成长成才的第一课，把党章党规党纪作为必修课，通过中青年干部培训班、红色教育、实践锻炼等方式，以读经典、学经典为基础，进行系统的马克思主义理论教育和严格的党性教育，着力锻造牢固树立"四个意识"、信念如磐、意志如铁的年轻干部队伍，确保年轻干部始终听党话、跟党走。

二、不拘一格，坚持动态选才

世不患无才，而患无用才之道。选好用好优秀年轻干部，机制方法很关键。

从革命年代提出"有计划地培养大批的新干部，就是我们的战斗任务"，到改革初期确立干部"四化"方针、开展"第三梯队建设"，再到新时代强调"培养造就一代又一代可靠接班人"，时至今日，阿里地区已经总体上解决了领导干部青黄不接、领导班子整体性交替的问题，避免了以运动式、突击性提拔年轻干部的做法，年轻干部工作步入良性循环。

干部选拔坚持系统思维和全局观念，着眼近期需求和长期战略需求，进一步解放思想，以宽广的视野和胸怀，从各条线、各领域、各行业中发现储备优秀年轻干部，逐步打通干部跨界交流使用的"最后一公里"，拓宽年轻干部来源渠道，建好"蓄水池"。

干部选拔坚持基层和实践导向。注重在改革发展稳定的第一线、在急难险重任务中选"苗子"、拔"尖子"，对表现优秀、能力突出、群众认可的年轻干部，敢于给位子、压担子。同时，建立优秀年轻干部储备数据库，坚持动态更新，不以一次选拔定终身，把相形见绌的及时调整出去，把新发现的优秀人选持续补充进来，让想干事、能干事、干成事的优秀年轻干部真正脱颖而出，激活"一池活水"，形成良性循环。

三、人在事上练，刀在石上磨

对年轻干部而言，成长也从无捷径可走，经风雨、见世面才能壮筋骨、长才干。习近平总书记对广大年轻干部寄予厚望，他强调"优秀年轻干部要有足够本领来接班"。应该说，现在的年轻干部，大多受到过系统的高等教育，文化素养较高，思维活跃，眼界开阔，接受新事物快，工作也有热情、有朝气，开拓进取精神比较强，成长相对较顺。但现实中，一些年轻干部，有的缺乏基层和艰苦地方的扎实磨炼，有的做群众工作本领不够强，有的担当作为的底气还不足。这些问题，应当引起重视。

阿里地委组织部坚持把有潜力的优秀年轻干部放到基层一线、脱贫攻坚、生态环保等重要岗位上进行磨炼。让干部多一些"热锅上蚂蚁"的体验，在同群众打交道的具体实践中增强政治意识、掌握工作方法。注重鼓励、引导年轻干部多思考，多关注自身素质和能力的提升，不搞自我设计和预设晋升线路图。把提拔的事交给组织，把壮筋骨、长才干的事留给自己，在思考工作、攻坚克难中丰富人生阅历、提升整体工作能力。加强对年轻干部做好跟踪培养，建立年轻干部成长档案，及时根据年轻干部的个性和特点，立足事业发展需要，有针对性地开展培养，实施精准滴灌，帮助年轻干部尽快成长成才。

第四节　从严从实抓好干部监督管理

习近平总书记在全国组织工作会议上强调，好干部是选出来的，更是管出来的。从严从实抓好干部管理监督，为建设忠诚干净担当的高素质干部队伍、实现新时代新发展提供坚强的政治和组织保证。

一、把准政治要求，突出抓好政治监督

阿里地委坚持把"两个坚决维护"作为最高政治原则，突出对遵守政治纪律和政治规矩情况的监督，全方位掌握干部的政治表现。注重在重大工作任务中监督干部的政治担当，看是否扛得起重担、经得起磨炼、拿得下任务，是否讲条件、打折扣、搞变通；在组织生活中监督干部的政治自觉，看是否坚持民主集中制，是否坚持党委(党组)决策"三重一大"事项；在日常工作中监督干部的政治作为，看是否严格落实请示报告制度，是否如实报告个人有关事项，是否把忠诚老实融入日常学习和工作。

阿里地区退休老干部集体过政治生日

坚持政治表现"首问"，及时进行提醒函询诫勉，对政治上不合格的坚决"一票否决"，教育引导党员干部始终做政治上的明白人。

二、强化思想教育，提升党员干部监督意识

一是坚持以树牢政治意识、廉政意识、规矩意识为目标，依托"1+9+N"党员教育体系，深化干部思想教育，筑牢旗帜鲜明讲政治、攻坚克难敢担当、清正廉洁知敬畏的思想基础。

二是依托干部政治教育活动、"三会一课"、组织生活会等党内政治生活，广泛开展习近平新时代中国特色社会主义思想学习教育，举办政治教育主题班次，选派党员干部到自治区党校接受政治教育培训，广大党员干部政治意识、大局意识、核心意识、看齐意识明显增强。

三是把正、反面教育相结合，联合中央党校举办"加强全面从严治党与权力监督制约"专题培训班，深入开展政治思想警示教育活动，组织干部参观警示教育基地，集中观看警示教育片，用徐才厚、黄宇天等反面典型及孔繁森、尼玛顿珠等先进事迹教育引导党员干部严守规矩、坚定信念、增强党性。

四是以开展"不忘初心、牢记使命"主题教育为契机，依托先遣连纪念馆、中共阿里分工委旧址等红色基地，开展"学孔繁森精神、争做藏西先锋"、重温入党誓词等活动，引导党员干部传承先辈优良传统，发扬讲政治、守纪律，能吃苦、肯奉献的革命精神。

三、把干部政治监督融入日常生活

一是坚决落实抓早抓小、防微杜渐的干部监督工作要求。把政治监督融入干部日常监督管理工作各方面，抓常抓细、抓严抓实，促进提升干部监督工作的严肃性、威慑性。

二是认真落实"一报告两评议"、经济责任审计、外出报批报备等常规制度。签订县级以上干部履职承诺书，定期抽查各单位干部在岗在位和登记报备情况，切实从源头、细微处做好干部政治监督。

三是坚持把抓好干部政治言行作为政治监督的重要内容。列出干部政治表现负面清单，采取问卷调查、实地调研、座谈交流等形式

实时动态跟踪，机关党总支书记跟个别党员谈心谈话

侧面动态监督干部政治言行，重点监督干部是否追随达赖集团、组织参与支持分裂破坏活动，坚决铲除"两面人""两面派"。

四是巩固拓展中央八项规定精神成果。持续深化整治"四风"问题，深入开展"治庸治懒治散"专项行动，处理"不担当、不作为、慢作为"干部，着力营造干事创业的良好氛围。

四、构建科学严密的日常管理监督体系

一是坚持完善从严管理监督干部制度体系。加强对党员干部全方位的管理监督，完善机制、搭建平台、建立体系，不断提升党员干部善于监督、敢于监督的自觉性。

二是以深化党的建设制度改革为契机。按照"缺什么补什么"的要求，补齐制度短板，发放《中国共产党党内监督条例》《关于新形势下党内政治生活的若干准则》，制定《阿里地区关于适应新时代要求大力发现培养选拔优秀年轻干部的实施办法》等制度5项，制度笼子不断扎牢。

三是按照"凡举必查""查实必纠""纠必从严"的原则。健全干部日常管理监督制度机制，充分利用"12380"举报平台，完善信访、

举报制度。开通干部监督电子信箱，建立健全信访、电话、短信、网络等"四位一体"监督体系，建立干部监督联席会议机制，面向社会聘请95名兼职干部监督员，时时受理干部群众举报，发现问题及时提醒、函询、诫勉、处理，形成政治监督管理工作大格局。

四是坚持把政治监督同机关监督、民主监督、司法监督、群众监督、舆论监督贯通起来。探索地、县、乡、村四级联建监督体系，强化自上而下的组织监督，推进民主公开、民主谏言工作体系，改进自下而上的民主监督，创新同级单位交叉监督体系，发挥同级相互监督作用，监督合力不断增强。

五是贯彻制度治党、依法治党要求，不断完善干部监督制度体系。在选人用人监督方面，制定选人用人问题立项督查工作规定、"带病提拔"科级干部选拔任用过程倒查办法、推进领导干部能上能下实施办法、科级干部选拔任用工作"一报告两评议"实施办法等；在干部日常管理监督方面，制定提醒函询诫勉实施办法、个人有关事项实施办法、干部监督联席会议制度、领导干部外出报批报备规定、干部日常考核办法等，进一步扎紧从严监督笼子，加强监督信息资源整合，提升监督工作信息化、智能化水平，形成有效监督合力。

五、推动不担当不作为问题监督落到实处

一是坚持把"选种育苗"和"田间管理"结合起来。严格政治标准，严把选用关口，提优汰劣，着力发现解决干部不想为、不能为、不敢为等问题。

二是严格落实"六个是否、六个防止"要求。深化政治考察，完善政治专项考察、干部选拔考察、班子年终考察"三考"方式。建立

和完善差异化考核指标体系，有效防止了伪忠诚、假忠诚、"搞两面派、做两面人"的人进入各级领导班子和干部队伍。

三是严格执行"凡提必核"要求。制定《干部监督联席会议制度》《干部群众反映举报查核暂行办法》，定期向纪委、组织、信访等部门收集干部政治品德、综合素养等信息，实行政治思想、理想信念、工作作风意见"双签字"制度，确保提拔使用干部干净担当忠诚。

四是严格把控动议提名、考察识别、讨论决定三项环节。按照"三定"要求，确定动议提名对象，按照"三项清单"（责任清单、问题清单、成绩清单）情况，决定考察识别标准。按照"三个不上会"（未经动议酝酿的不上会，有问题未经核实清楚的不上会，未按规定向上级报告的不上会）导向，确定讨论决定成果，以程序严格性保障干部选拔的准确性。

六、不断延伸干部监督触角

聚焦关键环节、重点领域、关键岗位及群众所思所盼重要事项，全方位扩大监督范围、延伸监督触角，不断织密干部监督网。

一是突出抓好政治监督。把政治监督融入改革、发展、稳定、生态等重点领域中，融入急难险重任务中。及时组建专项整顿领导小组，开展"政治素质差、工作作风差、责任落实差、群众口碑差"这"四差问题"整治行动。加大对关键时候不讲政治、遇到困难不讲原则党员干部处理力度，形成常态化震慑。针对地县两级财政、发改、住建、组织、人社等资金密集、权力集中的80余个关键岗位。对其主要负责人实行全程政治监督，定期开展政治考察、政治审核，并分类确定轮岗期限、按期交流轮岗制度，有效防止了关键岗位用人失察失误，避免了长期任职风险隐患。

二是充分运用其他监督手段。聚焦群众所思所盼所想，依托群众监督、媒体监督等手段，探索群众反映问题、亟待解决问题完成情况跟进督查制度。深入开展以官压民、以权欺民、做"村霸街霸""保护伞"专项整治，处理为民办事"拖绕阻"，为民解困"两头难"、以权谋私、欺上瞒下事件，党员干部为民办事、为民解难的自觉性、积极性空前高涨。

三是匡正用人风气，持续加大干部选拔任用监督力度。党的十八大以来，我们紧盯干部提拔、考录、选聘等关键环节，精准查找违规用人等突出问题，从严管理干部，深入开展选人用人巡察工作。开展干部选拔任用工作"一报告两评议"，实现了选人用人专项检查全覆盖。把加强换届风气监督贯穿换届工作始终，严格落实"七必看""四必谈""四必训""六必签"等规定动作。开展"四个一批"自选动作，深入开展宣传教育，组织开展全覆盖巡回督查，压紧压实主体责任，营造了风清气正换届环境，实现了换届工作"零违规""零违纪""零举报"的目标。

第五节　把关心爱护干部落到实处

关心爱护干部是干部管理须臾不能放松的工作。

阿里地区平均海拔 4500 米以上，高寒缺氧、条件艰苦，被称为"生命禁区"，是典型的高原边疆民族地区。

近年来，阿里地区认真贯彻落实中央和区党委关心关爱干部有关决策部署，按照"真正重视、真情关怀、真心呵护"的要求，大力实施"人才强地"战略和"三年大健康计划"，优化关心关爱政策，改善工作生活环境，出"实招"、出"妙招"、出"绝招"、出"连环招"，招招见效，全方位、全周期做好关心关爱干部工作。让广大干部有回报、得实惠、有干劲、保健康，充分调动干部积极性主动性创造性，需要关心爱护干部，让干部切实感受到党的关怀、组织的温暖，为新时代各项事业稳步前行凝聚最强大的正能量。

一、优化政策出"实招"，树立鲜明"暖心"导向

坚持把关心关爱基层干部作为一项"暖心工程"，从政策保障、政治激励等方面入手，将关心关爱干部工作落细落实，努力为干部发挥作用、健康成长创造良好条件。

一是常态化谋划推动。坚持把关心关爱干部工作纳入组织工作整

阿里地区举办"干部压力调适和心理素质提升"专题报告会

体规划，成立干部保健工作委员会，阿里地委、行署立足实际研究制定"人才强地"战略和"三年大健康计划"，先后召开 8 次专题会议研究解决干部吃、住、出行等实际困难；制发印发制定《阿里地区关于进一步激励广大干部新时代新担当新作为的实施意见》《阿里地区干部健康和关心关爱工作任务细化分解方案》。发改、财政、卫健委等相关部门紧密配合、沟通协调，立足基层干部现实需要，创新驱动，派发一系列健康"大礼包"，为基层干部不断"加油""充电"，为全面做好关心关爱干部工作提供坚强组织保证。

二是长效化建章立制。以形成健全完善的干部保健和关心关爱制度管理体系为目标，本着"固化制度、长效管用"原则，制定出台《加强干部职工健康体检工作的意见》等 9 项规范性文件。健全预防保健宣传教育、医疗抢救等配套制度 12 项，完善干部保健工作规划、年度计划，确保任务有目标、措施可落实、工作见成效。

三是动态化督促落实。将关心关爱干部工作纳入党委督查重要内容，建立定期及不定期抽查普查制度，阿里地委主要领导牵头，先后两次选派督导组，深入 7 县 37 个乡镇督查干部职工待遇落实情况，足额兑现未休假、独生子女等各类补助补贴；组织精干力量，深入各单位开展"亮灯"情况检查抽查，严格执行法定工作制时间，限制加班时间和情况，特别对地办、行办、地委组织部等加班较多的单位提出整改意见，限期给予加班同志必要补助补贴。

二、落实待遇出"妙招"，架设畅通"连心"桥梁

坚持严管和厚爱相结合，讲责任更讲关心，讲奉献更讲人文，设身处地为干部着想、分忧，将关心关爱落实到其切身利益和体会上，

使基层干部始终与党中央保持"心连心"。

一是设身处地加大流动交流。注重精神凝聚，建立高海拔干部轮换交流制度，认真筛查身体状况存在危险人员，充分尊重和考虑基层艰苦乡村干部子女入学、照顾老人等特殊因素。2016 年以来，先后调整 46 名身体欠佳的干部到海拔较低、环境较好的县乡或地直部门工作，办理 38 名两地分居、家庭困难干部调动。加强思想正向激励，大张旗鼓地宣传全国改革先锋尼玛顿珠、"最美医生"次仁巴珍等实绩突出、群众拥护、特别优秀的基层干部，带动激发基层干部干事创业热情。

二是该有的待遇一个子都不能少。不折不扣落实好干部工资福利、津贴补贴等待遇，严格执行好离岗休养、64 号文件提前退休、干部任职、岗位聘用、职级晋升、职称评定倾斜政策。科学处理工作与休息、工作与健康的关系，有序安排干部休假轮休、治病疗养等，应休尽休，宜休则休。全面兑现好夫妻两地分居、防寒取暖等各类补助，2016 年以来先后安排 87 名病情明显的干部到内地休（疗）养，保障职工待遇，干部归属感、获得感、幸福感不断增强。

三是有困难找组织。将干部实际困难视为党和政府的困难问题，按照"地级联系县级、县级联系科级，工作上帮带、水平上赋能、生活上帮助、学习上指导、心理上干预、情感上共融"的工作模式。积极开展谈心谈话、慰问家访等工作，建立完善干部思想动态和困难家庭档案，坚持做到"四个必访"（家庭纠纷必访、患病住院必访、工作消极必访、节假日必访）。对出现问题的干部及时指正开导，对发生重大疾病的进行紧急救助，对家庭困难的适当帮扶资助，对创业创新的给予激励帮扶，从"心"开始，让干部"无牵挂"，不断激发干事创业内生动力。2016 年以来，开展慰问活动 1556 场次、9.6 万余人次，利用调研考察等时机办实事好事 7000 余件。

三、改善基础出"绝招"，构建优良"舒心"环境

大力实施乡镇"九小"工程，聚焦增强干部归属感，加快基础设施建设，优化工作生活环境，切实做好"后勤保障"，让基层干部"留得下、住得好、有干劲"。

一是集中供氧供暖全覆盖。坚持把"双供"工程作为一项民生工程、健康工程、福祉工程，针对阿里高寒缺氧实际情况，2017 年以来累计投资 20 多亿元，建设 7 县 27 个乡（镇）集中供暖供氧工程。在改则等 5 县设立微压氧舱 10 个、氧吧 5 个，古姆乡等 7 个高海拔乡（镇）氧站建设试点成功；坚持把吸氧作为干部年度考评的一项重要指标，发放供氧卡 10000 余张，人均每年可免费吸氧 1100L 价值 1298 元，有效保障广大干部用暖用氧、身心健康。

二是日常吃住出行更便利。针对服务半径大、工作生活环境差等问题，依托"安全饮水、美丽乡村、垃圾处理、特色新型小城镇"四项工程。加强交通、水电等基础设施建设，配套建好食堂、浴室、蔬菜大棚等"九小"工程，实施蔬菜直销店、商品"万村千乡"

阿里地区地、县、乡三级供氧舱

工程等，统一规划周转房、机关生态园、党员活动室及附属设置，配足健身器材，2017 年以来全地区建成生态温室 89 个、机关食堂 114 个、周转房 1070 套，干部学习、工作、就餐等生活条件大大改善，住房难、出行难、用水难、吃菜难等困难得到有效解决。

三是高原医疗基础有保障。以组团式医疗人才援藏为契机，围绕干部医疗保健需求，实施"1+7"医院等级创建工程。投资 29549.88 万元完成阿里地区人民医院创"三乙"目标，加速推进县级医院创"二乙"工作，打造"规范化乡镇卫生院"，设置流动医院，安排专家轮流坐诊，干部医疗保健工作保障水平大大提升。

四、健康服务出"连环招"，营造浓厚"安心"氛围

依托"三年大健康计划"，坚持体检发现、保健先行、预防为主，从干部生活细节着手，严防红线、坚守底线、锻造坚硬"革命本钱"，让干部安心扎根基层、奉献阿里。

一是"一体系"拉响警报红线。依托"智慧医疗"服务，投资 40 万元建立人工智能健康管理系统，对照干部健康档案指标参数，实时分析检测数据，提供患病和身体优化评估，健全转诊、治疗和防控的红黄蓝"三色"预警机制。充分发挥组团式医疗专家骨干作用，开展疾病筛查，一对一"对症下药"，提供专项诊治和用药指导意见，确保危险提前预警、小病即时诊断、大病及时发现。

二是"双驱动"矫正健康机能轨线。坚持常规体检和基因体检双结合双驱动，重点结合高原地区心脑血管和生活特性情况对干部进行基因位点检测，筛查基因缺陷，检测干部身体基本情况。强化疾病预防，先后录入常规体检报告 2000 余份，建立基因检核数据库 10000

余份，制定个性化健康保健方案 11900 余份。同时，与陕西、河北援藏医院定点联系，开通阿里干部就医绿色通道，及时干预亚健康状况，确保干部身体机能健康有序运行。

三是"三举措"提高保健意识。依托"美丽医生健康行"等，深入机关企事业单位、驻村驻寺点和基层开展巡回宣讲 141 场次，邀请区外知名医院专家开展健康讲座 295 场次 15000 余人次；打造 52 个"四个一"干部保健站，组织医疗专业技术人员定期深入乡村巡诊义诊 4443 人次，发放保健药箱 300 个，提供治疗建议 1857 条；开通"阿里干部保健之窗"微信平台，制发《高原疾病抢救"一本通"》等资料 2.2 万册，推送保健知识 280 条、插播保健动漫 1 万余次，传播健康理念，提高保健意识，营造摒陋习、反透支、强保健的良好氛围。

温暖的关怀，巨大的鼓舞。2016 年以来，阿里地区外调和辞职的人员明显减少，区内外引进、申请调阿人数明显增多，年均达 700 人以上，人才队伍实现了量的大增长、质的大提升。广大干部人才对习近平新时代中国特色社会主义思想的信仰更加坚定，强烈感受到中央、区党委和上级组织部门关心关爱干部的政策温暖，扎根阿里干事创业的归属感、荣誉感、获得感进一步增强，艰苦奋斗、奉献边疆的活力更加充足，为推进阿里长足发展和长治久安凝聚了人才优势和智力支撑。

第九章　情满阿里的援藏干部

开展对口支援工作，是党中央从党和国家工作全局高度作出的重大决策部署，是社会主义制度优越性的充分体现，是各民族共同团结奋斗、共同繁荣发展的生动实践，是实施西部大开发战略、推进区域协调发展的重大举措。

对口支援 25 年以来，陕西、河北两省和国家电网、中国移动、中国联通三大央企始终把落实党中央治藏方略、做好对口支援阿里工作摆到重要战略地位。从组织保障、干部援藏、人才支撑、资金投入、项目支持、产业扶持、脱贫攻坚、基础建设、民生改善

阿里地区组织召开第八、九批援藏干部轮换协调会

等各个方面，全方位、多层次、宽领域地开展对口支援工作，有力促进了阿里政治、经济、文化、社会、生态、党建等各项事业发展进步，使阿里发展站在了新的历史起点上。中央第六次西藏工作座谈会后，"两省三企"把做好对口支援工作作为贯彻落实习近平新时代中国特色社会主义思想的重大举措，进一步完善援藏思路、创新援藏举措，力度上不断加大、方法上不断创新、领域上不断拓宽、效果上不断提升、惠及面上更加广泛、干部素质上不断提高，牺牲自己的建设项目来支持阿里的建设，牺牲自己的利益来发展阿里人民的利益，把困难和压力留给了自己，把关怀和帮助送给了阿里人民，充分彰显了"两省三企"的政治担当和对阿里人民的深厚情谊。

第一节　援藏领导干部代表

25 年以来，一批批援藏干部人才远离故土亲人，来到雪域高原，把阿里当作第二故乡，视阿里人民为亲人，以阿里发展稳定为己任，以对党、对人民高度负责的态度，政治上服从组织、对党忠诚，工作上勇于担当、主动作为，以实际行动践行了"老西藏精神""两路精神"和先遣连精神、"孔繁森精神"、阿里精神，与我们建立起了唇齿相依、情同手足、亲如兄弟的深情厚谊，为阿里的发展稳定生态付出了艰辛努力、倾注了大量心血、作出了重要贡献，涌现出了张宇、罗蒙等一批先进典型人物，树立起了有口皆碑的援藏干部良好形象。

雪域高原鉴忠魂
——记陕西省第六批援藏干部张宇（时任阿里地区
噶尔县委书记）

张宇，男，汉族，1968 年 7 月生，陕西岐山人。陕西省第六批援藏干部，时任阿里地区噶尔县委书记。2012 年 8 月 22 日因公牺牲，献出了年仅 44 岁的宝贵生命，在雪域高原谱写了一曲催人泪下、感人至深的壮歌。2014 年被中组部、中央统战部、国家发改委、人力资源部授予"全国对口支援西藏先进个人"称号。

（一）到孔繁森工作过的地方去

1994 年，刚刚参加工作三年的陕西省宝鸡市金台区政府办综合组组长张宇，被援藏干部孔繁森的故事深深打动了。"《孔繁森》的电影他看过两遍。那阵子他总喜欢跟我聊孔繁森。他说孔繁森之所以感人，是因为他在用心做事，用爱担当。张宇总说有机会一定要去西藏的阿里看看。"张宇的妻子马超一回忆起当年的事情，历历在目。以人为鉴，可以明得失。对孔繁森精神的这种感悟，无疑正是张宇在平凡的机关工作中脱颖而出的内因之一。

从宝鸡市金台区政府办公室的一名普通干部，到金台区区长助理，副区长，金台区委常委、区委组织部部长，再到宝鸡市委副秘书长。十多年来，张宇在每一个工作岗位上都认真做事，用心做事，在实践中逐渐成长为一名优秀的基层干部。

十多年来，张宇一直情系阿里。他从网上搜集了很多阿里的照片，时常翻看。他一直向往能像孔繁森那样在祖国的西南边陲干一番事业。"人活着就要为世界留下些东西，只要有机会，就一定要为西藏做些事情。"

2010年4月，陕西省在全省范围内选拔第六批援藏干部，这一年张宇42岁，父母年迈，妻子多病，儿子太小……他无法超脱到为了自己的梦想而无所顾忌。但内心纠结的张宇对妻子吐露了心声，"年龄再大，我就去不了阿里了。这次机会真不想放弃。"

"去吧……家里有我呢。只要你能照顾好自己，我就全力支持。"同窗4载，夫妻18年，马超一对丈夫的爱与支持一直是毫无保留的。报名、审核、核准、培训……随后的两个月里，张宇既忐忑又兴奋。经过几轮筛选，省委组织部批准了他的申请，他就要奔赴孔繁森工作过的地方了。

9月，陕西省第六批共40名援藏干部将奔赴西藏阿里地区工作，张宇被任命为阿里地区噶尔县委书记。面对如画的高原，来自内地的张宇还来不及好好欣赏，就被严重的高原反应折磨得头痛欲裂。

噶尔，藏语意为"兵营、帐篷"，与印度、尼泊尔接壤。这里是阿里地委、行署所在地和地区中心，是一个半农半牧的边境县，经济社会发展水平和基础设施建设相比内地非常落后。

"噶尔的美我无法用言语形容，就像这里的贫困让我无法平静。但是，这样的现状也激发了我更强的斗志，这里应该就是我实现自身价值的地方。"这是张宇到噶尔后，发给妻子的第一个短信。

（二）高原上盛开着美丽的紫花苜蓿

睡眠，是张宇到噶尔后面临的最大难题。由于高原反应，他每天的睡眠时间不足三个小时。同时，困扰他的另一个问题是噶尔的发展何去何从。没有调研就没有发言权。到噶尔后不到一周，严重缺乏睡眠的张宇就下乡了。阿里地广人稀，道路大多是石子路，乡村之间动

辄就是近百公里的距离，最远的村子门士乡门士村距离噶尔县城有
230公里。遇到低矮的土坯房，张宇总要进去看看，见到老妈妈就说
"姆啦"，见到老大爷就叫"波啦"，握着藏民粗糙黝黑的双手就与他
们抵着额头，嘴里说："其让亚（你好）!"

为了尽快走完噶尔的每一个村组，张宇把行程安排得满满的。
与他同行的程文杰，也是陕西第六批援藏干部，任噶尔县委副书记。
程文杰回忆说："白天我们赶路、调研，晚上走到哪个村就住在哪个
村，睡不着觉，张宇就拉着我谈噶尔的发展，一谈就是大半夜。"

2个月时间，他们跑了2万多公里，几乎走完了噶尔的村村落落，
与近百名党员、干部以及藏族同胞话民情、谈家事、问发展。离开陕
西时，张宇体重140斤，短短2个月，瘦了10斤。体重骤减，但张
宇对西藏的了解日深，对藏族同胞的感情更浓了。

2010年11月4日，张宇在噶尔县委七届四次全委（扩大）会议

到群众中去，张宇走进牧民家中调研基层生活情况

上，提出"建设藏西中心城市、阿里经济强县、边境模范县"三大战略目标和"以中心城市建设带动县域城镇化，为经济强县搭建平台和载体；以发展农牧区和城镇经济为两翼，起飞经济强县建设，促进噶尔县域城镇化和工业化；以边境模范县建设为中心，为城市建设和经济强县建设提供社会环境保障"的具体工作思路，为噶尔的发展明确了具体方向和路径。

在调研中，张宇发现，噶尔县农牧业发展面临的最大问题是过分依赖天然草场。噶尔县可利用的天然草场面积约有1200万亩，牲畜存量40万头。天然草场的理想载畜量是60亩养一头牲畜，而噶尔县草场的实际载畜量是30亩养一头牲畜。特别是一到冬季，原本就捉襟见肘的草场，越发难以满足牲畜的需求。因此，噶尔的畜牧业发展始终不大，也进一步制约了加工业的发展，畜牧产业链难以形成。

早在张宇之前，陕西的第四批援藏干部就从陕北带去了紫花苜蓿的种子，并在当地试种成活，打破了海拔4000米以上地区不能种植的理论禁区。每亩紫花苜蓿每年可产2500至3000公斤草，相当于当地100亩天然草场的产草量。

"这么好的牧草，在这怎么就推广不开呢？"

"放了一辈子牛羊，突然之间让他们从

草场是根本，张宇实地指导牧草种植工作

牧民转变成农民，他们不但吃不了这个苦，也接受不了这样的转变。"噶尔县农业局副局长深有体会。

"做农牧民的工作，关键是示范引导。"张宇提出，推广种植苜蓿，要先从动员村干部带头种植做起，同时通过免费提供种子、化肥等方式对紫花苜蓿种植进行适当补贴刺激。果然，榜样的作用不可小觑，种子、化肥补贴的杠杆作用也充分发挥出来。

5月，是苜蓿的种植季。2011年，噶尔的牧民表现出极大的种草积极性。当年种植紫花苜蓿1500亩。而在这之前，自2005年至2010年，六年里噶尔县推广紫花苜蓿不到2000亩。

昆莎乡噶尔新村三组村民米玛次仁，去年种植紫花苜蓿40亩，在满足自己2头奶牛用草需求的情况下，还可以以每车600至700元的价格出售近十车紫花苜蓿，全年可增加收入三至四万元。

这一年，紫花苜蓿长势很好，牛羊冬天吃苜蓿照样长膘。很多牧民看到了种植紫花苜蓿的好处。原来不愿种植的人也都开始跟着种了。张宇又趁热打铁，深入乡、村召开现场会，大力推广宣传。他见了牧民就说："人工种草基地是国家给你们的项目，把它建好、管好，赚的钱都是你们自己的。"

2012年5月，又是一个紫花苜蓿的种植季。越来越多的牧民把种草作为今年农活的一件大事，紫花苜蓿种植面积再次实现跨越式发展，总量达到了5450亩，在2010年推广1500亩的基础上，又新增种植面积2000亩。不仅是紫花苜蓿，短短两年时间，噶尔县人工种草面积从2010年的不足8000亩迅速增加至23000亩，其中，2012年一年就增加1万亩。

推广紫花苜蓿，是张宇到噶尔后打赢的第一场战役。

（三）整洁的噶尔欢迎您

正常情况下，援藏干部是三年一换。对于想在西藏有所作为的张宇来说，三年时间真的太短了。在缺氧的高原，人们习惯性地把工作节奏放慢，张宇却要与时间赛跑。

"援藏资金一定要投到具有引导性、示范性、基础性的领域。""噶尔的发展不仅仅需要'输血'，更需要'造血'，只有县域经济强了，才能增加就业、增加税收，增强噶尔发展的后劲。"反复的调查研究，许多个不眠夜的思索，张宇对噶尔经济发展的思路一点点清晰，一步步完善。

在他的带领下，2011 年年底，噶尔县委、县政府提出了建设"狮泉河生态产业园区"的发展规划，集中发展牦牛肉加工、牛羊皮革加工和规模化商砼等环保、高效项目。

"噶尔有丰富的矿产、最干净的矿泉水、最柔软的牛羊毛；噶尔流淌着最美的狮泉河、噶尔河；噶尔是象雄文明的故里……"张宇总是带着无比的浓情，向客商介绍噶尔。

但是，一个奇怪的现象让张宇陷入了困惑。来噶尔考察的客商很多，投资的却没有，很多客商大老远地赶到噶尔，当天却又要离开。

"张书记，噶尔的环境太差了，高原缺氧我们是有准备的，但县城的条件实在没办法接受。"一个客商跟张宇讲了原因。

的确，噶尔的绿化比例太小，县城经常是狂风肆虐，街道上堆满垃圾，路边大小便随处可见，公厕得不到及时打扫，夏天臭气难闻。

"一定要让噶尔旧貌换新颜。要把噶尔打造成西藏最干净的城市。"

2011 年，噶尔开始实施"大水大绿"工程，推进城市园林化建设的战役打响了。张宇积极与老家联系，邀请宝鸡市园林环卫专家做客噶尔出谋划策。专家们从特殊的地理位置和生态环境出发，结合实地调研，为噶尔城市建设和环境卫生量身定做了城市垃圾处理、公厕改扩建和街道清理三项工作方案。宝鸡市园林局还委派三名技术骨干，对噶尔城市建设长期跟踪指导。噶尔县城市垃圾箱、活动板房式垃圾收集站、水旱两用公共厕所的选址、设计、建设工作全面开展。

据不完全统计，两年时间噶尔投入资金 500 万元以上，对狮泉河重点路段和单位院落进行绿化美化，一年就完成植树造林 3000 亩，补植补栽 1700 亩；2012 年又购置树苗 58283 株、在狮泉河镇南入口、219 国道两侧 5 公里路段建设景观大道工程。

为巩固成果，在张宇的主持下，噶尔县制定完善了《狮泉河城市市容管理办法》等一系列规章制度，大幅度加强了噶尔城市管理和环卫工作力度。把城市管理执法人员从 8 人增加到 24 人，把环卫工人从 40 人增加到 80 人，人均工资由 650 元提高到 1080 元，购买了价值 30 多万元的压缩式垃圾处理车。

只要有时间，张宇就会到街上走走，看看路两边新栽种的树存活了没有，草绿了没有，看看规范的制度牌建立起来了没有，路两边的垃圾打扫了没有。

看到噶尔的变化，深深感受到噶尔诚意的客商们，开始郑重考虑投资噶尔。投资超过 1500 万元的阿里天鑫混凝土有限公司规模化商砼项目已建成投产，高档瓶装饮用水、皮革加工、卡垫生产等项目已达成入园意向。

2011 年年底，噶尔全县完成生产总值 1.43 亿元，同比增长 18%；县级财政收入完成 2158 万元，同比增长 61%；农牧民人均纯收入达到 4500 元，同比增长 23%；固定资产投资到位 1.5 亿元，同比增长 50%……可谁又知道，在噶尔完成与内地同样的工作量，就要付出两倍、三倍甚至更多的心血与汗水。

（四）中印边境上最美的社会主义新农村

2011 年 6 月 5 日，端午节前一天。太阳刚刚升起之际，一辆满载着猪肉、白菜、烟酒等物品的车辆从噶尔县委大院驶出，朝着扎西岗边防连疾驰而去。熟悉的人都知道，端午节即将到来，县委书记张宇又去看望慰问边防战士了。

"边境县首先要保证边防安全，保卫祖国领土完整，县委书记首先要考虑边防安全，上任第一件事是调查研究边防工作，国庆、中秋节将至，慰问驻守边防一线的解放军、武警、公安边防官兵。"2010 年 9 月 15 日，张宇在题为《到县工作第一件事是视察边防工作的想法》的笔记中写道。

"一定要把噶尔建设成边境模范城市。"一到噶尔，张宇就给自己定下了奋斗目标。为切实保障边防安全，在每年重要时间节点，张宇都坚持 24 小时带班制度，并亲自带领公安干警和部队官兵进驻边境执勤点；为加强对重点区域和城区的管控，张宇争取到资金 36 万元，建立了全县应急体系，增强了处置突发事件的能力；为防止敌对势力闯关，张宇每年都提前一周召开军地联合指挥所会议，部署防范工作，在荒无人烟的高原上，吃干肉、住帐篷，一待就是一周。

扎西岗乡典角边境示范村的建设，见证了张宇为"建设边境模范城市"所付出的心血和汗水。

2012 年 9 月 3 日中午，噶尔县扎西岗乡典角村，白色的院墙、房顶上的红色漆料在阳光下分外夺目，一排排错落别致的二层小洋楼在蓝天与群山的包裹中显得高贵而典雅。

典角村坐落在中印边境线上，与印度村庄仅仅相距不到 1 公里。因为海拔太高，距离县城远，一年前这里的群众住的还是土坯房，生活很艰苦。张宇经过多次实地考察后，提出把典角村建设成为彰显社会主义优越性的社会主义新农村典范，以树立良好的国门形象。

自 2011 年 7 月开工建设以来，截止到目前，噶尔已投入资金 1600 多万元，不仅为 22 户村民免费建起了现代化楼房，还配套建设了村委会办公楼、村民活动广场、篮球场、绿化带。同时，为解决村民的长远生计问题，典角村规划了居住区、养殖区、人工种草区、蔬菜大棚区四大功能区。

为切实保障社会稳定，在张宇的安排下，噶尔县在 14 个村（居）探索和推进了"2+1"长效维稳机制，采取 2 名驻村干部加 1 名治安中心户长的方式，充分发挥驻村工作队、大学生村干部和中心户长人员熟、底子清的优势，构筑起"户户自防、村村联防、驻村干部和中心户长带防"的社会维稳网络体系。

"党建工作是经济社会发展的政治保证，干部队伍建设是经济社会发展的组织保证。"这是张宇生前对噶尔县领导干部们常说的一句话。两年来，张宇以"强基固本"为目标，以"打牢党在农牧区执政基础，让党旗和国旗在雪域高原高高飘扬"为主题，组织实施了基层优秀党组织创建活动和"带头执行法律政策、带头致富、带头反对分裂、带头建设和谐家庭、带头帮助其他群众"基层优秀党员先进模范评比活动，构建起基层稳固、致富增收、造福人民的基层党建工作新格局。

（五）雪域高原见证他的忠诚

2011 年暑假，张宇的妻子马超一带着儿子张国尧去噶尔探亲。到了噶尔，14 岁的张国尧看到父亲的艰苦难过极了。一间不大的宿舍里，每天限时供水两小时，哪天要是忘记了给水缸接水，晚上洗脸洗脚都会成为问题，停电更是家常便饭。由于缺氧，每天都会头痛欲裂，根本睡不着觉。就是在这样的环境下，父亲的工作还是排得满满的。即使自己和妈妈去看望他，爸爸也几乎抽不出时间陪他们好好转转。

"爸爸太辛苦了！"不爱说话的张国尧，背过父亲悄悄地跟妈妈这样感叹。

2012 年年初，张宇的父亲病重，在临终前几天，张宇才抽出时间从西藏匆匆返回，守着父亲几天几夜，最终还是没能留住父亲的生命。由于工作需要，他甚至没来得及处理完父亲的后事，便又匆匆回到了噶尔。临行前，张宇怀抱父亲的遗像说："爸，您活着的时候由于身体弱没能到西藏，现在就让儿子带您去西藏看看，去看看儿子工作的地方，请您相信，有儿子在，噶尔的农牧民日子一定会越过越好。"

从 2010 年 9 月到 2012 年 8 月，两年时间，张宇改变了噶尔，为噶尔的发展增添了生机，噶尔的发展也让张宇更加热爱这片盛开着雪莲花的美丽高原。

2012 年 8 月 22 日，张宇把生命永远留在了他最喜爱的噶尔。

两年时间，一位陕西干部对党的无限忠诚，由圣洁的雪域高原铮铮鉴证。

张宇去世后，当地百姓无不动容。

张宇去世后，中央组织部原常务副部长沈跃跃作出重要批示，向张宇同志的去世表示沉痛哀悼，向其亲属表示亲切慰问，要求妥善处理好张宇同志的善后工作。

西藏自治区党委原书记陈全国批示："张宇同志作为一名优秀的

县委书记，为西藏的发展稳定献出了年轻生命，向其表示哀悼，向其家人表示慰问，要妥处后事，宣传好事迹。"

陕西省委原书记、省人大常委会主任赵乐际批示："要切实做好善后工作，要更加注意关心援藏干部的身体状况和生活安排。"

2012 年 9 月 7 日，陕西省委召开常务会议，会议决定，追授张宇同志"模范援藏干部、优秀共产党员"称号，并在全省开展学习活动。

第二节 援藏医疗人才代表

行走在"世界屋脊的屋脊"上的生命"守护者"
——记陕西省第六批援藏干部罗蒙（时任阿里地区人民医院妇产科主治医师）

罗蒙，男，汉族，1972 年 2 月生，陕西汉中人，陕西省第六批援藏干部，时任阿里地区人民医院妇产科主治医师，2014 年被中组部、中央统战部、国家发改委、人力资源部授予"全国对口支援西藏先进个人"称号。

为大力宣传援藏援疆援青干部和支边模范人物的先进事迹，中央宣传部拟授予 20 名个人和 1 个集体"最美支边人物"称号，并向全社会公开宣传发布他们的先进事迹。陕西汉中市医院原妇产科医生、援任西藏阿里地区人民医院妇产科主治医师罗蒙就是其中之一。

"各方的援助很多，医院不缺先进设备，缺懂技术的人。"罗蒙深有体会，"我会尽自己最大努力，一点点地去改变阿里的医疗水平。""只要肩上的责任还未尽到，我是绝不会打退堂鼓。""我想为阿里地区培养一支留得住的高素质医疗队伍，守护藏族同胞的生命健康。""有些事，不去做，老了之后会后悔。而我选择援藏，从未感到后悔，我想多年之后还会引以为傲。"

援藏三年后，他返回了原单位汉中市人民医院，但当阿里地区人民医院再次召唤他时，他毅然辞去汉中的工作，远离家乡舍弃小家，只为那份作为医生的职业使命和守护边疆人民生命健康的家国情怀。他就是全国最美支边人物——陕西援藏医生罗蒙。

（一）行走在"世界屋脊的屋脊"上的生命"守护者"

2010年7月，38岁的汉中市人民医院妇产科副主任医师罗蒙主动请缨援藏，远赴平均海拔4500米的西藏阿里地区，那里被誉为"世界屋脊的屋脊"和"生命禁区"。7月18日，罗蒙回忆，"入藏之初高原反应严重，头痛失眠，在拉萨躺了三天才渐渐适应。"

高原气压低、煮面条必须用高压锅。吃着半生不熟的面条，罗蒙开始学着吃当地的糌粑和酥油茶。尽管有心理准备，但当罗蒙走进阿里地区人民医院时，仍然让他瞠目：5名医生中3人没有行医执照，整个妇产科，没有一名助产护士，危重病人，需转送到1600公里外的拉萨。

罗蒙告诉记者，由于当地发电受条件所限，手术中时常停电。上班第一天，罗蒙的第一例剖宫产手术就遭遇"考验"，婴儿的脐带刚刚剪断，突然停电，手术室一片漆黑，罗蒙只好靠着手电筒和手机发出的微弱亮光继续手术……在内地只需30多分钟的手术，妇产科全体人员持续了三个多小时。凭着精湛的技术，罗蒙创造了母婴平安的生命奇迹。

治愈患者送阿里地区人民医院妇产科医生锦旗表示感谢

刚到阿里时，当地的医疗条件较差、技术落后，致使孕产妇的死亡率居高不下。后来，罗蒙在医院仓库发现了许多未经使用过的先进器械。"全是新的，还有一台价值 70 多万的腹腔镜。"罗蒙说，"各方的援助很多，医院不缺先进设备，缺懂技术的人。"

援藏三年，罗蒙先后抢救急危重症患者 30 多人，门诊患者 2000多例，开展各类手术 800 多例，成功接生婴儿 700 多名，下乡为农牧民建立了系统的健康档案。

（二）医生责任担当使他辞去工作扎根西藏

在阿里的一千多个日日夜夜，从开始的不适应到逐渐学会如何在高原环境下工作生活，罗蒙早已把阿里当成了第二故乡。2013 年7 月，援藏工作结束，离开西藏时，他把生活用品和书籍都留在了阿里的宿舍里，为的是有一天阿里人民有需要，他将义不容辞再次进藏。

2015年，阿里地区人民医院的领导联系上罗蒙，向他发出诚挚邀约。他随即萌生了辞职的想法。刚开始，妻子不支持他去西藏，而儿子也刚好上中学，需要人照顾，但看到罗蒙日夜在电话中为藏民诊治病情，便慢慢理解了丈夫的决定，最终支持丈夫辞去工作，再赴西藏。当年6月，罗蒙放弃汉中的工作，第二次踏上西藏的土地，进入西藏妇女儿童医院工作。2017年，他通过阿里地区高端人才引进，回到阿里地区人民医院。

2019年，罗蒙被评为全国20位"最美支边人物"之一。罗蒙接受记者采访时说："我想为阿里地区培养一支留得住的高素质医疗队伍，守护藏族同胞的生命健康。"

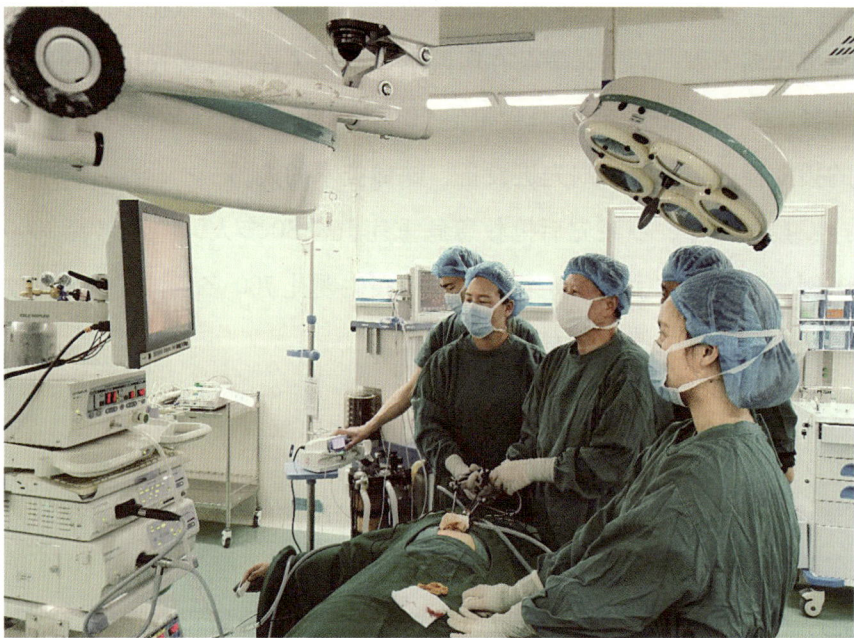

罗蒙带着阿里本地学徒为患者做手术

（三）牺牲"小家"守望"大家"是他无悔的选择

从援藏到扎根西藏工作，罗蒙赴藏至今的 7 年时间里，每年只回一次家，最多和家人待 1 个月时间。记者与其通话过程中明显感受到他对亲人的牵挂。罗蒙说，儿子今年刚升入高一，在人生的关键阶段也需要他的陪伴。"儿子在初中时写过一篇作文，题目就是《不称职的父亲》，后来看过一些我在西藏工作的照片后，他对我肃然起敬，还说以后也要从事医生工作。"

在接受记者采访的 50 分钟时间里，因为高原缺氧，他的语速异常缓慢。罗蒙告诉记者："在内地做一台手术需要一个小时的话，在西藏就需要三四个小时。"因为无法适应高原环境，罗蒙的妻子和儿子来探望他时只能到拉萨，而未到过海拔更高的阿里地区。

1994 年，罗蒙从西安交通大学医学部（原西安医科大学）临床妇产科专业毕业后，进入汉中市人民医院工作。罗蒙说，他在汉中工作 18 年，今年 47 岁的他还有 10 多年时间为边疆的医疗事业进步做些事情。"只要肩上的责任还未尽到，我是绝不会打退堂鼓。"

聊到对支边工作的认识和感受，罗蒙认为："我看到不少年轻人毕业后就进入西藏工作，为祖国边疆的发展奉献青春，深受触动。只有祖国边疆的稳定和发展，才能换来国家这个大家的稳定，也才有我们每个小家的幸福。"

罗蒙表示，他可能会待在西藏直至退休，他想为阿里地区培养更多留得住的医疗人才，而不能像第一次援藏结束后，人走了，那些先进医疗设备都没人会使用了。"我会尽自己最大努力，一点点地去改变阿里的医疗水平。"

"有些事，不去做，老了之后会后悔。而我选择援藏，从未感到后悔，我想多年之后还会引以为傲。"在距离陕西 4000 公里之外的西藏，罗蒙在电话中这样评价自己援藏的选择。

第三节　援藏教育人才代表

山区小孩理想田园的"启蒙者"
——记河北省第八批援藏干部湛硕山（时任阿里地区札达县九年一贯制学校校长）

湛硕山，男，汉族，1980 年 4 月生，河北遵化人。河北省第八批援藏干部，时任阿里地区札达县九年一贯制学校校长。

湛硕山是河北省遵化市第二中学老师，作为河北省委组织部第八批援藏干部成员，他 2016 年 7 月来到西藏阿里札达县九年一贯制学校任支教校长。援藏归来的湛硕山老师向我们讲述了自己的援藏故事。

（一）半夜醒来头如斗大

湛硕山和所有初到雪域高原的人一样，满怀着对西藏无限的憧憬和向往而来。刚到阿里，严重的高原反应便如影随形地袭来。胸闷气短，头痛头昏，失眠严重。

"4000 多米的海拔，正常的走路完全和老家不一样，上楼更是要谨慎慢行，有时候甚至要停下来大口喘气。每天晚上入睡困难，有时候半夜醒来头如斗大，很难再次入睡。"湛硕山说，"听着自己的心跳声，怦怦怦，恍若一个世纪过去天才亮。"

但是湛硕山没有顾上休息，秉承着"把教育送到祖国最需要的地方去"的信念，迅速进入工作状态。接下来的几天时间里，他遍访师生座谈交流，深入学校开展调研……不到半个月时间，就对学校情况了然于胸，心中有数。

湛硕山住宿的周转房公寓在学校外面，虽然是宿舍楼却没有水，只能利用中午去食堂吃饭的时候用电动车带回两桶水，然后提上楼。由于缺氧，提两桶4.5升的水就好像两个大石坨，累得他喘不过气来，在反应严重的时候还要在楼梯拐角处休息一次。每天提水，成了湛硕山的"健身项目"。

有人笑称阿里地区只有两个季节，一个是冬季，一个是大约在冬季。冬天没有供暖，每年十月中旬到次年一月需要自己生炉子。为防煤气中毒，每天湛硕山尽量晚睡，备完课后还要读会儿书，等炉火烧得差不多再睡觉。有时他还像藏区老乡那样，自己拾来些牦牛粪取

湛硕山组织老师进行专业知识培训

暖，同期援藏的同事们笑称他又掌握了一项新技能。

已跨入不惑之年的湛硕山，正处在上有老下有小的年纪，是家里的顶梁柱，他知道他肩上的担子。有次感冒高烧 39 度，想起入藏前关于高原生理和生命知识的科普，心里是充满恐惧，幸亏当地有经验的老师朗杰给他拿来救急药品。但他不能和妻子和女儿说，更不能和年迈的奶奶说，每次电话里他总是那句"我在这儿挺好哒"。

蓝天，白云，酥油茶，漫山的格桑花，还有黝黑而淳朴的笑脸，这是我们心中西藏的模样。随着时间的流逝，单调、枯燥等感觉会莫名地从心底升起，日子也似乎变得漫长了……

随着采访的深入，记者渐渐领会着湛硕山所说的"人生厚度"。

（二）站在讲台上播种希望

"初到学校，百废待兴。札达地处祖国边陲，交通不便，相对闭塞，再加上以前师资分配等原因，这里的基础教育还是落后的。"和湛硕山聊天，三句话准会转到教学上，他说这是他援藏的使命。

凡事预则立，不预则废。湛硕山深知，一所好的学校，必须要有明确的办学目标、明晰的办学思路，振兴教育，必先打造教之灵魂。根据上级核准的教改方案，湛硕山对教学工作进行了大胆改革。

就像百花园里的园丁，付出汗水必有收获。湛硕山带领老师们站在讲台上，日复一日地播种着希望。功夫不负有心人，2017 年的中考、校考，学校均取得阿里地区第一名，2018 年中考总分以高出第二名近 80 分的成绩稳居地区第一名。

"西藏的孩子们虽然学习基础差，但有梦想，有追求，能坚持。老师讲的每一句话他们恨不得都刻在心里，一个个紧盯着我的眼神燃烧着生命的希望。"在湛硕山看来，传授知识是教育援藏的重要任务，但立德树人才是教育扶贫的根本大计。

记得有一个叫旦增的学生，总是满脸鼻涕，一到冬天更是厉害。那天湛硕山把他叫到办公室，问："你最喜欢的老师是谁？"这学生说最喜欢语文老师，又问："为什么喜欢语文老师？"他说："语文老师说话和蔼，又漂亮。"湛硕山说："你看，语文老师漂亮是不是很干净。"学生若有所思地说："是，校长我以后知道注意卫生了。"

有一次，湛硕山和札达援藏小组组长、札达县委常务副书记去底雅乡扶贫调研。当到一个老乡家里时，老乡听说湛硕山是援藏的校长，紧紧握住他的手用藏语说着什么。同行的欧珠乡长给翻译，原来老乡家的孩子刚刚在九年一贯制学校初中毕业，成绩考得很好，而且考入了拉萨阿里高中，老乡很是感谢。

"老乡一定要为我们献哈达，还端出自制的酥油茶，放了整整几大勺的糖，一个劲地让我们喝。"湛硕山说，虽然有点腻，却甜到心里去。

湛硕山组织召开九年一贯制学校毕业班冲刺动员大会

　　和孩子们打成一片，让湛硕山也快乐得像个孩子。"这三年里，我先后几次带一百多名孩子们来内地参加足球交流活动。期间，还带领孩子们参观天安门升国旗、故宫博物院、圆明园、清华大学等德育基地。好多孩子都是第一次走出阿里、走出西藏来到祖国的首都。"湛硕山清晰地记得，第一次参观升国旗的时候孩子们那种惊喜、期盼的眼神令人动容。回来的路上孩子们竟然自发地合唱《歌唱祖国》："五星红旗迎风飘扬，胜利歌声多么响亮……"

　　三年来湛硕山从没请过一天假。家中娇妻弱女，无不思念着他；家中父母双亲、耄耋奶奶，日日都在惦念着他。家人每次打电话，他总说"我很好""不用惦记"这样的话，从没向家人抱怨过一句，没向领导提过任何要求。

　　但让湛硕山终生遗憾的是，家中最疼爱他的95岁的奶奶身患重病，弥留之际想见他最后一面，可因教学工作忙他只能在电话里流着泪水聆听奶奶的嘱托，"我的好孙子，照顾好自己，别惦记着奶奶……"直到电话里不再发出任何声音。

　　奶奶过世的那晚，湛硕山一个人跪在办公室里，面向北方家乡放声大哭。那天，九年一贯制学校格外宁静，札达的夜空浩渺旷远。

　　高寒、缺氧、莫名的孤独、无尽的思念、艰难的攀爬……回忆起藏区的三年，湛硕山打个比方说"援藏就像炼金的熔炉"。三年多来，湛硕山把浓浓的情、深深的爱全部投入在支教工作中，先后荣获阿里地区优秀校长、札达县民族团结榜样、优秀教育工作者等多项荣誉。荣誉背后，是一个支教工作者对西藏这片土地的热爱，也是对西藏美好明天的期待。

　　"援藏的经历，是我人生的一笔财富。那里比我之前想象的要艰苦很多，但我觉得值！"湛硕山说，其实援藏团的每一个人都一样，都有自己的故事，都有自己咽到肚子里的眼泪，但是因为梦想和热爱，都像格桑花一样在这片圣洁的土地上尽情地绽放自己的光芒。

第四节　脱贫攻坚先进典型

寻找脱贫致富的路上我从未停歇
——记中国移动第八批援藏干部段玉平（时任阿里地区行署副秘书长、改则县委常委、政府副县长）

段玉平，男，汉族，1975 年 4 月生，湖南澧县人。中国移动第八批援藏干部，时任阿里地区行署副秘书长、改则县委常委、政府副县长。2019 年被中宣部授予全国"最美支边人物"称号。

作为一名从湖南澧县打拼出来的农家子弟，段玉平打心底里感激组织对他的培养。当中国移动号召党员干部对口支援西藏时，他主动请缨，一边安抚妻子和父母，一边收拾行囊，于 2016 年 7 月踏上了西藏阿里改则县的大地，开始了为期三年的援藏工作。援藏期间，段玉平任西藏阿里地区行署副秘书长、改则县委常委、副县长。工作中，他始终怀着一颗赤子之心，扎根基层为群众办实事，全心全意为民分忧解难，受到当地干部群众好评。

（一）发展小产业，解决民生痛点

改则县平均海拔超过 4700 米，每年冬季长达 8 个月，有记录的最低温度达到零下 40 多度，空气中的氧气含量只有内地的 60%，年平均降雨量不足 200 毫米，每年七级以上大风天气超过 200 天，县里至今还没有存活超过 3 年以上的树，生存环境恶劣，是国家深度连片贫困县。

2016 年刚到改则时，高原反应折磨得他吃不好、睡不好，有人劝他，可以申请回内地招商引资，把资金带来就行了，不用在这儿受罪。但段玉平却认为援藏是光荣任务，是党员干部义不容辞的责任，应该利用有限时间多办实事。

为了快速熟悉社情民意，身体稍稍适应的段玉平立即投入下乡进村入户的调研中。有次走访，他发现内地餐桌上常见的绿叶菜，在改则县却异常"金贵"，尤其是冬季里，很多人只能吃土豆、洋葱等根茎类蔬菜，叶子菜成了奢望。当地蔬菜基本都是从内地经拉萨转运到县里的，冬季常常大雪封山封路，改则县离拉萨 1100 多公里，运菜的车子半个月都进不来。

以人民为中心，就要急群众之所急。为此，段玉平在上级的支持下，投入中国移动援藏资金陆续建设 9 个蔬菜大棚，使得白菜、香菜、菠菜、茼蒿等棚产蔬菜在寒冷季节也能出现在改则群众的餐桌上，而且因为节省了运费，县里平均菜价下降了 20%，解决了当地百姓吃菜难的问题。

改则群众的主食糌粑（青稞炒熟后磨成的粉），也成了段玉平挂念的事情。当时，县里群众吃的糌粑都是从日喀则、山南等青稞产地买来的，不仅价格高，而且不新鲜。为了让群众吃上新鲜的糌粑，在多方调研基础上，段玉平申请投入中国移动援藏资金，购入机器设备建成糌粑加工厂，加工青稞制成糌粑后销售。这些刚磨好的糌粑香味扑鼻，一上市就供不应求。开业不到半年，加工厂就有 8 万余元收入，解决了 13 个贫困户就业。

（二）振兴旅游经济，推进产业扶贫

改则县是纯牧业县，不产青稞、蔬菜等农作物，同时，由于严格的生态保护政策，地下丰富的金、铜、锂等矿产资源不能开发。改则县产业经济发展方向和出路在哪里？这是初到改则县时段玉平天天思考的问题。经过深入的调查研究，作为分管旅游的副县长，段玉平将眼光瞄准了旅游产业。在段玉平的积极奔走下，改则县旅游业发展走上了快车道。

在县委县政府支持下，段玉平很快帮助组建了改则县旅游公司，对改则县旅游产业、产品进行市场化开发。通过合作洽谈，从牧民手工作坊购买麻米乡盛产的藏香，并按照市场化运作机制，注册了新商标、制作了新包装、提高了市场销量，帮助群众就业脱贫，一年销售额达到 10 万元。

段玉平到牧业点慰问群众

"以前手工作坊的产品，没包装没品牌也没有销售渠道。"县旅发委副主任普珍说："段县长手把手教我们管理企业、注册品牌和开发旅游产品，县里旅游产业这几年发展得很快。"

段玉平带领同志们积极打造旅游销售平台，拓宽销售渠道。2017年2月，段玉平个人发起，在江苏省连云港市慈善总会成立了"连云港市慈善总会中国移动援藏慈善基金"，在改则县建设"旅游产品商店"。将当地土特产、旅游产品"引商入柜"，游客到改则县后，可在官方渠道买到货真价实、价廉物美的产品。商店集中展销当地羊毛加工制成的羊毛衫、围巾以及麻米藏香等土特产品，月营业额最高时能达30多万元。

2017年以来，段玉平积极推进改则县红色旅游资源开发。西藏解放时，原西北军区"进藏英雄先遣连"在改则县扎麻芒堡留下了壮烈事迹。60多年来，由于资金缺乏等原因，这段光荣历史没有被很好地收集、整理，展示给后人。段玉平一方面组织力量，带着人到新疆军区、南疆军区、阿里军分区相关单位全面收集史料。另一方面积极推动红色旅游场馆建设，启动"先遣连"革命纪念馆建设项目。项目建成后，不仅将成为阿里地区的爱国主义教育基地，更将成为改则红色旅游基地，仅遗址看护、纪念馆接待维护即可解决数十人就业。

（三）大力发展教育，扶贫先扶智

作为改则县副县长，段玉平虽不分管教育，却深知"扶智"对"扶贫"的重要意义。他积极筹措资源，资助帮扶多名贫困学生，改善改则中小学教学基础条件，是当地教育界的"名人"。

段玉平上任初期，就走访了全县九所中小学校，发现3750名中小学生中30%以上来自贫困家庭，不少学生因贫困萌生了退学念头，牧区有些适龄孩子也不愿意去上学。在全面摸底的基础上，他组织优先将孤儿、单亲家庭、父母丧失劳动力等贫困学生登记造册，联系爱心企业、亲朋好友，动员大家认领帮扶，共有 140 多名爱心人士，结对资助贫困学生超 320 余人次，捐款达 43 万多元。同时，段玉平还联系了江苏移动南京分公司团委及连云港分公司团委等十多家单位，对口支援改则县，为学生捐赠衣服、字典、运动器材、文具等物资用品。每次捐款捐物，段玉平都当面转交给学生和家长，再拍照传给捐款者说明善款去向。

此前，改则县一镇六乡中，还有古姆、察布、先遣、物玛、麻米等 5 个乡一直未通电。学校食堂的冰箱、洗衣机、碗筷消毒柜等因没有电而成了摆设，存在严重的卫生隐患。为此，段玉平联系连云港光明眼科医院、南京银行连云港分行等江苏爱心企业，筹资近 8 万元，为 5 个乡的学校陆续配备了柴油发电机，解决了学校

段玉平在改则县二完小，给小学生发放知识读物

用电问题。

(四) 援藏虽苦爱为路，民族团结一家亲

段玉平刚到改则县时，正逢冬天，宿舍楼简陋，楼顶的防水层也被冻裂了，白天太阳一晒，楼顶积雪便化成雪水顺着墙壁流进屋内。段玉平只能拿毛巾吸水，几分钟就能拧出一盆水，一直持续到半夜降温将雪水重新结冻。第二天，他赶快找来梯子，爬上楼顶，铲掉积雪、冰块，避免了水淹宿舍的惨剧。改则县的地下井水重金属和矿物质严重超标，不能直接饮用，在这里，喝水、吃饭的困难也需要自己想办法克服。"越困难的时候越能淬炼党性，越艰苦的地方越能磨炼意志，是与藏族群众团结一家亲给了我力量"，他常把这句话挂在嘴边。

2017 年 7 月 16 日，在运送爱心物资去古姆乡小学的路上，公路被洪水冲坏，路面接连出现了两条大沟，段玉平和司机德江只好拿着铁锹挖土填沟，海拔 4900 米，挖几铲子就要大口大口喘气休息一会，直到路面平整，车子才继续前行。但这不是他唯一一次遇到这样的险情。

"不嫌累、不怕麻烦"，是改则县藏族干部群众对段玉平最深刻的印象，无论是中国移动援藏项目的落地实施，旅游产业的开发宣传，还是教育条件的逐步改善，他都亲力亲为。为了将捐资助学的事情落实到位，援藏以来段玉平在海拔四千多米的高原上来回奔波了几万公里。他到西藏时带着的两双鞋都已磨破，其中的一双皮鞋脚后跟处已经磨出一个鸡蛋大的洞。

"作为从沿海发达省份来的中国移动援藏干部，段玉平放弃优越条件，扎根阿里，满怀热情踏实苦干，促进了当地发展，充分体现了

一名党员干部的责任与担当。"阿里地委委员、组织部部长何兴茂说。

援藏以来，段玉平始终秉持着踏实肯干的朴实作风，他说自己做的都是平凡的小事，全心全意为人民服务是一个党员干部的本分。他对党的赤胆忠诚、为群众甘于奉献的情怀，化成了援藏的涓涓细流，滋养着这片神圣的土地。段玉平曾说："即使援藏工作结束，但自己与西藏的情缘将继续延续。无论未来身处何方，那个海拔 4700 米的地方，都将是自己一生的关注所在。"

第十章　藏西秘境，天上阿里

从高处眺望，阿里的茫茫草原伴着白云铺向远方，地平线上绵延的雪山银光闪闪，巍然屹立于蔚蓝色的天幕中。在这片面积 34.5 万平方公里、平均海拔 4500 米的土地上，大自然浓墨重彩地挥洒着它的画笔。

阿里素有"雪山围绕的地方、土林围绕的地方、湖泊围绕的地方"之美称。地处中国最西部的阿里，是由喜马拉雅山、冈底斯山、喀喇昆仑山、昆仑山托起的"世界屋脊的屋脊"、号称"世界第三极"的雪域高原，素以"千山之祖""万水之源"著称于世，在这块神奇的土地上孕育出了藏族"象雄文明""古格文明"和"苯教文化"这样博大精深的古代文明体系。

阿里奇特的地貌、多样的高原生态及神秘的人文景观，都是独一无二的旅游资源，有许多世界罕有的奇观。近年来，阿里坚持尊重自然、顺应自然、保护自然，把生态环境保护作为全地区"三件大事"之一，加强领导、科学谋划、全面部署、强

你好，阿里

力推动。各级各部门牢记习近平总书记"建设美丽西藏"的殷殷重托，以前所未有的重视程度、投入力度、工作强度、惠民广度，推动生态文明建设取得显著成效。

第一节　阿里丰富的自然资源

一、水力资源

阿里地区湖泊星罗棋布，水能资源蕴藏量达 2 万千瓦，全地区有大小河流 80 多条，湖泊 60 多个；境内总流程 9500 公里，流域面积近 6 万平方公里。源于冈底斯和喜马拉雅山的四条大河狮泉河、象泉河、马泉河、孔雀河分别向西北、西南和东南方向流入印度、尼泊尔，成为印度河、萨特累季河、布拉马普特拉河、恒河支流哥格拉河的上游，最终汇入印度洋和阿拉伯海。因此，享有"千山之巅、万川之源"美称。

二、地热资源

阿里地区蕴藏着丰富的地热能，有狮泉河——雅鲁藏布江地热带、昆仑山——可可西里地热带、冈底斯山——念青唐古拉山地热带。

三、矿产资源

阿里地区已探明矿产资源有湖盐、硼、锂、金、铜矿等 17 类 38 种，铜矿储量在 2000 万吨以上。

草地上散步的藏羚羊群

雪山下的牧场

四、动物资源

阿里高原野生动物有野牛、野驴、黄羊、长角羊、野牦牛和藏狐、雪豹等，西部的湖边有水鹰、白水鸭、天鹅、水鸽、黑颈鹤等各种野禽。

第二节　齐心协力守护好阿里生态资源

齐心协力建设美丽阿里

成群野驴沿道路两旁觅食，狮泉河镇街道干净整洁，温室大棚里蔬菜瓜果花卉长势喜人……一幕幕美好画面，折射出了阿里地区近年来生态文明建设工作所取得的优异成绩，无不表明阿里建设美丽西藏的信心和决心。

一、完善制度保障

阿里地区先后实行生态文明建设目标评价考核、自然资源资产离任审计、生态环境损害责任追究等制度。全面落实河（湖）长制，对 33 条河湖生态进行保护与修复，自觉接受中央、自治区环境保护督察组的督察指导，切实解决了群众反映的环境问题。相继出台建设美丽阿里、土地利用总体规划、加强生态环境保护工作、推进生态文明建设意见方案和生态环境保护监督管理办法等重要文件。不断健全完善生态文明建设指标体系、考核体系、监测执法体系、综合保障体系，为美丽阿里建设提供了制度保障。

二、坚持把环境保护作为底线红线高压线

立足生态和资源优势，设立环境保护奖励资金，推进产业生态化、生态产业化，生态农业、天然饮用水、清洁能源、生态旅游等特色优势产业蓬勃发展。严格控制开发建设活动，划定生态保护红线，实行矿产资源开发自治区政府"一支笔"、审批和环境保护"一票否决"制，实现"三高"企业和项目零审批、零引进。全面禁止砂金矿开采，实施矿山地质恢复工程 24 个，整治面积 27.05 平方公里，真正实现了项目建设和环境保护"两不误"。

三、大力开展国土绿化行动

两年投资 1.3 亿元完成狮泉河城镇绿化工程和机关单位庭院绿化

甲岗村干部群众开展植树活动，守护美好家园

行动，种植苗木 19.16 万余棵；实施消除"无树户"行动，2018 年 7 个县植树 26.66 万株，消除无树村 26 个、无树户 4320 户；扎实推进生态示范创建活动，投资 16.09 亿元推进生态环境保护项目 150 个，创建自治区级生态乡 6 个、生态村 82 个。

四、全面打响污染防治攻坚战

深入实施大气、水、土壤污染防治三大行动计划，节能减排在自治区年度考核中连年被评为优秀。统筹推进 6 县县城供暖供氧、给排水、污水垃圾处理、综合管廊等基础设施建设，开展农村人居环境综合整治，推进美丽乡村建设，城乡环境综合整治成效明显，神山圣湖自然保护区垃圾污染得到有效整治。建成狮泉

阿里地区组织干部进行狮泉河整治行动，保护好蓝天碧水

河镇污水处理厂、14 个饮用水水源地环境保护和
供水保障工程、安全饮水点 2157 处。

阿里巨变

五、推进自然保护区建设

设立国家级自然保护区 2 个、自治区级自然保护区 4 个，面积占
阿里全地区国土面积的 46.4%，保护区内违规违法建设得到清理整
顿，藏羚羊、金丝野牦牛、藏野驴等珍稀野生动物种群不断扩大。

六、建立生态保护补偿机制

实施易地扶贫搬迁和高海拔生态搬迁工程，启动生态环境功能区
规划编制和生态保护红线划定工作。正确处理好保护生态和富民利民
的关系，结合打赢脱贫攻坚战，落实生态补偿资金 3.64 亿元、生态
补偿脱贫岗位 31666 个，年人均补助 3500 元，既保护了搬出地的自
然生态，又改善了搬出群众的生产生活条件。

随着时间的推移发展，在各族群众的不懈努力下，阿里地区生态
系统整体稳定，生态服务功能逐步提升，生态安全屏障得到有效维
持，大部分区域仍处于原生状态，主要河流、湖泊水质全部达到或优
于三类标准，主要城镇环境空气优良率保持在 97.5% 以上，阿里仍然
是世界上环境质量最好的地区之一。

这片由喜马拉雅山脉、冈底斯山脉、喀喇昆仑山脉共同隆起的生
态高地，正成为旅游的胜地和观光天堂，一步一景的原生态，为当地
农牧民群众带来了富民兴业的广阔前景。

8 月的冈仁波齐，风和日丽，水草丰美

第三节　独一无二的旅游资源

一、"神山"——冈仁波齐

藏西秘境 天上
阿里

　　冈底斯山脉横贯在北部昆仑山脉与南部喜马拉雅山脉之间，如一条巨龙卧在西藏西部阿里广阔的高原上。它高高扬起的头，如一座大金字塔，耸立在阿里普兰的高原上，这就是海拔 6656 米的主峰

2月的玛旁雍错，冰水交融，一汪湛蓝

冈仁波齐。

　　冈仁波齐与梅里雪山、阿尼玛卿山脉、青海玉树的尕朵觉沃并称藏传佛教四大神山。

　　冈仁波齐峰，是冈底斯山脉西段的主峰，屹立在西藏阿里地区普兰县境内，绵延于中、印、尼三国边境，素有"阿里之巅"的誉称。峰顶终年冰雪覆盖，夏季云遮雾绕、春秋季一览无余、冬季白雪装饰。山体形似橄榄，山尖直插云霄，峰顶如七彩圆冠，周围如同八瓣莲花四面环绕，山身如水晶砌成，宛如技高绝顶的玉镶冰雕。因它险峻高远，至今仍是无人攀登的处女峰，是世界公认的神山，同时被印度教、藏传佛教、西藏原生宗教苯教以及古耆那教认定为世界的中心。

神山神秘之处在于，山的向阳面，不知缘何，终年积雪不化，白雪皑皑；而神山之背面，长年无雪，即使被白雪覆盖，太阳一出，随即融化，与大自然常规刚好相反。巍峨挺拔的神山既有气势雄峻之处，又有幽静肃穆之所，被众多的奇峰环抱，更有那奇妙的岩石、峡谷、洁泉清流。

二、"圣湖"——玛旁雍错

玛旁雍错位于冈仁波齐峰东南 20 公里处，海拔 4588 米，是世界上海拔最高的淡水湖之一，面积 400 多平方公里。玛旁雍错在藏语中意为"永恒不败的碧玉湖"，起因是 11 世纪在湖畔进行的一场宗教大战，藏传佛教噶举派大胜外道黑教，"玛旁"就是纪念佛教的胜利，因而得名。

在印度的神话中，玛旁雍错是大神 Brahma 用意念形成的，是他的儿子在神山苦行后一个洗澡的地方。因此印度教徒通常都会在转湖途中到湖中洗浴，而藏民一般只是步行或磕长头转，并不下水。至于旅行者，虽然在最温暖的时候湖水也很冷，而且湖边的风很大，但还是有很多人想借此洗清一生的风霜和内心的不安。

为尊重和保护西藏当地和邻国教徒的宗教信仰，中国政府从 20 世纪 50 年代开始就制定了相关规定。同印度、尼泊尔等邻国签订了允许信教徒入境朝圣的有关条文及事项，1997 年国务院就西藏阿里地区对外开放朝圣事宜进一步做出了明确规定，更加方便了来自世界各地的教徒进行朝圣活动。

拉昂错（鬼湖）

三、"鬼湖"——拉昂错

与淡水湖玛旁雍错一路相隔的是咸水湖拉昂错，海拔 4573 米，面积 286.5 平方公里。拉昂错湖水呈深蓝色，周围没有植物、没有牛羊，死气沉沉，没有生机，故称"鬼湖"。据说其实圣湖、鬼湖原本为一湖，由于气候变化湖泊退缩才一分为二。一条狭长的小山丘把玛旁雍错和东侧的拉昂错分开，有一道水渠（GanpaChu）连接两湖，虽然一向都是干的，但是当地人相信总有一天会有水从玛旁雍错流进拉昂措，同时会有一条金色的和一条红色的鱼游进拉昂错，这样鬼湖的水以后也会变得像玛旁雍错一样的清甜了。

四、神秘的古格王国遗址

古格王国遗址位于西藏阿里地区札达县托林镇，9 世纪中叶，吐蕃王国崩散，部分王室后人逃往阿里，建立了三个小王国，其中德祖衮在 10 世纪前后建立古格王朝。

巍峨的古格故城坐落于阿里札达县扎布让区境内托林镇西北的象泉河南岸，距县城 19 公里。是曾经拥有百万之众的吐蕃王室后裔所建，偏居此地 700 余年，传承 20 余代国王，距今有 1300 年的历史，于十七世纪灭亡，给后人留下了无数珍贵的文物和历史资料。

2014 年 10 月 1 日，历时 3 年多的古格王国遗址修缮保护工程全面完工。古格王国遗址位于阿里地区的一座土山上，占地约 18 万平方米，从山麓到山顶高 300 余米，房屋建筑、佛塔和洞窟密布全山，地势险峻，洞穴、佛塔、碉楼、庙宇、王宫有序布局，自下而上，达 600 余座，形成一座庞大的古建筑群，依山迭砌，直逼长空，这些洞穴多为居室，密密麻麻遍布山坡，气势恢宏壮观。

古格王国遗址被众土林远远近近地环抱其中，因其是用取自周围土林的黏性土壤建筑而成，所以古老城堡的断壁残垣与脚下的土林浑然一体，使人难以分辨究竟何为城堡、何为土林。每当朝霞初起或夜

雪后狮泉河，干净纯洁

古格王国遗址，巧夺天工

幕降临之时，古格遗址便会在土林的映衬下，透射出一种残缺美、悲壮美。

五、森格藏布——狮泉河

狮泉河，藏语称森格藏布，位于印度河上源，是西藏自治区西部主要大河之一，发源于冈底斯山主峰冈仁波齐峰北面的冰川湖。狮泉河在中国境内长 405 公里，流域面积 2.745 万平方公里，由源头到革吉县为上游段，长约 152 公里，落差 646 米；流经森格卡巴，右岸有

终年不断流的泉河补给，因泉水所在山体形同狮子，故名狮泉河。自南向北流至邦巴附近转向西流，经革吉在扎西岗附近与噶尔藏布相汇合转向西北，流入克什米尔地区。

六、国家地质公园——札达土林

札达土林位于中国西藏阿里地区札达县境内，是札达县最著名的地貌风光区。札达土林地貌发育最好的地区是以托林镇为中心的大片地区，分布海拔 3750—4450 米，其面积约 888 平方公里，札达土林分布的总面积约为 2464 平方公里，是世界上最典型、分布面积最大的第三系地层风化形成的土林。

札达土林是受远古造山运动影响，湖底沉积的地层长期受流水切割，并逐渐风化剥蚀，从而形成的特殊地貌。土林里的"树木"高低错落达数十米，千姿百态，别有情趣。

札达土林地貌在地质学上叫河湖相，成因于百万年的地质变迁。沿着固有的车辙在山谷间穿梭，浓浓密密的土林矗立路边浩浩荡荡好几十公里。

人们都说阿里札达的霞光是最美丽的，霞光中的土林却是最迷人的。那是水平岩层地貌经洪水冲刷、风化剥蚀而形成的独特地貌，陡

札达土林，大自然的鬼斧神工

峭挺拔，雄伟多姿。蜿蜒的象泉河水在土林的峡谷中静静流淌，宛若置身于仙境中，梦游一个奇幻无比的世界。明丽的晚霞赋予土林生命的灵光，似一座座城堡、一群群碉楼、一顶顶帐篷、一层层宫殿，参差巍峨，仪态万千，大自然的杰作真让人惊叹不已。

七、国家级著名湿地——班公湖

班公湖，国家级著名湿地，位于西藏自治区阿里地区日土县西北部、日土县多玛乡乌江村境内，距离日土县城 15 公里左右，距离阿里地区行署所在地狮泉河镇 135 公里，属自然湖泊生态风光旅游景区。藏语称此湖为"措木昂拉仁波湖"，意为"仙鹤长湖"，因湖中鸟岛有斑头雁而得此称谓。

班公湖湖面海拔高度 4240 米，水面面积 604 平方公里，其中我国境内有 413 平方公里，印控克什米尔境内 191 平方公里。它的东西狭长约为 150 公里，100 公里在我国境内，50 公里在印控克什米尔境内。湖最深处为 41 米，平均水深 5 米，矿化度 2.16 克 / 升，南北平均宽度仅为 4 公里，是一条典型的河道型湖泊。

班公湖周边景色非常秀美，四周群山环绕，远处雪山点缀；班公湖湖水十分清澈，能见度通常为 3 至 5 米，湖水由于光照、深浅、亮度等因素呈现出墨绿、淡绿和深蓝等不同的颜色。

班公湖还是一个鱼类世界，湖中有大量水生植物为鱼类提供良好的栖息场所，鱼类品种有 10 余种之多，有西藏弓鱼、高原裸裂尻鱼、长体裸体鲤鱼、裂腹鱼、细尾高原鳅等，其中尤以鲤科的裂腹鱼、亚科的鱼类为最多。

班公湖，世界上海拔最高的"鸟岛"

八、"圣母之山"——纳木那尼峰

纳木那尼峰位于普兰县境内，意为主妇双鼻（峰），汉字曾译为郎木那里、那玛朗尼峰、瓜拉曼达塔，是喜马拉雅山西部较高的山峰，海拔 7694 米，终年积雪，有冰川，山麓以及天然牧场和农田。

传说，纳木那尼是喜马拉雅的小女儿，她不仅长得非常美丽，而且是一个勤劳而懂事的姑娘，常常在头上系一条白纱巾，犹如一朵出水芙蓉。有一天，纳木那尼在绿草如茵的巴嘎大草原上放羊时，结识了冈底斯老人的儿子冈仁波齐。因自小勤学苦练，冈仁波齐拥有一身熟练的骑射本领，虽年纪小，却多次在巴嘎大草原的赛马会上夺得桂冠，两人彼此爱慕，后结婚成家。但是玛旁雍错龙王的小女儿玛法木

纳木那尼峰

措再三纠缠，到处风言风语，后纳木那尼发现自己的丈夫和玛法木措偷情，于是趁着冈仁波齐熟睡时，带着满腔的悲愤走出了帐房。正在她步步为难、恋恋不舍时，突然东方露出一缕曙光，刹那间她的四肢僵硬起来，她的胸部被包围在冰雪之中，变成了一座冰雪覆盖的山峰，孤零零地耸立在云天之上。后来人们为了怀念这位善良的女子，故将此山命名为纳木那尼。另说，纳木那尼别名门木那，藏语意为药材黑漆漆，此山周围草药资源也十分丰富。

　　1985 年，中日友好联合登山队首次攀登纳木那尼峰一举成功，国内外的人们才对它逐渐熟悉起来。

九、世界第二大自然保护区——羌塘自然保护区

　　羌塘自然保护区始建于 1993 年，当时为自治区级自然保护区，

2000 年 4 月 5 日正式晋升为国家级自然保护区。羌塘国家级自然保护区位于西藏自治区西北部，昆仑山、可可西里山以南，冈底斯山和念青唐古拉山以北，面积约 29.8 万平方公里，是青藏高原的主体部分，保护区行政范围隶属于阿里、那曲 2 个地区，由那曲草原和阿里草原两大高寒草原构成。羌塘自然保护区是世界第二大自然保护区，区内包括了高寒草原、高原冻原、高原湿地、高山荒漠等多种生态类型，养育了大量的珍稀野生动物和高原环境独有的生物种群，是典型的生物多样性区域和著名的基因宝库。

这里有一望无际的草原，成群结队的牛羊，有阳光下远处闪着银光的雪山，随风飘来的牧女歌声。根据初步调查，这里有哺乳类动物 30 余种，鸟类 90 余种及高原特有的鱼类数种，它们分布于广阔的阿里草原，其中又以改则县玛依地区最为集中——即著名的玛依核心野生动物保护区。有许多濒临灭绝的和西藏独有的野生哺乳动物，其

改则羌塘自然保护区深处的草原风光

种群数量和总量，尤其是种属的稀有性在我国自然保护区中居领先
地位。

十、中国首个暗夜公园——阿里暗夜公园

阿里暗夜公园位于昆莎乡噶尔新村，距阿里地区狮泉河镇 15 公里，是中国首家以"星空观测、星空摄影、星空保护"为主题的暗夜公园。在晴朗的夜晚，人们不仅能在园区内尽情欣赏斑斓的银河，还可观看由成千上万颗五颜六色的星体组成的夜空图，并且能很容易捕捉到划过天际的流星，体验"星垂平野阔"的意境。

阿里暗夜公园占地 28 亩，海拔 4700 米，目前已建设了四个区域，即天文馆、星空体验区、天文观测区、游客服务区。2014 年 7 月正式对外开放。这里海拔高、水汽低、晴天多、透明度高，星空观测条

阿里暗夜公园，能看见星轨的地方

件极佳，得到了国际天文学界的高度认可。依托优越的天文观测条件，阿里暗夜公园成为世界一流水准的星空主题公园，让越来越多的人与星空实现"零距离"。

视频索引